残業学

明日からどう働くか、どう働いてもらうのか?

中原淳+パーソル総合研究所

JN178709

光文社新書

はじめに

中原　淳（立教大学経営学部教授）

皆さん、こんにちは。

「残業学」の講義へようこそ！

この講義の講師をつとめるのは、立教大学経営学部教授の中原淳《なかはらじゅん》です。私は人材開発、組織開発などの人事領域が専門の研究者です。本書では「残業学」という世にも珍しい、ここでしか聴けない講義を、皆さんにお届けしようと思います。

残業学は、日本企業にはびこっている「長時間労働」をめぐる、様々な学問を横断した学際的な研究領域です。

かつての長時間労働に関わる研究は、経済学、心理学、経営学、歴史社会学と学問領域ごとに分かれて、それぞれ独自のアプローチがなされていました。本書では、こうした「アカデミズムの壁」を縦横《じゅうおう》無尽《むじん》に飛びこえます。その上で、長時間労働という現象について、学際的な立場から学問的接近を試みます。その時重要になってくるのが、筆者らが独自に持っている大規模調査のデータです。

本書では、私が共同研究パートナーであるパーソル総合研究所と共に約2万人を対象に行った大規模調査のデータをもとに、既存の学問では探究しきれなかった、長時間労働のメカニズムにミクロに迫っていきます。なお、本書のベースとなっている「希望の残業学」プロジェクトの詳細はインターネット上でも見ることができます[*1]。

この大規模調査の目的は「残業の根本的な原因を探究すること」と「残業問題を解決した後に広がる将来の成果や希望を理解すること」です。なぜ、私たちがこのような目的を設定したのかについては、少し背景を説明する必要があるかもしれません。

まず問題提起の後景にあるのは、近年、世間を賑《にぎ》わしている「働き方改革」というキーワードです。

長時間労働に代表される、戦後、連綿と続いてきた日本人の「働き方」を見直さなければならないといった議論が今日もメディアを飛び交っています。これからの多様性あふれる社会に思いを馳《は》せる時、私たちはこうした「働き方改革の必要性」を全面的に支持します。また、繰り返される「違法な残業」は、ただちに一掃されるべきでしょう。

しかし一方で、「働き方改革」という錦《にしき》の御旗《みはた》のもと、現場の実状をあまり顧《かえり》みない人事施策が矢継ぎ早に実施されていることにも危惧を抱いています。そうした施策は、現場にさらなる「やらされムード」をもたらしかねないからです。

「やらされムード」が生まれる理由、それは「残業の根本的な原因の放置」にあります。

例えば、長時間労働を生み出してしまう現場マネジメントの機能不全や、不適切な仕事の量、そうした根本的な原因を放置して、時間数のみを削減するという「改革」が今、日本全国で進行しています。このままでは「現場への無茶ぶり」や「管理職への労働強化」が多発してしまうように思います。皆さんの現場では「働き方改革」に対し、「絶望」に近い「や

＊1　パーソル総合研究所×立教大学・中原淳教授　共同研究PJT「希望の残業学」
https://rc.persol-group.co.jp/zangyo/

らされムード」が漂《ただよ》ってはいないでしょうか。

これに加えて、多くの「働き方改革」の議論では、長時間労働を是正した後に広がる「将来の成果や希望」への目配りが欠けていることも、見逃すことはできません。

長時間労働を見直しつつ、どのように仕事の付加価値を高めていくのか。

業績を維持するためにはどうするのか。

ワークモチベーションや仕事にかける希望をどう高めるのか。

健康状態は向上するのか。

私たちはこのような、長時間労働削減の先にある「未来」を見据えていくことが重要だと考えています。


私とパーソル総合研究所の調査では、こうした2つの問題を解決するために、様々な調査上の工夫をしました。その結果、これらの知見を「残業学」としてまとめることができました。

残業学は、次の3つを探究する学際的な研究です。

①残業がどこでどのくらい起こっているか（What の探究）
②残業が起こってしまうメカニズムと功罪（Why の探究）
③残業をいかに改善することができるのか（How の探究）

本書では、私たちの知見をあますところなく紹介し、残業削減にモヤッとした違和感をお持ちの人や、残業削減に取り組んでもなかなか成果が現れない人にヒントを提供することを目的としています。

本書をしたためるにあたり、私たちは次の3点に配慮しました。

①データとエビデンスに基づく分析
②具体的な解決策の提案
③わかりやすい講義形式

ひとつめの特徴は、すでに述べたようなしっかりとした大規模調査のデータに基づいて、長時間労働の議論をなすことです。巷《ちまた》には「長時間労働の是正の本」や、「職場の生産性に関する本」があふれていますが、これらの中にはデータやエビデンスを示していないものが散見されます。長時間労働の是正という「とてつもない難問」を、「私の残業論」という「個人の経験談」だけで解決しようとする書籍があとを絶ちません。本書を通読すればおわかりいただけると思いますが、長時間労働は構造的に生まれているものであり、こうした付け焼刃的な方法では、決して問題を解決することはできません。これに対して本書は、前述の通り大規模調査に基づいたデータやエビデンスによって構成されています。

ふたつめの特徴は、単に残業がどこで、なぜ起こるかだけではなく（What・Why の探究）、地に足のついた解決策（How の探究）の提案までがなされている点です。私が研究者としていつも心がけていることは、「現場の変革につながる研究」をなすことです。今回も課題を明らかにするだけではなく、現場の課題解決に資するような研究を目指しました。

3つめの特徴は、本書が現場の方々にしっかりとした知見をお届けできるように、わかりやすい「講義形式」で書かれている点です。本書は300ページを超えるボリュームですが、あたかも大学のインタラクティブな講義を聴いているかのように読むことができるはずです。そして、読み終える頃には、皆さんは本書の登場人物同様、「残業がなぜ起こるのか」というメカニズムへの理解と、「残業をいかに抑制するべきか」に関する実務的知見を手に入れているでしょう。どうか大学生になったつもりで、世にも珍しい「残業学」の講義をお楽しみください。

最後になりますが、本書の執筆のために、多大なるご尽力をいただいた皆さんに、著者を代表して御礼を申し上げます。

まず、私と共同研究を進めてくださったパーソル総合研究所の小林祐児さん、青山茜さん、田井千晶さんに、心より御礼を申し上げます。何度も何度もくじけそうになりながら、皆さんと「残業学」の研究プロジェクトにチャレンジできたことは、私にとって本当に喜ばしいことでした。

また、同社・代表取締役社長の渋谷和久さん、副社長の櫻井功さんにもこの場を借りて御礼を申し上げます。「残業学」という学際的な研究がしたい。それも、独自のモデルでこの問題に迫りたい。今から2年ほど前、同社の渋谷さん、櫻井さん、小林さんに、このようなご提案をさせていただきましたが、これが大規模調査に結実し、本書の出版に至ったのは、ひとえに皆さんのおかげです。本当にありがとうございました。

また書籍化に関しては、構成を担当いただいたライターの井上佐保子さん、光文社新書の樋口健さん、高橋恒星さんにも大変お世話になりました。井上さん、樋口さん、高橋さんとは素晴らしいチームワークを発揮することができました。

私は著者としていつも思っていることがあります。それは、書籍は著者だけでは作れないということです。著者の欄にはそのお名前は出ないけれど、しかしながら、私と同様か、それ以上の貢献をしてくださった皆さんのおかげで一冊の本が刊行されます。この場を借りて深く感謝いたします。

この国には何でもある。だが「希望」だけがない。

これは、村上龍さんの小説『希望の国のエクソダス』（文春文庫）の中の有名な一節です。

この小説では、「ゆるやかに下降し、希望を失っていく日本」を、80万人の中学生たちが「エクソダス《脱出》」する様子が鮮やかに描かれました。

私は人事、人材開発の専門家として、今、日本企業は「大きな岐路」に立っていると感じます。圧倒的な人材不足にみまわれながら、長時間労働という時代に合わなくなった労働慣行をうまくアンインストールして、多くの人々が労働参加し、新たなサービスや市場を開拓し、現在の豊かさを維持できるのかどうかの「大きな岐路」です。未来に広がるのは「労働参加」と「豊かさ」なのか、それとも「エクソダス（日本脱出）」なのか。その「大きな岐路」に私たちは、立っているかのような感覚に襲われます。

しかし、その岐路を眼前にして私個人は「絶望」しているわけではありません。むしろ本書で提案した様々な方法を駆使すれば、会社にとっても、成果を求められる職場においても、働く個人にとっても、希望を感じる働き方を実現できるのではないかと夢想します。

残業学は「ただの学問」ではありません。
それは「希望のための学問」です。
さぁ、「希望の残業学」の初回講義が始まります。
あなたも、残業のメカニズムと対策を本書で学びましょう。
そして、あなたの職場や会社に「希望」が生まれることを信じて。

２０１８年秋

紅葉がはじまりかけた美しい立教大学キャンパスにて

残業学

目次

第5講　「残業代」がゼロでも生活できますか？

オリエンテーション——

ようこそ！「残業学」講義へ

皆さんこんにちは。立教大学経営学部教授の中原淳です。最近は「働き方改革」が叫ばれ、様々な職場で残業を減らすための施策が行われるようになってきました。皆さんは今、それぞれの職場でどのような働き方をしていますか？　また、御社では「働き方改革」は進んでいますか？

今日は「残業学」講義のオリエンテーションです（立教大学経営学部に「残業学」という名前の授業科目はありません。念のため！）。

まずは、お集まりいただいた受講生の皆さんに「残業」について思いつくまま語ってもらいたいと思います。Aさんからどうぞ。

Aさん（22歳・男性）

「今年の4月に入社したばかりの新入社員です。会社説明会で『残業はほとんどない』と言われていたから、ここなら仕事もプライベートも充実させられそうだなと思って入社しました。

確かに会社全体としては、残業は少ないです。でも、私が配属されたのは、『ザ・昭和』な上司が支配するブラック職場。上司より先には絶対に帰れないので、みんなタイムカード

をごまかして残業しています。帰宅は毎晩0時過ぎです。

それに、仕事といっても次から次へとふられたタスクをこなしているだけだから、何をやってるのかよくわかんないし、成長している感じもしません。同期とは『いつ辞める？』って話ばかりしてます」

Aさん、最初に勇気を出して発言してくださり、ありがとうございます。

Aさんの職場は、想像するにかなり過酷なようです。新入社員でそのような現場におかれたら、「働くこと」に希望を持てなくなりますよね……。

残業学を通して、この問題の解決を一緒に考えてみましょう。

次にＢさんはいかがですか？

Bさん（35歳・女性）

「会社員をしています。３歳と5歳の子どもがいます。上司にお願いして残業は免除してもらっていますが、退社後は保育園にお迎えに行って、買い物に行って、夕食を作って、子どもたちをお風呂に入れて、寝かしつけて……とバタバタです。それなのに、働き方改革の影響で、最近夫が早く帰ってくるようになって……。家事とかを手伝ってくれるならいいんですが、目が回りそうなくらい忙しい時に『今日の晩ごはんなに？　早く食べたい』なんて言われると、キレそうになります。残業代分のお給料も減ってるので、むしろ今まで通り残業していてほしいくらいです」

Ｂさん、ありがとうございます。Ｂさんにとって、残業を減らすことは、家計の観点からすれば良い側面ばかりではない、ということですね。私たちの調査でも、「残業代を前提にして家計を組み立てている」という方が、実は、相当数いることが明らかになりました。残業学では、こうした家計の問題にも迫ります。一緒にこの問題を考えていきましょう。

次はCさん、お願いします。

Cさん（男性・42歳）

「部下12人の職場で中間管理職をしています。正直、流行《はや》りの『働き方改革』には泣かされています。今年度から、職場ごとの残業時間の削減目標ができたんです。

でもね、仕事のノルマが減ってるわけでもないのに、部下たちを早く帰さなくちゃならないわけだから、結局私が仕事を巻き取るしかないんですよ。若手は残業したがらないし、残業するのは管理職ばかり。管理職研修なんかで集まるといつも愚痴大会です。さばききれなかった仕事は自宅のパソコンへこっそりメールしています。

休日もずっと仕事で日が暮れるので、子どもたちには、『お父さん、いつもお仕事してるね』なんて言われてしまって……。働き方改革って誰のためのものなんですか？」

すなわち、Cさんは働き方改革によって逆に仕事が増えてしまったわけですね。若手や経験の浅いメンバーはまだ効率が悪いので、重い仕事を振ることができない。結局、上司や管理職がメンバーの仕事を「巻き取って」代行するしかない。こうした管理職の過重労働は、各所で問題になっていますね。もちろんですが、残業学では巷《ちまた》で起こっているこのような「あるある」事例についても扱います。地に足をつけて、この問題をともに考えていきましょう。

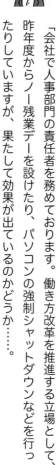

最後にDさんは、いかがですか？

Dさん（54歳・人事担当役員）

「会社で人事部門の責任者を務めております。働き方改革を推進する立場として、昨年度からノー残業デーを設けたり、パソコンの強制シャットダウンなどを行ったりしていますが、果たして効果が出ているのかどうか……。

いや、会社全体で見れば、管理時間上の平均残業は減ってきているんですよ。なのに、現場の社員の口からは『残業代が減った』とか『仕事が終わらない』といった苦情のほうが多い気がします……」

Dさん、人事部門としてのご意見をありがとうございます。

Dさんの会社と同じように、いまや日本中の企業で、様々な残業抑制施策が展開されていますね。パソコンをシャットダウンしたり、出退勤管理を厳密化したり。中には、残業中の社員を監視するためドローンを職場に飛ばす企業もあるのだとか。私たちの研究によれば、残業抑制施策は始まったその日から「形骸化《けいがいか》」との闘いです。本書では、「どのように残業を抑制すればいいのか？（How）」についてもしっかり考えていきましょう。

さて皆さん、様々なご意見をありがとうございます。「残業学」では、とても身近なのに実はよくわかっていなかった「日本の残業」についてデータをもとに明らかにしていきながら、働く皆さんが、「残業」「長時間労働」「残業代」「労働時間削減施策」「働き方改革」などについて、日頃モヤモヤと感じている疑問に答えていきます。こうした問題に興味がある方、毎日残業に苦しんでいる方、そして、企業で働きやすい職場づくりを目指す管理職、人事担当者、経営者に役立つような知見をお伝えできればと思います。講義を聴いている皆さんも、疑問に思うことがあったらどんどん質問をしてくださいね。

「働く人」＝「長時間労働が可能な人」でいいのか

Bさん「はい！（手をあげて）中原先生、そもそもなんですけど、残業問題、長時間労働問題は、昔からあったと思います。なのに、なぜ今、これほど注目されているのでしょうか？」

Bさん、質問をありがとうございます。

今、日本社会はより多様な働き方ができるように変化していくことが求められています。2016年に安倍内閣が打ち出した方針「働き方改革」はまさに、「働き方」をより柔軟なものに変えることで「働く人」を増やそうという取り組みだと解釈できます。そして「働き方改革」の「一丁目一番地」とされているのが「長時間労働是正」であり「残業抑制」という課題です。

「残業」も「長時間労働」も働く人にとって良いことではない、ということは想像がつきますね。では、なぜ「長時間労働是正」が「働き方改革」の「一丁目一番地」とまで言われているのでしょうか？
政府主導の「働き方改革」「働き方改革法」の詳細に踏み込むことは避けますが、この動きの背景にある根本的な問いは、少子高齢化が進む日本において「誰が働き、どのように社会を支えていくのか」ということです。端的に言うなら、長時間労働に代表される労働慣行を見直さなければ、働き手を増やすことができないのです。

次ページの**図表0－1**にあるように、日本の2016年の高齢化率（総人口に対して65歳以上人口の占める割合）は27・3パーセントで世界一です。しかも、これは今後も上昇し続け、50年後の2065年には38・4パーセントとなる見込みです。一方、少子化により、増え続ける高齢者を支える働き手の割合は減少しています。2015年は、1人の高齢者を15～64歳2・3人で支えていたのが、2065年には1・3人となる見込みです。

労働人口減による圧倒的な人手不足の中で、この「超高齢社会」をなんとかソフトランディングさせるには、なんとしても「働く人」を増やしていく必要があります。高齢者も共働き夫婦も外国人も、育児や介護、病気などによって様々な制限のある人も、とにかく「誰もが働ける」社会へとシフトしなくてはならないのです。

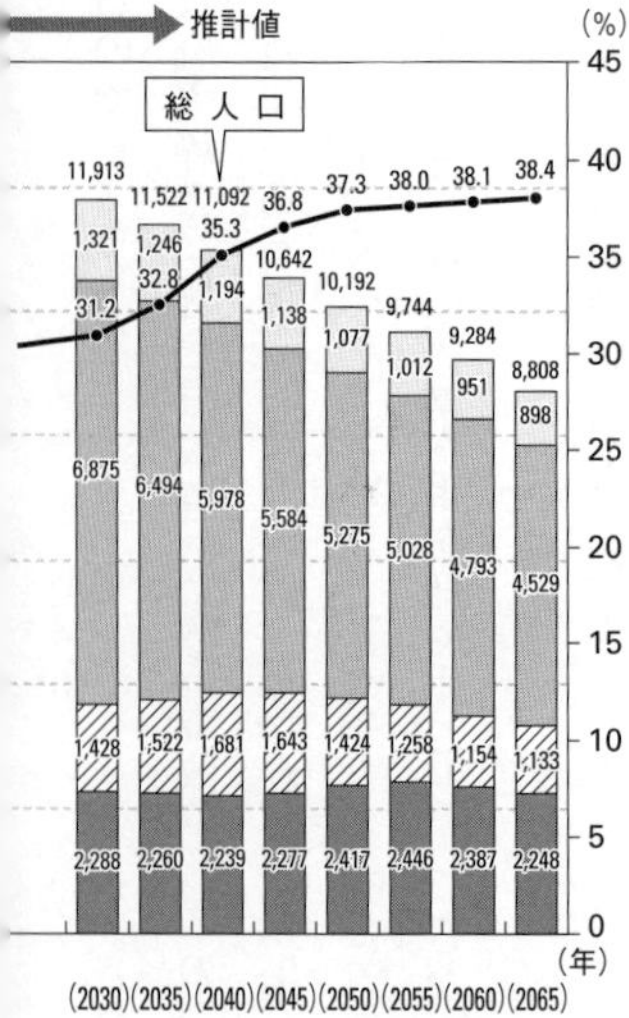

2020年以降は国立社会保障・人口問題研

/s1_1_1.html）

「働く人」を増やすにあたって大きな障壁となっているのが、当たり前に残業をする「長時間労働」スタイルです。これがスタンダードである限り、「働く人」＝「長時間労働が可能な一部の人」となり、いつまでたっても「働く人」の数を増やすことはできません。つまり、長時間労働の雇用慣行が、共働き夫婦、外国人、高齢者などの「長時間労働ができない人」の労働参加を大きく「阻害」しているということです。

労働力不足、支え手不在の「超高齢社会」を運営していく日本の未来に少しでも「希望」を見出すためには、「長時間労働が当たり前」の職場をなくし、働く人一人ひとりのニーズにあった働き方が選べる社会に変わっていく必要があります。政府が「働き方改革」を最重要課題と位置づけているのは、このような背景があるからだと考えられます。

また、「長時間労働」問題は、人生が奪われてしまう過

図表0-1　日本における高齢化の推移と将来推計

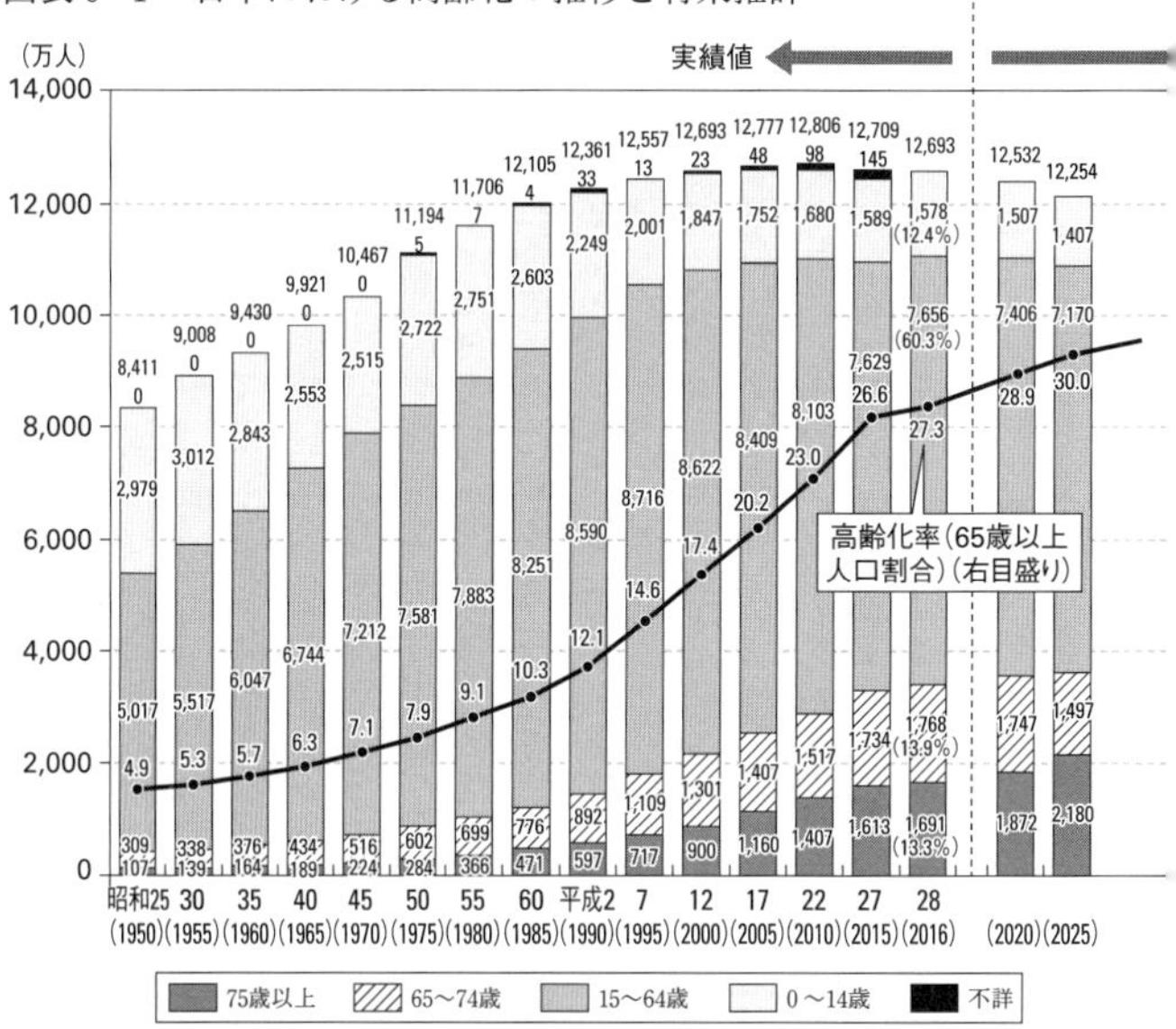

資料：2015年までは総務省「国勢調査」、2016年は総務省「人口推計」（平成28年10月1日確定値）、
究所「日本の将来推計人口（平成29年推計）」の出生中位・死亡中位仮定による推計結果
出所：平成29年版高齢社会白書（http://www8.cao.go.jp/kourei/whitepaper/w-2017/html/zenbun

労死の問題や、先進諸国と比べても低い労働生産性といった日本企業の課題とも密接に結びついています。日本経済を支える人たちが安心して働き続けるためにも、今すぐ「長時間労働」につながる「残業」の問題に手を付ける必要があるのです。こうしたデータについても、後ほど見ていきましょう。

残業は「データ」で語るべき

Cさん「先生、残業問題が日本の未来を左右する重要な問題だというのはわかりました。でも、今進められている『働き方改革』はどこかピントがずれている気がします」

Cさんのおっしゃることは、私もよくわかります。先ほど、私は「超高齢社会」が迫る日本の未来の「希望」のためには、「長時間労働」問題につながる「残業」問題をなんとかしなければならない、と述べました。このことは多くの人々にそこそこ共有されていると思いたいのですが、巷で交わされている「残業」についての議論には、「絶望的なすれ違い」があるような気がしてなりません。

国会での「働き方改革」法案の審議では、本質的になぜ「働き方改革」が必要なのか、日本を今後どんな社会にしていきたいのか、という視点が抜け落ちているように感じました。「何十時間まではOKで何十時間からはNG」といった条件闘争や、高度プロフェッショナル制度（特定の専門的業務と年収などの条件を満たす場合に残業代が支払い対象外となる制度。通称「高プロ」）の是非ばかりに終始していた印象でした。

一方、残業問題を伝えるマスメディアはというと、過労死やブラック企業など、スキャンダラスな事件を軸にした「企業叩き」ばかりが目立っていて、やはり「働き方改革」が実現したその先の社会を見せるような伝え方はほとんどしていません。

企業サイドも、働き方改革の旗を掲げてノー残業デーなどを設けるものの、「残業は減らして、利益は出して」といった無茶な要求を職場に押し付けているきらいもあり、結果的にサービス残業や管理職の労働時間が増えるなど、かえってブラック化しているようなところも出てきているようです。

世の中で喧伝《けんでん》されている働き方改革関連のニュースは「枝葉」ばかりを追いかけているように見えます。「木」も見ていませんし、ましてや「森」も見据えていません。本来問われなければならないのは、働き方の変革によって「日本をどういう社会にしていくか」ということです。

残業についての議論がこのように絶望的なすれ違いをもたらす原因のひとつには、「データに基づく対話がなされていない」という問題があると私は見ています。私自身もそうですが、人間は自分に利害のある領域だけに「スポットライト」を当てて、「全体像」を見ようとしません。「木を見て、森を見ず」の状況が、残業問題には常についてまわります。

大切なのは、残業にまつわる全体像をデータとして示し、その上でこの問題について対話を深めていくことだと思います。

「対話」とは、お互いの違いを顕在化させるコミュニケーションです。ひとつのデータをもとに多くの利害関係者が納得のいくまで話し合い、未来を構想していくことが重要です。一見すると愚直で非効率な方法かもしれませんが、残業問題のように極めて難しい課題に取り組むためには、避けては通れません。

ウザすぎる！　残業武勇伝

残業にまつわる「対話」を絶望的なまでに阻害してしまうものに、人がそれぞれ抱いている「私の残業観」があります。

世の人々はそれぞれ、

「残業ってなんだかんだ言っても、会社のためにも必要だよね」

「きついけど達成感はあるよね」

「自分は体調をすぐ崩すから、あまりしたくないな」

で、5日間、ずっと
会社にカンヅメに
なってな…
フッ
残業武勇伝
を語る人たち
あの頃は
深夜2時から
飲んでたゾ
ハッハッハー
毎晩
タクシー帰り
だったなァ
ヤーなつかしい

残業を冷めた目で
見つめる人たち
仕事の遅い人
がやることだよ
自己管理できて
ない証拠だよね
能力不足
なんじゃない？

というようなそれぞれの「残業観」を持っています。毎日のように残業をして出世した人は、「残業＝良きもの」として語りますし、家計を支える人は「残業＝お金」であると考えることもあるでしょう。人は自分の経験という「色眼鏡」を通して、残業を見つめているのです。

例えば、皆さんの周りに、「会社で2晩連続で徹夜をした」とか「最高で20連勤したことがある」といった「残業武勇伝」を誇らしげに語る人はいませんか？

あるいは、「仕事が遅いから残業になるのだ」「残業になるのはタイムマネジメントができていない証拠」などというように、個人の能力の低さを残業に結びつける人はいませんか？

残業という問題は働く人の誰もが当事者だからこそ、それぞれ自分なりの残業観があるものです。

企業経営の中心的な役割を果たしている中高年男性の多くは、右肩上がりに日本経済が成長する中で、残業してものを作れば作るほど売れた成功体験を持っています。そして、製造業が産業の中心だった時代の価値観を強く引きずっています。そのため「残業をすればもっと業績が上がるのではないか」という考えを捨て去ることができません。

また、若手社員にも「残業なんてせず、プライベートを楽しみたい」と考える人がいる一方で、「残業をしないと、成長できない」という考えの人もいます。中には、残業代が生活費の一部となっているために、「残業は生活の糧《かて》である」と考えている人もいます。

このように、残業に対する見方は多様で、それぞれが異なる残業観を持っているために、どうも議論がすれ違ってしまうところがあるのです。それゆえ、ひとつのデータをもとに、多数の考えや危機感を持った人々が「対話」を繰り返しながら、未来を構想していくことが重要です。

残業が個人にもたらすリスク

Dさん「残業ってそんなに悪者ですかね？　私の若い頃は、長時間残業が当たり前でした。残業で育てられた面もあるし……。残業すること自体を悪いこととは思えないのが本音です」

Dさんのおっしゃることはよくわかります。先ほど話したように、「残業観」は人それぞれ。だとしても、やはり残業問題、長時間労働問題は改めていく必要があります。それは日本社会全体の働く人を増やすためだけではなく、この先も「長時間が当たり前」の働き方を続けることが、個人にとって大きなリスクとなってくるからです。そのリスクとは、次の2つです。

① 健康リスク

働く個人にとって一番大きいのは「健康リスク」です。人生100年時代などと言われますが、平均寿命が延びて老後が長くなる一方、働く人が減り続ける日本では「老後も働き続ける」ことが求められてきます。実際、定年を延長したり、廃止したりする動きもあります。

そうなると、なによりも大切なのが「心身の健康」です。長時間労働を続けることによって健康面、メンタル面でリスクが増すことは、様々な調査によって裏付けられています。「長期間働き続ける」ためには、「長時間働き続けない」ようにしなくてはなりません。

② 学びのリスク

また、「学びのリスク」もあります。これは私の専門とする人材開発の話題です。ビジネスの成長スピードが加速している今、職業に紐づいたスキル・技術や経験が陳腐化《ちんぷか》するスピードも速まっています。組織が個人のキャリア全体の面倒を見てくれる時代は終わりつつあり、同じ組織で社会人人生を全《まっと》うする人はますます少なくなります。以前の日本企業では、長時間労働し、組織内で通用する＝他では通用しない経験や人脈、スキルを溜め込むことが、組織内でのキャリアを安定させ、結果的に定年というゴールまで「長期間」働けることにつながりました。

しかし、今起きていることは「キャリアのマルチステージ化」です。長期間働き続けるためには、常に新しいことを学び続ける必要があります。過度な長時間労働には、仕事人生を生き抜くために必要な知識を学んだり、学び直したり、仕事を振り返ったりする時間を持てなくなるリスクもあるのです。

残業が企業にもたらすリスク

Dさん「先生、長時間労働が働く個人にリスクをもたらす、ということはわかりましたが、企業にとってはどうでしょうか？　残業しないと、今の業績は維持できない気がします」

短期的には、そうかもしれません。しかし企業経営にとって、社員に長時間労働を強《し》いる

図表0-2　外国人労働者が日本企業を敬遠する理由

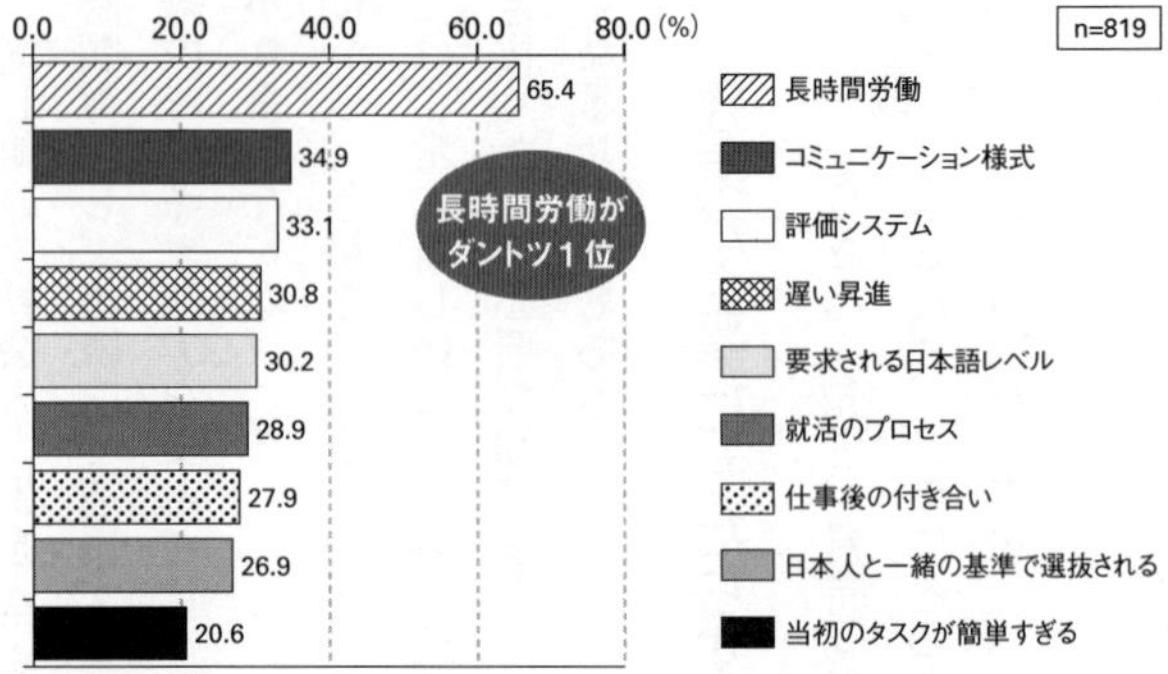

出所：一般社団法人日本国際化推進協会（2015）「日本で働くことについての調査」

ことは、今後大きなリスクとなっていきます。大きく分けて次の4つのリスクが想定されます。

①　採用リスク

ひとつめは「採用に関わるリスク」です。パーソル総合研究所と中央大学が行った推計[*2]によると、2030年で日本の人手不足は644万人。人手不足は今後も続く問題です。しかも、外国人ないしグローバルに働ける人材は日本型の長時間労働を嫌がる傾向にあります。**図表0-2**を見てください。こちらは、2015年に一般社団法人日本国際化推進協会が行った「日本で働くことについての調査」の結果です。819名の外国人に、日本で働きたくない理由をあげてもらったところ、1位にかかげられたのは長時間労働です（65・4パーセント）。一目見てわかる通り、外国人には長時間労働が圧倒的に避けられる傾向があります。同様に、ワーク・ライフ・バランスを重視する若年層も残業の多い会社をブラック企業として敬遠します。人手不足が深刻化する中で、優秀な人材が採れない、人数が確保できないことは企業経営にとって大きなリスクです。さらに、ＳＮＳの一般化により、これまで表に出ることのなかったような社内の状況が可視化されるようになりました。毎年苦労して採用人数を確保している中、「ブラック」の烙印《らくいん》が押されることは企業の採用ブランドにとって致命傷となりかねません。

②　人材リスク

ふたつめは「人材育成・早期離職のリスク」です。日本企業の人材育成は「ＯＪＴ」（On the Job Training）に強く依存してきました。ＯＪＴとは、先輩社員や上司と部下がともに仕事をする中で、折に触れてフィードバックを行う指導方法で、「ともに過ごした時間」が重

＊2　パーソル総合研究所×中央大学　労働市場の未来推計２０３０
https://rc.persol-group.co.jp/news/files/future_population_2030_2.pdf

図表0-3　新入社員の会社に対する意識調査の結果

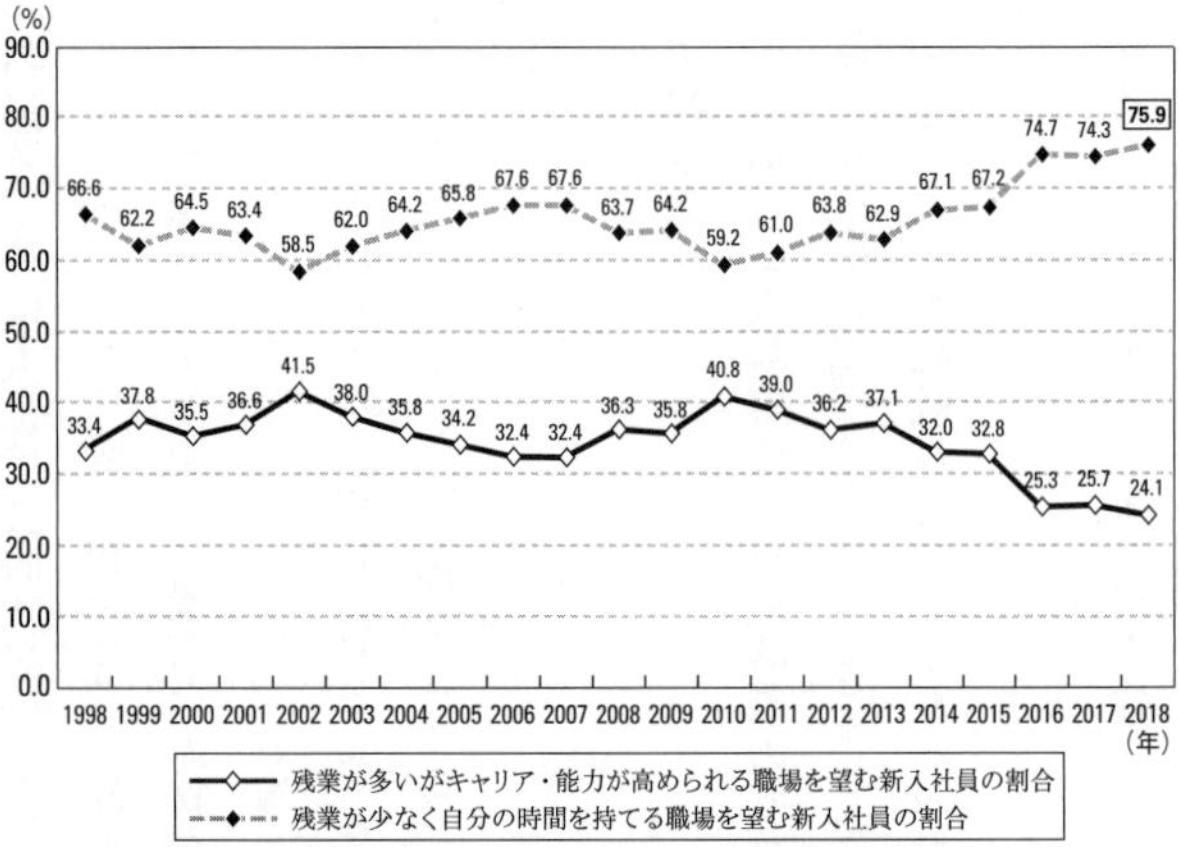

出所：公益財団法人 日本生産性本部「2018年度 新入社員 春の意識調査」
(https://activity.jpc-net.jp/detail/ird2/activity001536/attached.pdf)

要になってくる部下指導になります。しかし、そうした育成方法は今後、次第に機能しなくなる恐れがあります。**図表0-3**は、公益財団法人日本生産性本部が新入社員に対して2018年に行った調査結果を示したものです。それによると、「残業が少なく自分の時間を持てる職場」を希求する声は75・9パーセントにまで増加しています。OJTがもし日常の業務時間を超え、残業時間においても行われるのなら、この数字は早期離職のリスクを表していると言えます。

　新人の採用は、場合によっては1人あたり数百万円かかると言われます。ここ数年、若年層の早期離職が話題になっていますが、それだけのお金をかけて採用した人材がただちに離職してしまうのは、経営にとって大きな痛手です。

これからの時代は、育成方法を再考して離職を防ぎ、リテンション（優秀な人材を自社に確保しておくための施策）を行う必要が出てきます。そのコツを一言で言えば「時間ではなく、人材開発の質で個人の成長を支援する」ことです。ひとつめの採用リスクとあわせて考えると、このまま長時間労働という慣習を放置しておくと、「企業の未来を支える人材資源」が枯渇《こかつ》する恐れがある、ということになります。

③　イノベーションリスク

3つめは「サービス開発・イノベーションに関わるリスク」です。1990年代以降、日本の産業構造はサービス産業化が進み、大量生産・大量消費時代は曲がり角を迎えました。より複雑になった市場において、同じ商品・サービスを提供し続けていては生き残れません。付加価値を高めるようなイノベーションの必要があります。総人口の減少によって国内の需要がしぼんでいく中、企業によっては新興国などに新たな市場を開拓していかなければなりません。

企業にとってイノベーションを起こせないことはそれ自体が経営リスクとなりますが、競争優位を生み出すイノベーションは職場における「労働投下量＝かけた時間」とは比例しないことを認識しておかねばなりません。

イノベーションの源泉は新しいアイデアや知見を生み出すことですが、多くの場合、それは「既存の要素の組み合わせ」から生まれます。経済学者のシュンペーターは、イノベーションの本質を「新結合」と表現しました。[*3] イノベーションを起こすには、異なる領域にあるさまざまな物事やサービスを「かけあわせること」が必要なのです。そのために必要なのは「異質なもの」との出会いであり「世の中に対する高いアンテナ」です。折に触れて、日常を離れ、異質な出来事を体験したり、多様な人々と議論したりすることが重要です。繰り返しますが、革新的なアイデアの創出は必ずしも「時間」に比例するわけではないのです。いくら残業をしたからといって、良いアイデアが頭に浮かぶわけではありません。

また、先に「日本の産業構造はサービス産業化が進んだ」と書きましたが、サービス産業の主たる消費者には当然、男性だけでなく女性がいて、高齢者や外国人もいます。その意味では、そうしたサービスの受け手である人々も、サービスを生み出していく側として働き、開発に参加していくことが重要です。しかし、日本企業の持つ長時間労働の雇用慣行が、そういった多様な人々の労働参加を「排除」してしまっているのです。

④　コンプライアンスリスク

４つめは、「労務管理・コンプライアンスに関するリスク」です。労働基準法で定められた労働時間の原則は、１日８時間、週40時間までです。しかし、この規制は存在こそしているものの十分に機能しているとは言えません。「36《サブロク》協定」（第１講で詳述します）を締結することで実質的に「青天井」となっているのが日本の実情です。その上、協定を超える労働時間や申告しないサービス残業など、グレーゾーンの多い日本の労働環境に、ついに行政も本格的に手を付け始めています。

厚労省によると、２０１７年度、労基法違反で労働基準監督署が是正指導を行った企業数は、前年から４割増しの１８７０社。過去最多となりました。割増賃金の対象労働者は20万５２３５人で、その是正支払金額も同３・５倍で過去最大の４４６億円超となりました。これは支払額が１社１００万円を上回った企業に限った数ですから、取り締まりが相当厳しく

＊３　Joseph Schumpeter, Capitalism, socialism and democracy. Harper & Row (1950)

なってきていることがうかがえます。労務管理がしっかり行えない企業は、行政や社会からの制裁を受けるリスクが高まっています。

必要なのは、「経営のためにやる」という発想

以上、企業の視点から見たリスクを、4つに整理しました。要するに「長時間労働是正は、経営のリスクを減らし、業績にインパクトをもたらすためにやる」のです。政権が言っているからでも、人事業界のブームだからでもありません。企業の観点からすると、長時間労働の是正は「経営のためにやるべきこと」なのです。

くどいようですが、はっきりと言えることは、このまま働く人が減っていくと、日本経済が縮小していくだけでなく、いろいろな意味で「不便な世の中」になるということです。そうした中で、残業を減らし、長時間労働を是正していくことは、中長期的に「働く人」を増やし、暮らしやすい世の中を作っていくこと、つまり個人、企業、社会にまたがる「希望」につながっていくのではないか。私はそう考えています。

「希望学」を提唱する東京大学の玄田《げんだ》有史《ゆうじ》教授らの調査[*4]によると、日本人の「希望（幸せ）」を規定するものの中で割合が最も高かったのは「仕事」です。

どれだけ年齢を重ねても、育児や介護などを経由しても、気持ちよく仕事をし続けられる働き方を見つけることができれば、それは多くの人にとって「希望」になると言えます。世界に先駆けて高齢社会に突入する日本がそうした「希望」を示すことができれば、ひいては、世界の未来全体へ向けた、より大きな「希望」になるかもしれません。

そうした、すこし大げさな、しかし決して実現不可能ではない願いを込めて、私はこのパーソル総合研究所との大規模調査プロジェクトの名前を「希望の残業学」としました。

なぜ、「希望」が必要なのか

Aさん「先生、『希望』という言葉、良いですね！　僕もこの先何十年と働くことを考えると、みんながムダな残業をせず、元気に働き続けられるような職場になってほしいです」

＊4　東大社研、玄田有史、宇野重規『希望学［1］　希望を語る　社会科学の新たな地平へ』東京大学出版会、2009年

Aさん、本当にその通りですね。

そもそも、我々は残業について、どれだけのことを知っているでしょうか。

実はこうした残業にまつわる研究は、十分でないのが実情です。残業に関する先行研究を紐解いてみると、労働時間の国別比較など、労働時間に関する研究は進んでいる一方で、残業の具体的な原因についての研究は非常に限られています。最先端の研究でも、残業は「同僚との関係に問題がある」「上司のマネジメントに問題がある」といった指摘がされている程度で、「職場にどのような問題があって残業になるのか」「どのようなマネジメントを行えば残業を減らせるのか」といった研究は、社会的ニーズが存在しているのにもかかわらず全く不足しています。長時間労働の問題が「職場にあること」「上司や同僚などからの同調圧力」で生まれていることは貴重な指摘だとは思いますが、それを実務に活かそうと思えば、さらに、それらがなぜ生まれるのかを深掘りする必要があります。

私はこれまで人材開発の研究者として日本全体の職場のメンバーの行動をミクロに研究してきました。その視点から考えると、上司や同僚やメンバーのどのような「行動」が長時間労働を生み出しているのかを探究しない限り、実務の現場で残業の問題を解決することはできないと思います。「行動レベル」で課題が把握できなければ、彼らに「再学習」を行ってもらい、行動を変化させていくことは困難だからです。

私は、この「残業学」の講義を「現場の最前線で働く人々」にお贈りしたいと思います。自らの日々のマネジメント行動や働き方を大規模調査のデータと「比較」して、多くの人々がそれぞれの気づきを得られることを願っています。私だけの力で長時間労働の現状を変えることはできません。それを変えられるのは、それぞれの現場で働く皆さんです。ささやかではありますが、私はそのためのお手伝いをしたいと思います。

大規模調査のデータ

Bさん「『残業学』のよりどころになっている大規模調査について、もう少し説明してください。そもそも、なぜこんな大規模調査をしたのですか？」

Bさん、調査に興味を持ってくださりありがとうございます。

「働き方改革」のためには、残業を減らし長時間労働是正に取り組まなければならないことは確かですが、それぞれの職場、組織における残業の実態を知り、根本原因を把握した上で効果的な施策を打たなくては意味がありません。

そのためには、日本企業において残業がどのように起きているのか、その実態と発生メカニズムを明らかにし、残業を減らすために本当に効果のある方法を探る必要があります。

本講義でご紹介する分析結果は、パーソル総合研究所の協力を得て「パーソル総合研究所・中原淳　長時間労働に関する実態調査」として2017年9月と2018年3月の2回、全国の従業員数10人以上の企業の正社員（20〜59歳）約1万2000人を対象に行った大規模調査の結果をもとにしています。また、その他で主に分析した調査[*5]のデータも含め、2万2000人規模のデータから残業の実態を読み解いていきます。

調査の概要については巻末に掲載しているのでそちらをご覧いただきたいのですが、「希望の残業学」プロジェクトの調査の特色は、その規模と質問内容の総合性だけでなく、分析のフレームにもあります。具体的には、**図表0‐4**のような3層分析モデルを大きな枠組みとして用いました。

この図が示していることは、1層の様々な要因が2層の「労働時間の長さ」につながっている、という分析で「終わることなく」、その労働時間の長さが3層の働き手の意欲や健康、成長やパフォーマンスといった要素にどのように影響しているか、までを視野に収めながら議論していく、ということです。

図表0-4　残業の3層分析モデル

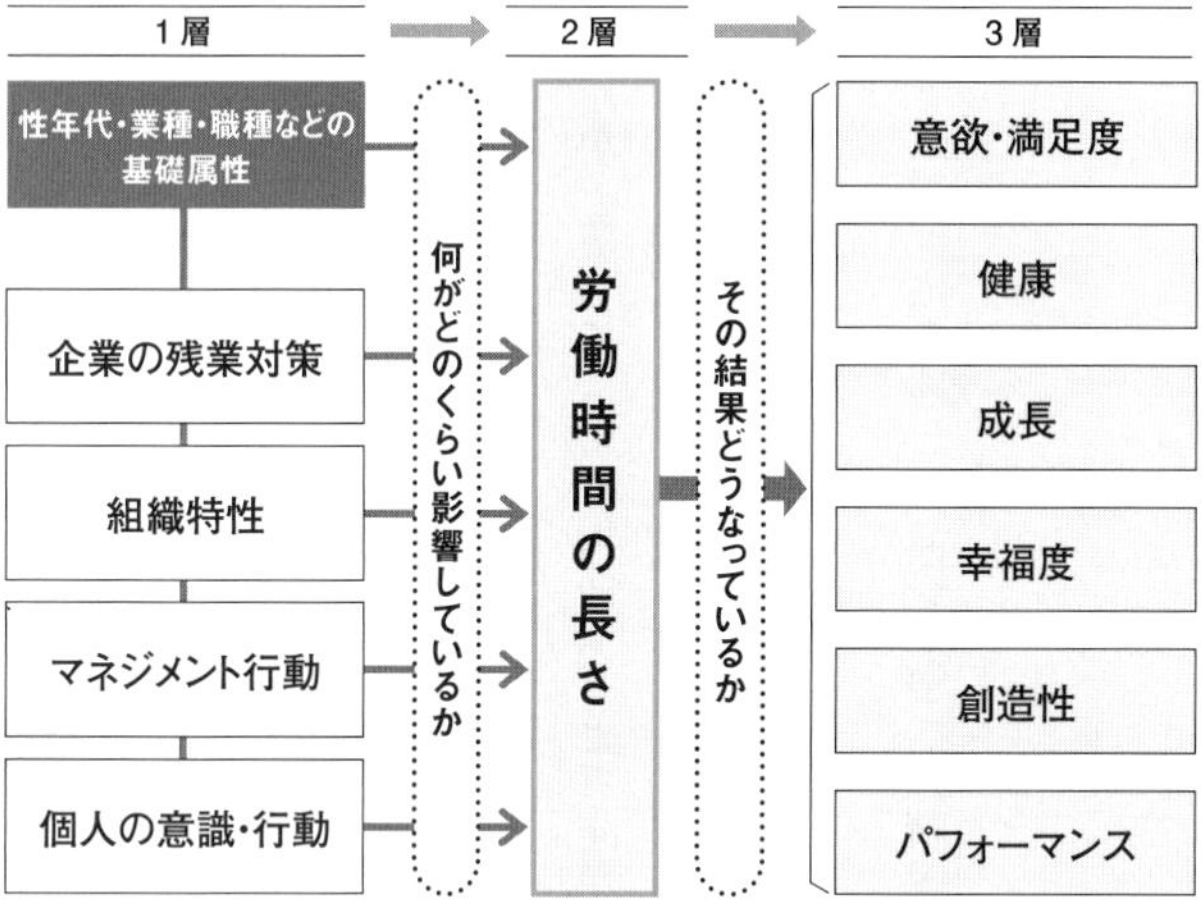

このようなフレームを使った理由は明確です。1層めと2層めの関係「だけ」でも、2層めと3層めの関係「だけ」でも、その知見は「現場」「働き手」「経営者」の具体的アクションにつながらないからです。これまでの多くの長時間労働研究や調査は、そのどちらかの関係だけにフォーカスしていました。ですが、あらゆる企業・組織は、労働時間を減らすために存在しているわけではありません。組織には様々な人の思いや目標・目的・ヴィジョンがあり、それを目指しているからこそ残業という状態が生まれてくるのです。その

＊5　パーソル総合研究所　働く10、000人成長実態調査2017
https://rc.persol-group.co.jp/pgs2017/

状況に楔《くさび》を打ち込むためには、残業の「原因」「結果」だけでなく、「残業をしている時の意識・組織状況」や「残業を減らしたその先に何があるのか」がセットで示される必要がある、そう考えたのです。

私たちは、このような分析フレームのもと、多くの議論を尽くし、大量の分析工程を経てきました。そうして完成したのが本書です。

あなたも本書を通して、職場でなぜ残業が起きているのかを考えてみませんか。そして、あなたの職場の「残業」を減らすために、どのような施策が効果的なのか、思いを巡らせてみませんか。そして、より大切なことですが、その時に、あなたの職場やそこで働く人々が「どうありたいのか」ということをも考えてみませんか？　私はこれから、皆さんがこの問題を自分たちで考えるためのヒントとなる知見をたっぷりとお届けするつもりです。

それでは、世にも珍しい「残業学」の講義にようこそ！

コラム――残業学よもやま話①

ここが違うよ！　昭和の残業と平成の残業

急激な経済発展を遂げた高度経済成長期に日本社会に根付いた「残業文化」ですが、バブル経済期までの残業とバブル崩壊後の残業では、時間そのものは同じでも、その実態は大きく変わってきているように思います。ここでは、「昭和の残業」と「平成の残業」の違いをわかりやすい形で比較してみたいと思います（次ページ**図表コラム1‐1**）。

いかがでしょうか。同じ残業時間でも、その中身はずいぶん異なりますね。一言にすれば昭和にあったのは「ハレ」の残業、平成から今は「ケ」の残業です。こうした職場のイメージの今昔をシンボリックに表しているのが、三共製薬（当時）の栄養ドリンク「リゲイン」のCMキャッチコピーです。

あの有名なコピー「24時間働けますか」はバブル崩壊直前、平成元年（1989年）のものです。ガムシャラに働く男性サラリーマンを鼓舞するようなコピーでした。その後、バブル崩壊後の平成3年には「24時間、戦うあなたに」となり、平成8年には「その疲れにリゲイ

図表コラム1-1　昭和の残業と平成の残業のイメージ

	昭和　<ハレの残業>	平成　<ケの残業>
社会背景	洗濯機、テレビ、冷蔵庫など、欲しい物はみんな同じ。大量生産で作れば作るほど売れた	消費者ニーズが多様化し、より創造的で、相互作用的な仕事が求められている
経済状況	好景気で右肩上がり	「失われた20年」と呼ばれる長いデフレの後、景気は回復基調だが賃金には反映されない状況
労働者	ほとんどが男性正社員	多様化が進み、男女、世代、仕事観はバラバラ。外国人も増加中
雇用条件	新卒入社・年功序列・終身雇用	転職者や雇用形態の違う社員も多く、なにより人手不足
家庭環境	家庭、教育、介護、地域活動など仕事以外のことはすべて専業主婦の妻にお任せ	共働き家庭も多く、育児、介護を行いながら働く人も増加
職場	仕事は職場についているため、全員で一つの仕事を完成させる。ワイワイと仕事をするため、残業に一体感があり、終わると達成感があった。 残業中に出前などを取って食べたり、会議室でビールを飲むような職場もあった。深夜になるとタクシー券が配られた	仕事が個業化しており、多くの人が残業をしていても静か。それぞれ別の業務にあたっていて一体感がない。はみ出た業務は各自が持ち帰り、カフェや自宅などで個々に働くため、残業が目に見えにくい。深夜残業になってもタクシー代は出ないため、終電ギリギリに帰る人や、漫画喫茶で仮眠する人もいる

ンを」へと変更されています。

徐々に、働くことを鼓舞するものから、人々の疲れに寄り添うようなニュアンスへ変化しているところに、時代の空気の移り変わりが感じられます。

「ハレの残業」があった昭和は、経済構造、男性稼ぎ手モデル、人口の増加とそれに伴う需要の上昇、これらすべてがつながって「三位一体のモデル」がくるくる回っていた幸せな時代でした。しかし、こうした要素が失われた今は、終わらない残業、達成感のない残業、誰からも見えない残業、すなわち「ケの残業」が増えてきているように思います。

（小林祐児）

第1講——残業のメリットを貪りつくした日本社会

先ほどの講義（オリエンテーション）では、本書の大まかな内容と、もとになっている調査データについてお話ししました。

ここからは実際に調査結果を見ていきましょう！　と言いたいところですが、その前にもう一つだけ皆さんに知っておいてほしいことがあります。

それは、日本における残業の「歴史」です。「歴史」を踏まえておくことは一見「遠回り」のように思えるかもしれませんが、なぜ「現在の状況」が生まれたのかを知ることによって本質的な問題解決に至る道筋が見えてきます。長時間労働は日本企業の雇用慣行に深く埋めこまれている問題です。問題を本質的に理解するために、本講では残業の歴史、日本企業の雇用慣行に切りこんでいきます。

「日本の残業」はいつから始まったのか？

Bさん「残業っていつ頃から行われていたんですか？　昔から残業代は支払われていたのかしら？」

Bさん、良い質問ですね。「残業学」の知見を伝える前に、まずは日本における残業の歴史を振り返り、日本中に残業文化が根付いてしまった背景を考察したいと思います。
そもそも残業とは、いつ頃から行われていたのでしょうか。日本の残業の歴史を簡単に紐解いてみましょう。次ページの**図表１‐１**をご覧ください。

日本における「残業」の考え方は、明治時代初期に「工場労働」が発生したところから始まります。農作業の場合、仕事ができる時間は日中に限られていますが、工場であれば夜でも稼働できます。そして働けば働くほどものが作れて、ものが不足していた時代では作れば作るほど儲かります。だから、「儲けるため」に「働き続ける」のです。工業生産の時代には時間をかければかけた分だけ「利益」が上がったのです。当時は昼夜関係なく、子どもや女性、年長者までも駆り出して14時間も16時間も働かせていました。そうした過酷な労働の様子は、細井和喜蔵《わきぞう》が記した『女工哀史《じょこうあいし》』に描かれたことでも有名です。

しかし、まだこの頃に「残業」という概念はありません。所定の労働時間の取り決めやルールそのものがないので、そこからあぶれる超過の時間を「残業」と呼ぶことがないからです。その頃は労働時間の制限自体がなく、「所定時間を超えた労働＝残業」よりは、より単純な意味での「超・過重労働」が問題だったわけです。

これが見直されたのが、１９１１年の「工場法」の制定です。工場法によって、女性と子

図表1-1　日本の残業の歴史

1911年	工場法制定によって初めて労働時間に制限。1日12時間制限 ※女性と子どものみが対象
1911年	フレデリック・テイラー『科学的管理法の原理』出版。上野陽一が「能率」の訳語を当て邦訳
1930年代	「残業」の言葉が一般的に使われ始める
1947年	労働基準法制定により、1日8時間・週48時間の法定労働時間が定められる。超過労働には2割5分の割増賃金の支払い義務。ただし労使間協定により、実質的には上限無し（36協定、特別条項付36協定）
1954〜1973年	日本の高度成長期
1973年	オイルショック、原油価格高騰と世界的な経済混乱。日本は安定成長期へ
1980年代	アメリカの対日貿易赤字により、日米貿易摩擦の発生。日本の労働時間の長さが国際的なバッシングの対象に
1980年代	週休二日制の広まり
1987年	中曽根内閣時、「新前川レポート」において当時2100時間を超えていた年間総労働時間を1800時間にする目標が示される
1994年	労働基準法の改正案、施行。法定労働時間が原則週40時間へ
2010年	労働基準法の改正案、施行。月60時間以上の時間外労働について、5割以上の割増賃金の支払い義務を定める
2016年	第三次安倍内閣、働き方改革担当大臣を設置。長時間労働是正の議論が再燃
2019年4月	労働基準法の改正案、施行。繁忙期においても時間外労働が「月100時間未満、年720時間以内」へ制限。専門的な特定職種において労働時間管理の対象から外す高度プロフェッショナル制度の導入。勤務間インターバル制度導入など

どもに関してですが、この国の労働時間に初めて法的規制ができました。さらにこの頃、アメリカからフレデリック・テイラーによる科学的管理法（労働者管理の方法論）が伝わり、長時間労働で倒れるまで働かせることはむしろ「能率が悪い」と考えられ始めます。ちなみに、日本で「残業」という言葉が定着し始めたのは、1930年代半ば頃とされています。

そして戦後、残業の歴史にとってエポック・メイキングだったのが1947年の「労働基準法」制定です。これにより、法定労働時間は1日8時間、週48時間と定められました（その後、1987年に週40時間に改正、1994年施行）。しかし同時に、労使間で取り決めを結べばその上限を超えることを認める、労働基準法第36条も定められました。この通称「36協定」そして「特別条件付36協定」さえ結べば、制限はありながらも事実上、青天井で労働できるようになったことが、残業が日本の企業文化に根付いた「分水嶺《ぶんすいれい》」の一つでしょう。

労働基準法第36条[*6]

＊6　労働基準法　e-Gov 法令検索
http://elaws.e-gov.go.jp/search/elawsSearch/elaws_search/lsg0500/detail?lawId=322AC0000000049

使用者は、当該事業場に、労働者の過半数で組織する労働組合がある場合においてはその労働組合、労働者の過半数で組織する労働組合がない場合においては労働者の過半数を代表する者との書面による協定をし、これを行政官庁に届け出た場合においては、第三十二条から第三十二条の五まで若しくは第四十条の労働時間（以下この条において「労働時間」という。）又は前条の休日（以下この項において「休日」という。）に関する規定にかかわらず、その協定で定めるところによつて労働時間を延長し、又は休日に労働させることができる。

（傍点は筆者）

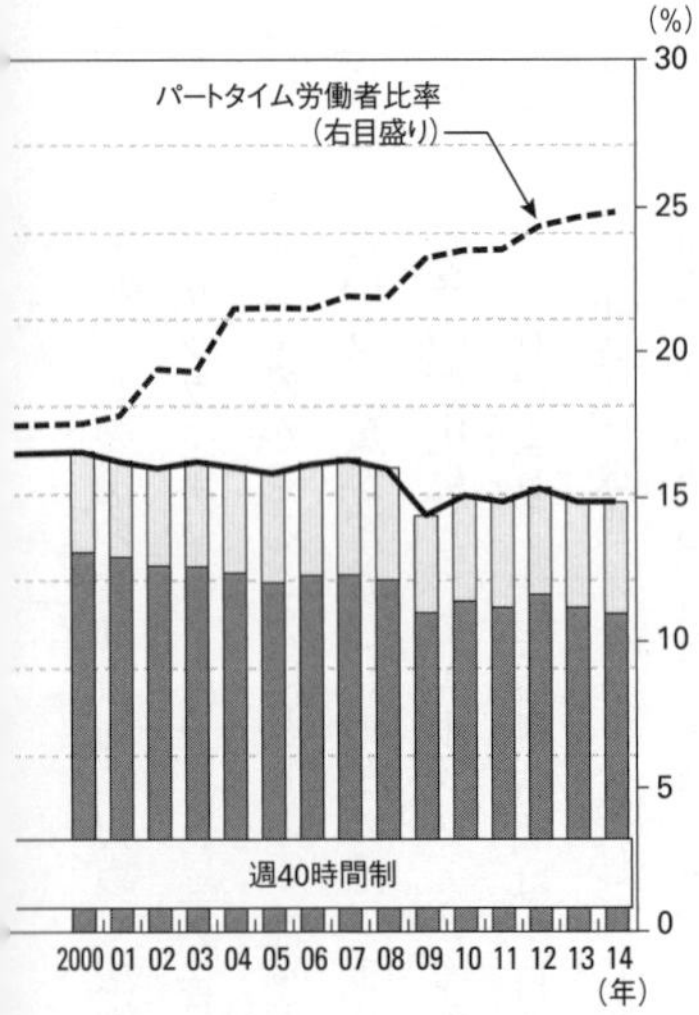

/15/dl/15-1-3_01.pdf）

この残業文化が、日本の高度経済成長を支えました。オイルショック後、世界が恐慌にあえぐ中、１９７０年代～１９８０年代には日本式の経営や雇用形態が「ジャパン・アズ・ナンバーワン」と称賛されました。し

図表１-２　月間総実労働時間の内訳（常用労働者、事業所規模30人以上

○総実労働時間は、1988～1993年にかけて大きく減少した後、緩やかに減少している

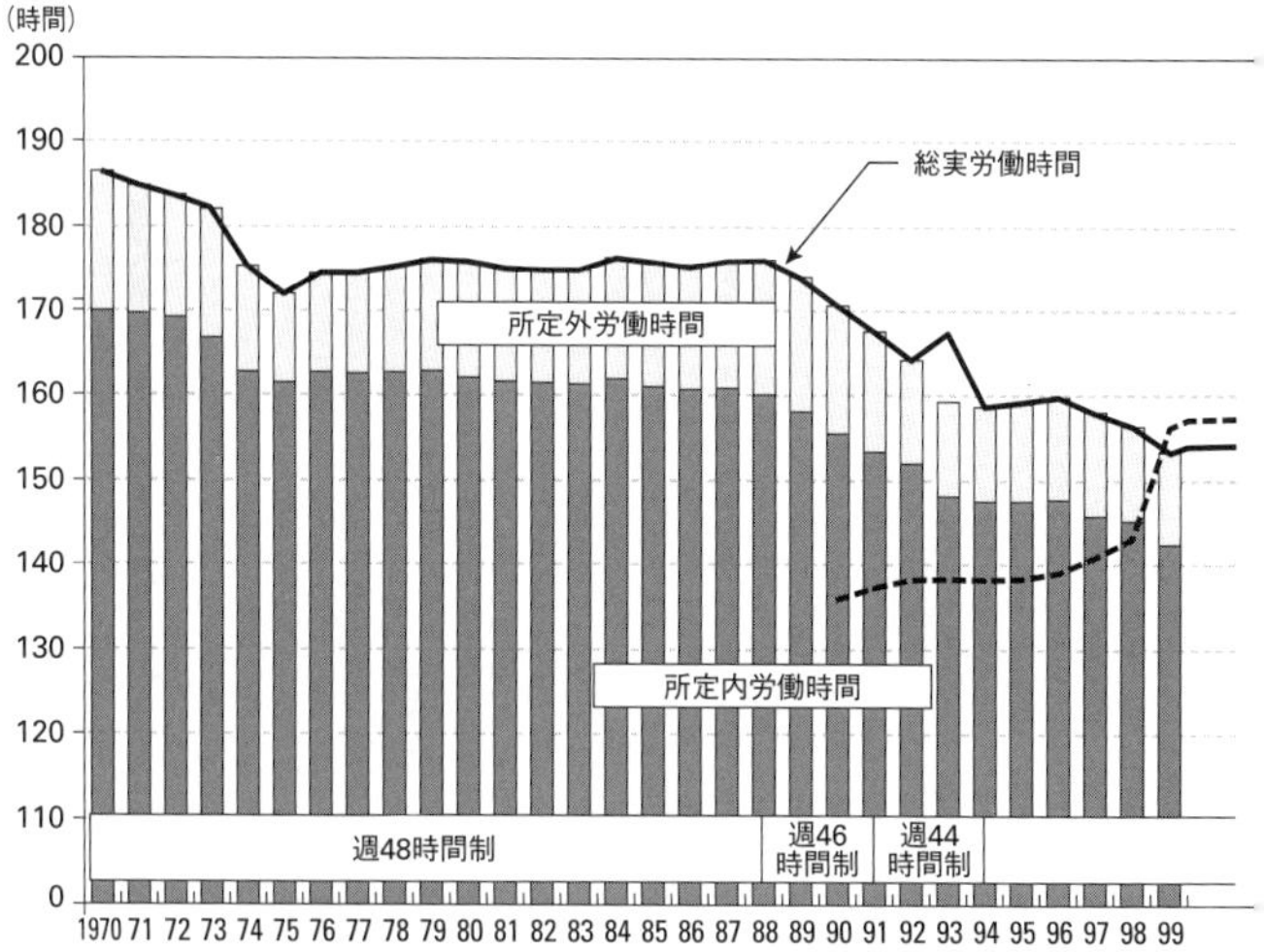

（注）1）調査産業計、事業所規模30人以上、就業形態計の数値。
2）パートタイム労働者比率は1990年以降把握可能。

出所：厚生労働省「平成27年版　労働経済の分析」(https://www.mhlw.go.jp/wp/hakusyo/roudou

かし、一方でその躍進は「過剰労働によって支えられている」と国際的に非難を受け、特に対日貿易赤字に苦しんでいたアメリカとの間で貿易摩擦を巻き起こします。１９８７年、国際的な外圧を受けて、中曽根内閣の経済諮問委員会である経済審議会において、前川春雄前日銀総裁（当時）が「新前川レポート」を報告。当時２１００時間を超えていた年間総労働時間を１８００時間にする目標が示され、「時短」運動や、会社員・公務員への週休２日制の普及などに

より、労働時間の短縮が図られるようになりました（前ページ図表1－2）。

底なし残業の裏にある2つの「無限」

Cさん「このグラフを見ると、1980年代には国際的な批判が高まったおかげで、高度経済成長期に比べれば残業時間は減っていますよね。じゃあ解決に向かっているってことなんでしょ？　先生、もうこの講義、やらなくてもいいんじゃないですか？」

頭の回転の速いCさんらしく、少し先を急ぎすぎてしまったかもしれませんね。これで本当に残業時間が減っていたら、問題も解決済みなんですけどね。それなら、この講義も必要なかったでしょう。

実は、ここには「からくり」があります。確かに「全体としては」残業時間は減ってきています。しかし、落とし穴はこの数値が「全体平均」だということです。1980年代後半からは、国際的な批判の対象となったこともあり、日本全体の平均労働時間は徐々に減少してきました。90年代、バブル崩壊後の日本企業では、雇用している従業員に大きな変動が起

図表1-3　就業形態別　年間総実労働時間の推移

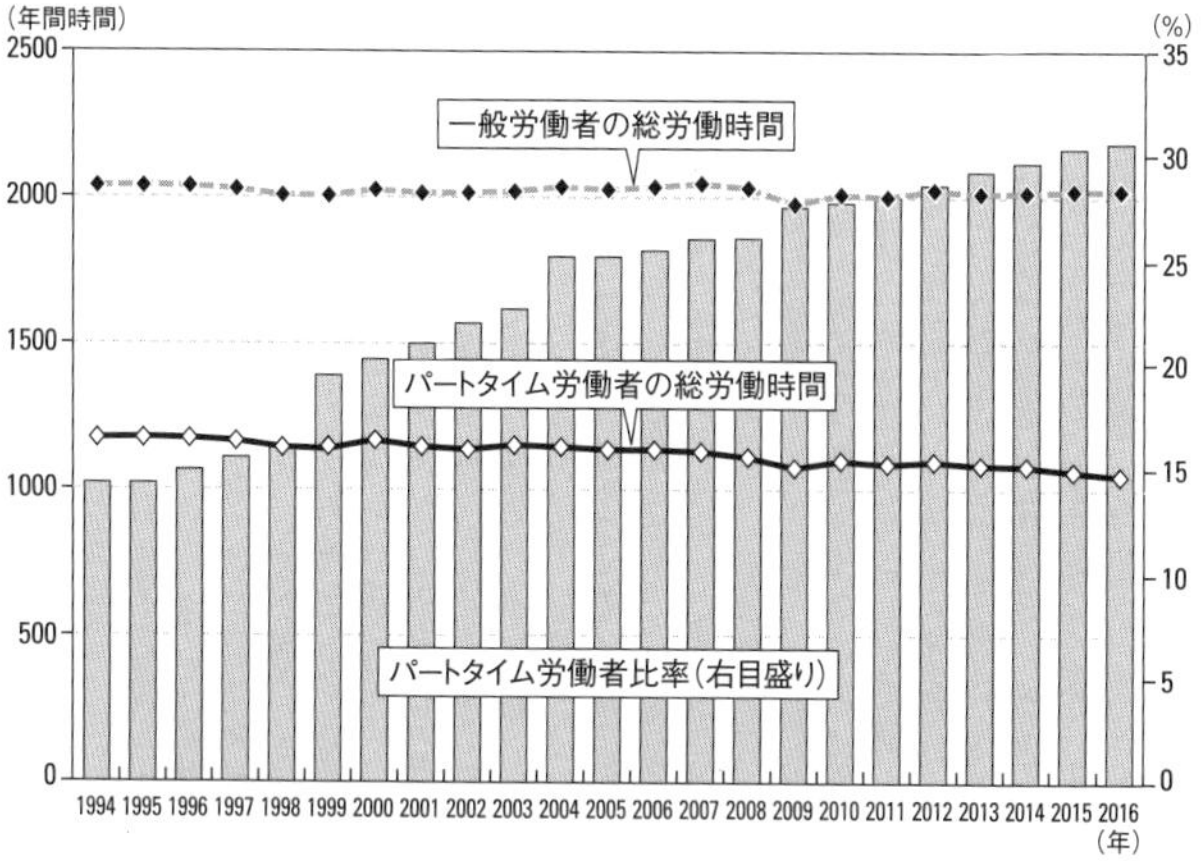

出所：厚生労働省「毎月勤労統計調査」より　従業員規模5名以上

こります。

図表1-3が示すように、この時期、日本企業は長引く不況を背景に、低賃金で育成コストのかからない、アルバイト・パートという雇用形態を拡充していきました。そこに、不況によって夫だけの収入では家計が苦しくなってきた主婦や、新しく生まれてきたカテゴリであるフリーターといった労働者が参入します。この人たちの多くは時給制賃金で、労働時間の短いシフト制などで働いているので、1人あたりの労働時間は少なくなり、「全体平均」を押し下げていったのです。

一方で、「フルタイム」の雇用者の平均残業時間は長期的にほぼ同水準で高止まりし、ほとんど変わっていません。他の分析[*7]でも、日本の労働時間は80年代後期の「時短」運動を経ても変わっていないことが統計的に示されています。

つまり、90年代から現在にかけて起きた労働時間の変化は、「働き方の全体的変化」ではなく、「長く働く人（＝正社員）」と「短く働く人（＝パートタイム労働者）」の「二極化」現象であると解釈できます。両者の平均をとっているので、表面上は減ったように見えるのです。

この間、日本以外のほとんどの先進国は、様々な規制や施策によって労働時間を減らしてきました。それでは、なぜ日本においては労働時間短縮施策の効果もなく、また、オートメーション化やインターネットなどの革新的技術の普及にもかかわらず、残業習慣がこれほど長く続いてきたのでしょうか。背景には、日本の職場特有の「2つの無限」があるように思います。

ひとつめは「時間の無限性」です。その原因は「法規制の実効性の乏しさ」にあります。先ほども述べたように、労働基準法において法定労働時間は1日8時間、週に40時間と定められていますが、第36条により、協定を結びさえすれば、法定時間外労働と休日労働は認められます。しかも、繁忙期などには「特別条項付の36協定届」を届ければ、残業時間の基準を超えて働かせられるため、実質、青天井で残業ができる仕組みとなっています。つまり、規制はありつつも、その規制をすっかり「骨抜き」にする条項がしっかりとセットになっているのです。

ヨーロッパでは、国によって基準となる時間は異なるものの、「規制の骨抜き」はできません。企業の超過残業は法的ペナルティが科されます。日本でも、２０１８年に成立した「働き方改革法」により特別条項での残業時間の上限が定められたので、今後、青天井は許されませんが、月の上限は最大１００時間というかなり高い水準で決着したことと、実際には労使協定を結んでいない企業も多く、実効性があるかはまだ不透明で、今後の推移を見守る必要があります。第７講以降で具体的な残業の削減方法について学びますが、残業を減らすには「時間」を「有限」とする必要があることを、少し頭の片隅に入れておいてください。

就業時間がどこまでかという「境界」がなければ、人は働き続けてしまうのです。

ふたつめは「仕事の無限性」です。日本の職場は「どこまでが誰の仕事か」という区切り

＊7　山本勲、黒田祥子『労働時間の経済分析　超高齢社会の働き方を展望する』日本経済新聞出版社、２０１４年
黒田祥子「日本人の労働時間　時短政策導入前とその20年後の比較を中心に」RIETI Policy Discussion Paper Series 10-P-002、２０１０年

がつけにくいことで知られています。専門用語では「仕事の相互依存性」と言います。お互いの仕事がオーバーラップ（重なりあうこと）していて、「ここからここまでがAさん」「ここからここまでがBさん」という具合に明瞭に分けられないのです。職場でごちゃっと仕事を抱え、仕事の責任範囲が不明瞭な傾向があります。

一般に日本以外の多くの国では、「ジョブ型」という雇用システムがとられています。これは、雇用契約時に結ぶ「職務記述書（ジョブ・ディスクリプション）」という書類によって一人ひとり、明確に仕事の範囲が既定される仕組みです。まず「仕事」が存在し、そこに「人」をつけています。それに対して日本型の雇用システムは「メンバーシップ型」と呼ばれ、先に「人」を採用してから「仕事」を割り振ります。その結果、「必要な仕事に人がつく」のではなく、「職場に人がつき、それを皆でこなす」形になるため、「仕事の相互依存度」も高くなります。自分に与えられた仕事が終わっても、「職場のみんなが終わっていなければ終わりにくい」ところがあり、他の人の仕事を手伝う、若手のフォローアップを行う、といったプラスアルファが求められます。

これら2つの無限が重なり合い、負のシナジー（相乗効果）を生み出してしまうのが、日本の職場の特徴です。

国際的に見ると、アメリカでは労働時間に関して、割増賃金の支払い義務はありますが、法による上限規制はなく、日本と同じく「時間の無限性」があります。そのため、アメリカにおいても長時間労働はしばしば問題になってきました。[*8]しかし、アメリカの多くの企業では、職務記述書によって担当する職務が明確化されていること、さらに成果主義の徹底が労使双方に浸透していることで「仕事の無限性」は避けられています。担当職務が明確でなく、状況と時期によって変わっていく日本では、与えられた仕事をやり遂げるだけでは評価されず、与えられた仕事「以上」を主体的に探して行うことで社内の評価を高める面があります（こうした評価・報酬との関係は、第5講で詳述します）。

まとめれば、「仕事」に対応して人が雇われていないため、見つけようと思えば仕事を「無限」にでき、さらに仕事の「時間」にも制限がない、という世界にも稀《まれ》な2つの無限を持っているのが日本の職場なのです。だからこそ、青天井の残業が発生します。

＊8　ジュリエット・B・ショアー『働きすぎのアメリカ人　予期せぬ余暇の減少』窓社、1993年

「残業文化」にはメリットがあった

Aさん「時間と仕事の無限性はわかりました。でも、なぜ日本だけがそのような働き方になってしまったのですか？」

Aさん、素晴らしいご指摘です。時間や仕事の無限性といった独特の背景があったにせよ、日本にこれほど強固に残業文化が根付いたのには、そこに「一定のメリット」があったからに他なりません。残業をすることが「合理的」であった時代が比較的長く続いてしまったことが、日本の現状を招いています。

戦後の日本は急激な人口増による「人口ボーナス」（総人口に占める働く人の割合が上昇し、経済成長が促進されること）の時代。地方から都市部へ多くの人が流入し、低賃金、大量の労働力が右肩上がりの企業を支えました。当時の産業構造は、製造業中心の大量生産・大量消費時代でした。先に述べたように「残業した分だけものが作れ、売れる」状況だったので、企業にとって残業のメリットは大きかったのです。

図表１-４　内部労働市場と外部労働市場の特徴

	日本（内部労働市場）	欧米諸国（外部労働市場）
就業期間	終身雇用が前提	就業期間は短め
解雇	簡単には行われない	比較的容易に行われる
育成方法	異動・転勤を通じた内部育成	組織外部での能力・スキル調達
給与	若い頃は低く、徐々に上昇する年功序列型賃金	職務と給与が紐づいているため、報酬上昇にはより高度な職務遂行が必要
人材の流動性	低い	高い
失業率	低い	高い

その後、内需拡大によって日本経済は大きく成長し、欧米諸国が長期間かけて経験してきた産業構造と人口動態の変化を、数十年で一気に経験しました。その間に起きた急激な組織成長と変化に対応するべく、日本企業は先ほど述べた独自の「日本型雇用システム＝メンバーシップ型雇用慣行」を発達させていきました。残業問題を考える上で、この日本独自の雇用慣行の話は避けて通れませんので、**図表１-４**とあわせて、ここで少し詳しく説明しておきます。

まず覚えておいてほしいのは、日本の雇用慣行の特徴は、組織の内部に労働市場を持っているということです。これを「内部労働市場」と言います。[*9] これに対して、とりわけ欧米諸国は、

＊９　P・B・ドーリンジャー、M・J・ピオレ、白木三秀訳『内部労働市場とマンパワー分析』早稲田大学出版部、２００７年

組織の外部に労働市場を持っています。これを「外部労働市場」と言います。

内部労働市場が発達している国では、終身雇用・年功序列型賃金などの人事施策により、組織の内部で人を長期で雇用し続けます。人は組織の内部で配置転換、異動、転勤などを繰り返し、能力・スキルを磨きます。組織の内外であまり人の出入りはありません。ゆえに外部労働市場は発達しません。あくまで、組織の内部でジョブローテーションや異動を通じて人が育成されるのです。内部労働市場が発達していることにはメリットがあります。比較的給与を抑えた上で、自社文化に精通した人材を安定的に確保でき、長期間の定着によって育成の効率を上げられることです。一方でデメリットもあります。それは、市場環境などが変わった場合でも、すぐに人を解雇することなく、配置転換、異動で対応するため、組織外との効率的な人材の移動ができにくくなります。また、高齢社員のモチベーション維持も課題となります。

これに対して、欧米諸国では、組織の外部に労働市場があります。これを「外部労働市場」と言います。企業は戦略や組織の事情にあわせて、組織の外部から人を採用し、労働力を調達します。外部労働市場のメリットは、市場環境や戦略が変わった時などに、迅速《じんそく》に人の入れ替えができることです。必要な人材を必要な時に外部の市場から調達するので、効率は良くなります。一方、企業が戦略転換をするたび人が入れ替わるという意味では、社会全体として失業率が上がり、雇用は不安定になりがちです。また、働く個人は、いつ、組織の外部にある労働市場に退出させられるかわからないので、常に自らの能力やスキルを高めておく必要があります。

先ほど「日本企業は、伝統的にメンバーシップ型の雇用慣行を発達させてきた」とお話ししました。そこでは人をなるべく長期に雇用するわけですが、それでも景気の浮き沈みは出てきます。でも、日本の雇用慣行では早急に人は入れ替えられません。つまり、人件費を下げることができないのです。

そういう時、企業はどう対処するのでしょうか。

ここに実は「残業」が関係してくるのです。日本企業は景気が悪くなった時、人を切るのではなく労働時間を減らして対応していたのです。つまり、「景気が良い時は残業し、悪い時は残業を減らす」といった形で、人員の代わりに残業時間を調整用のバッファ（のりしろ）として活用することで、外部状況の変化に対応してきました。このように日本は、残業のメリットをうまく活かした雇用システムにより、先進国の中でも極めて低い失業率を維持しつつつ、高い定着率と長期にわたる組織貢献の動機づけを従業員から引き出すことによって、諸外国から「ジャパン・アズ・ナンバーワン」として称賛された経済成長を遂げることができたのです。高度経済成長期、残業に一定のメリットがあったとはこういうことです。

働く人たちにとっても、一度就職すれば終身雇用が暗黙の内に保証され、社宅や各種家族手当などの手厚い福利厚生によって会社が定年まで雇用者を人生ごと「丸抱え」する日本型雇用モデルは歓迎され、多くの人がこの構造の恩恵にあずかっていました。その結果、男性が稼ぎ、女性は専業主婦ないしパートタイム労働者として家計のサポートを行う、という性別役割分業が発達し、出産、育児によって就業をやめてしまうM字カーブ（女性の年齢別の労働力率をグラフにしたとき、出産、育児の時期に曲線が下降し、M字を描く）が現れます。しかもこれは、第3号被保険者（国民年金）、所得税の扶養控除といった税制面でも助長・促進されてきました。

働く人すなわち男性たちは残業こそ多いものの、安定的な雇用が保証された中で日本全体は経済発展を遂げ、「一億総中流」と言われるまでの物理的豊かさを手に入れました。労働時間に見合う成果が出せなくても年功序列的に給与は上昇しますし、さらにはそこに残業代もプラスされる。つまり、働く側も残業のメリットを享受していた側面は否めません。

図表1-5　「人手不足倒産」の件数

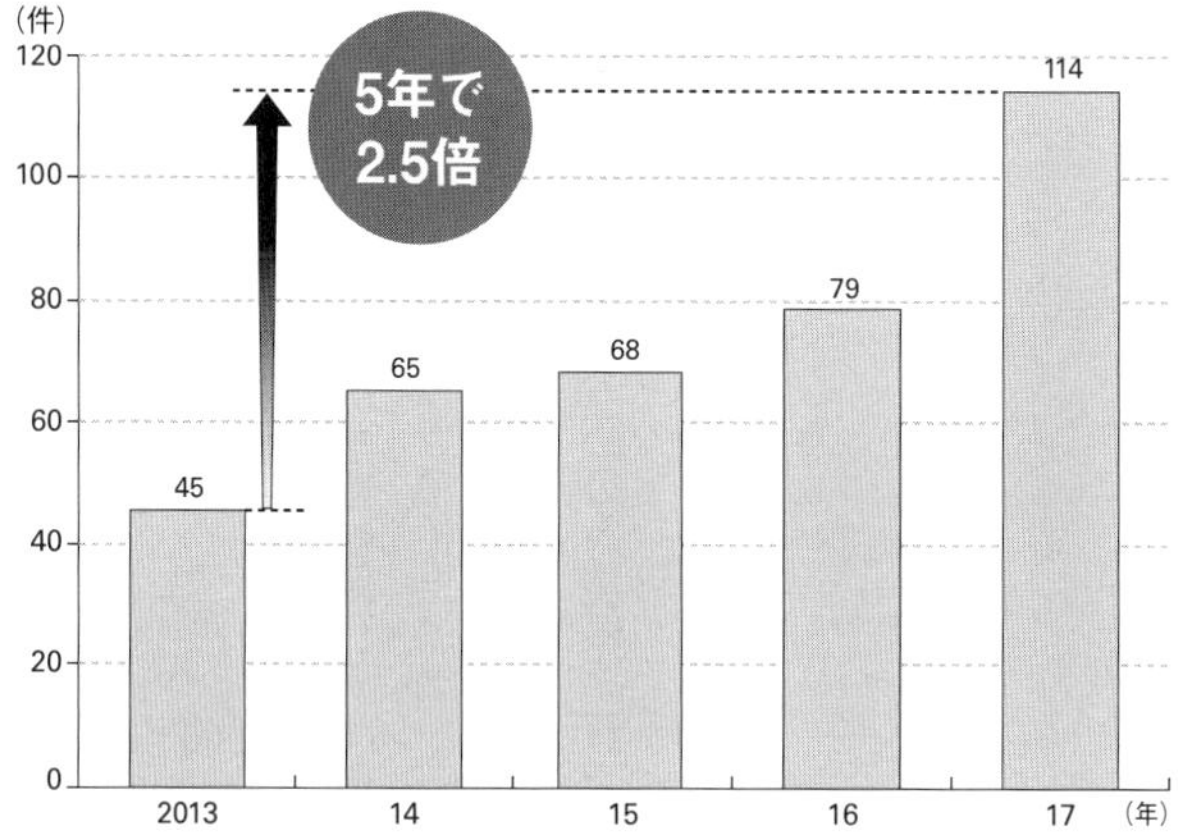

出所：帝国データバンク「『人手不足倒産』の動向調査（2017年度）」(https://www.tdb.co.jp/report/watching/press/pdf/p180406.pdf)

しかし、かつては高い整合性と合理性を有していたこのシステムにも陰りが見えているのは、本講の冒頭に論じた通りです。

圧倒的な人手不足が経営を圧迫し、人手不足ゆえに事業の継続や拡大ができない状態が生まれてきました。**図表1-5**の帝国データバンクの調べによると、人手不足による倒産は調査開始の2013年から増加し続け、この5年間で2・5倍になっています。

また、残業が多いことで、オリエンテーションでも触れた「4つのリスク」（採用、人材、イノベーション、コンプライアンスのリスク）も生まれています。

確かに、内部労働市場はまだ完全に崩れ

てはいません。しかし今、日本企業は新たな労働慣行を模索し始めている気がします。

第1講のまとめ

さて、第1講では日本における残業の歴史を振り返るとともに、日本で残業文化が根付いた背景として、日本の職場特有の「時間の無限性」と「仕事の無限性」という負の相乗効果があったこと、日本型雇用システムの中で、企業が景気変動に即して労働時間を調整するために残業を利用してきたことなどを考察しました。

続く第2講では、今回の大規模調査で明らかになった日本の残業の実態について詳しく見ていくこととしましょう。

第2講——あなたの業界の「残業の実態」が見えてくる

第1講では、日本における「残業」の歴史を振り返るとともに、日本のフルタイム労働者の労働時間が実質的に変わっておらず、残業文化が強固に根付いてしまっていること、その背景には日本の職場特有の「時間の無限性」と「仕事の無限性」や、安定的な雇用を保証する雇用システムがあるとお話ししました。

第2講ではいよいよ、私たちの残業調査から見えてきた日本の残業の実態について考えていきます。

1位が運輸、2位が建設、3位が情報通信

Aさん「中原先生、今日の講義もよろしくお願いします。ところで、日本で一番残業の多い業種ってどこなんでしょう？」

Aさん、冒頭から元気の良い質問をありがとうございます。

皆さんいかがでしょうか。各自予想してみてください。残業の多い仕事と聞いて、真っ先に何が思い浮かびますか？

……では**図表2-1**をご覧ください。まず、残業が多い業種は想像通りかもしれないです

図表２-１　業種・職種別残業時間の順位

業種別		n(=サンプル)数	月平均(時間)	残業30時間以上の割合(%)
1位	運輸業、郵便業	(721)	31.96	44.0
2位	建設業	(593)	25.47	33.3
3位	情報通信業	(698)	25.27	33.5
4位	不動産業、物品賃貸業	(180)	24.24	33.6
5位	サービス業全般 (宿泊、飲食、生活関連サービス業など以外)	(1106)	24.17	31.2
6位	電気・ガス・熱供給・水道業	(213)	24.10	31.5
7位	学術研究、専門・技術サービス業 (法律、税理士、測量など)	(89)	23.70	38.3
8位	教育、学習支援業	(193)	23.63	25.7
9位	製造業	(2933)	22.67	32.4
10位	卸売業、小売業	(912)	21.17	27.0
11位	宿泊業、飲食サービス	(157)	20.46	29.6
12位	金融業、保険業	(505)	19.46	24.5
13位	生活関連サービス業、娯楽業	(129)	16.74	25.4
14位	医療、介護、福祉	(744)	15.82	16.3
	一般従業員　全体	(10000)	22.91	30.6

職種別		n数	月平均(時間)	残業30時間以上の割合(%)
1位	配送・物流	(645)	31.18	48.4
2位	専門職種 (不動産関連、建築・土木・金融系など)	(664)	29.91	41.0
3位	IT技術・クリエイティブ職	(910)	28.30	39.7
4位	商品開発・研究	(409)	26.97	43.9
5位	営業職	(954)	26.31	37.6
6位	マーケティング・企画職	(222)	25.33	37.2
7位	生産・管理・製造	(1696)	22.17	32.0
8位	バックオフィス	(1562)	18.23	21.3
9位	事務・サービス・サポート職	(1994)	18.05	20.7
10位	医療・福祉・教育関連	(652)	15.80	16.7

就業人口構成比でウェイトバック集計

出所：「パーソル総合研究所・中原淳　長時間労働に関する実態調査」

が、1位が運輸業・郵便業、2位が建設業、3位がIT企業などの情報通信業でした。どこも人手不足が伝えられており、皆さんもニュースでよく目にするでしょう。職種で見ても、1位が配送・物流、2位が専門職種（不動産関連、建築・土木系、金融系など）、3位がIT技術・クリエイティブ職となっていて、業種のランキングとおおよそ重なります。ちなみに、この調査における「残業時間」とは休日出勤も含め「所定労働時間を超えて働いた時間」を指しています。

表内の時間数を見ると意外と少ないように思えるかもしれませんが、この結果は業界の「平均値」です。どの職場にも、「常に残業をしない人」が一定の割合で存在しますよね。例えば時短勤務の人など、何らかの事情で残業できない人です。「残業を少しでもしている人」に限定して集計すると、平均時間は4〜5時間程度増加します。ですので、残業が常態化している業界においては、**図表2-2**のようになります。

見ての通り、残業をしている人だけに限れば数字が増えるのです。例えば運輸業・郵便業は平均37・4時間、建設業は29・8時間。人によっては、これらの数字がより実感をもって受け止められるかもしれませんね。

「うちの上司はもっと残業している」という声も聞こえてきそうですが、先ほどのデータは、

図表２-２　業種・職種別残業時間の順位（残業をしている人に限定）

業種別		n数	残業月平均（時間）
1位	運輸業、郵便業	(598)	37.44
2位	建設業	(427)	29.78
3位	サービス業全般（宿泊、飲食、生活関連サービス業など以外）	(848)	28.85
4位	不動産業、物品賃貸業	(133)	28.59
5位	教育、学習支援業	(147)	28.56
6位	情報通信業	(574)	27.83
7位	製造業	(2290)	26.96
8位	学術研究、専門・技術サービス業（法律、税理士、測量など）	(74)	26.05
9位	電気・ガス・熱供給・水道業	(168)	25.44
10位	卸売業、小売業	(707)	25.13
11位	宿泊業、飲食サービス	(122)	23.69
12位	金融業、保険業	(374)	23.24
13位	生活関連サービス業、娯楽業	(96)	21.34
14位	医療、介護、福祉	(563)	19.92
	一般従業員　全体	(7738)	27.11

職種別		n数	残業月平均（時間）
1位	配送・物流	(538)	41.17
2位	専門職種（不動産関連、建設、土木系、金融系など）	(535)	33.26
3位	商品開発・研究	(337)	30.99
4位	IT技術・クリエイティブ職	(763)	30.10
5位	営業職	(759)	29.42
6位	マーケティング・企画職	(171)	28.85
7位	生産・管理・製造	(1345)	26.09
8位	バックオフィス	(1102)	22.69
9位	事務・サービス・サポート職	(1478)	22.40
10位	医療・福祉・教育関連	(486)	20.12

就業人口構成比でウェイトバック集計

出所：「パーソル総合研究所・中原淳　長時間労働に関する実態調査」

役職のない一般従業員だけのものです。残業をしている上司層（主任クラス以上）を対象にした調査（図表2-3）では1位は運輸業、郵便業、2位が建設業、3位が不動産業、物品賃貸業となり、現場の部下たちが帰った後にもう一仕事する管理職たちの姿が浮き彫りになります。さらに部下に比べて上司の残業の比率が高い業種をピックアップしてみると、医療・介護・福祉や金融業・保険業、教育、学習支援業などがあがってきました。これらの業種では、マネジャーたちが部下の約1・5倍も残業しているようです。

明らかになった「サービス残業」の実態

Bさん「私は家に仕事を持ち帰って、子どもが寝た後にやることも多いです。これってサービス残業ですよね？　サービス残業の実態はどうなってますか？」

Bさん、ありがとうございます。確かに、持ち帰りの仕事をやむなくしている人も少なくないですよね。

社会では、残業代が支払われる残業だけでなく、違法ではありますが実際には残業代がつかない「サービス残業」が横行していることもまた事実です。Bさんのように、やむなく仕

図表2-3　業種・職種別残業時間の順位（上司層に限定）

業種別	月平均（時間）	n数	本人月平均（時間）	同職場の部下との対比（倍）
1位	運輸業、郵便業	(65)	39.68	1.44
2位	建設業	(148)	38.32	1.27
3位	不動産業、物品賃貸業	(51)	36.90	1.51
4位	製造業	(596)	36.07	1.29
5位	サービス業全般（宿泊、飲食、生活関連業など以外）	(183)	34.04	1.25
6位	情報通信業	(163)	32.69	1.30
7位	金融業、保険業	(127)	32.43	1.53
8位	卸売業、小売業	(167)	31.95	1.36
9位	教育、学習支援業	(33)	27.42	1.45
10位	医療、介護、福祉	(80)	25.51	1.61
11位	電気・ガス・熱供給・水道業	(45)	24.67	1.27
参考値	学術研究、専門・技術サービス業（法律、税理士、測量など）	(18)	38.61	0.90
参考値	宿泊業、飲食サービス業	(23)	42.96	2.02
参考値	生活関連サービス業、娯楽業	(26)	25.31	1.11
	上記以外の業種	(94)	39.07	1.32

□ 対部下比…上位3位

職種別		n数	本人月平均（時間）	同職場の部下との対比（倍）
1位	商品開発・研究	(135)	42.17	1.22
2位	専門職種（不動産関連、建築・土木・金融系など）	(137)	41.66	1.35
3位	IT技術・クリエイティブ職	(203)	36.90	1.20
4位	営業職	(283)	36.19	1.35
5位	生産・管理・製造	(215)	34.32	1.25
6位	バックオフィス	(454)	31.88	1.39
7位	マーケティング・企画職	(124)	31.48	1.20
8位	事務・サービス・サポート職	(141)	30.49	1.75
9位	医療・福祉・教育関連	(62)	24.15	1.70
参考値	配送・物流	(20)	39.55	1.24
	その他	(45)	27.44	1.16

□ 対部下比…上位3位

	上司層　全体	1819	34.48	1.33

出所：「パーソル総合研究所・中原淳　長時間労働に関する実態調査」

事を持ち帰っている方も少なくないでしょう。従来のこの手の調査では、企業の人事部を通して従業員に質問紙を送付していただいたため、「サービス残業」の実態はあまりわかっていませんでした。私たちは残業問題の真実を把握するため、敢えて「企業を通さず」調査を行いました。それにより、企業を通しての調査では難しい、サービス残業についての設問にもしっかりと答えてもらうことができました。

いったい、サービス残業が多いのはどんな仕事でしょうか。これもまずは、皆さん予想してみてください。

調査の結果、残業時間の中でもサービス残業の割合が多い業種として浮かび上がったのが、教育・学習支援業、不動産業、物品賃貸業、宿泊・飲食サービス業でした（図表2－4）。教育・学習支援といっても、今回の調査に公務員は含まれていないため、主に民間の学習塾などがあたります。教育事業に多いのは、授業前後に個人指導をしても、時間外業務、残業とみなされないケースです。ちなみに、幼稚園教諭や保育士、介護福祉士・ヘルパーなどの、人間に直接関わる職種は、残業時間自体は長くないものの、サービス残業率が高いです。これらの職種はいずれも離職率が高いのですが、サービス残業が多いことも一因となっている可能性があります。

図表2-4　業種別サービス残業時間の順位（メンバー層に限定）

○業界上位は教育／学習支援業・不動産／物品賃貸業・生活関連サービス業／娯楽業
○職種では営業・配送・物流・専門職などが上位

業種別		n数	サービス残業月平均（時間）
1位	教育、学習支援業	(182)	13.96
2位	不動産業、物品賃貸業	(163)	10.63
3位	宿泊、飲食サービス業	(145)	10.09
4位	運輸業、郵便業	(694)	9.53
5位	建設業	(542)	8.31
6位	生活関連サービス業、娯楽業	(122)	8.28
7位	学術研究、専門・技術サービス業（法律、税理士、測量など）	(83)	8.22
8位	卸売業、小売業	(862)	7.97
9位	サービス業全般（宿泊、飲食、生活関連サービス業以外）	(1051)	6.79
10位	情報通信業	(645)	6.40
11位	電気・ガス・熱供給・水道業	(200)	6.32
12位	金融業、保険業	(460)	6.00
13位	医療、介護、福祉	(708)	5.48
14位	製造業	(2770)	4.39
	一般従業員　全体	(9398)	6.55

就業人口構成比でウェイトバック集計

出所：「パーソル総合研究所・中原淳　長時間労働に関する実態調査」

また、サービス残業時間が多い職種は1位が医療系営業（MR、医療機器など）、続いて講師・インストラクター（学習塾など）、ドライバー、幼稚園教諭・保育士となっていて、ここでも人に直接関わる教育系の仕事にサービス残業が多いことが見てとれます（次ページ図表2-5）。

これらの業種・職種のサービス残業時間は1人あたり月平均10時間を超えていますが、こちらもあくまで「全体平均」です。先ほど同様に、

図表2-5　職種別サービス残業時間の順位（一般従業員に限定）

職種別（詳細）		n数	サービス残業月平均（時間）
1位	医療系営業（MR、医療機器など）	(60)	18.35
2位	講師・インストラクター（学習塾などの民間施設）	(79)	12.86
3位	ドライバー	(403)	12.82
4位	幼稚園教諭・保育士	(42)	12.01
5位	クリエイティブ系全般（Webデザイナー、プランナー、デザイナー、各種クリエイターなど）	(134)	11.84
6位	営業	(823)	11.75
7位	建築・土木系・技術職種	(279)	11.46
8位	営業推進・営業企画	(80)	10.04
9位	専門職全般（不動産関連、建築・土木系、金融系など以外）	(281)	9.79
10位	経営・経営企画	(84)	7.51
11位	人事・教育	(43)	7.27
12位	販売・サービス系職種（店舗内・事務所内）	(522)	7.26
13位	企画・マーケティング	(103)	7.16
14位	法務	(54)	6.07
15位	商品開発・研究	(387)	6.07
16位	資材・購買	(121)	6.05
17位	IT系技術職種	(712)	5.84
18位	総務・人事	(611)	5.78
19位	配送・倉庫管理・物流	(219)	5.46
20位	広報・宣伝	(31)	5.43
21位	福祉系専門職（介護福祉士・ヘルパーなど）	(318)	5.22
22位	医療系専門職種	(179)	4.79
23位	顧客サービス・サポート	(195)	4.55
24位	財務・会計・経理	(484)	4.47
25位	事務・アシスタント	(1127)	4.25
26位	生産技術・生産管理・品質管理	(643)	3.44
27位	受付・秘書	(57)	2.82
28位	製造（組立・加工）	(973)	2.68
参考値	コンサルタント	(20)	11.31
参考値	不動産関連　専門職種	(20)	7.78
参考値	金融系専門職種（トレーダー・ディーラー・証券）	(13)	5.46
参考値	理美容専門職種（理美容士師・スタイリスト・ネイリスト）	(12)	18.56
参考値	服飾系専門職種（デザイナー、パタンナーなど）	(7)	10.89
参考値	その他	(281)	6.17

就業人口構成比でウェイトバック集計

出所：「パーソル総合研究所・中原淳　長時間労働に関する実態調査」

「サービス残業を少しでもする人」に限定すれば数値は跳ね上がり、「教育、学習支援」で24・4時間、「不動産、物品賃貸」で22・3時間にのぼります（次ページ**図表２-６**）。サービス残業を毎月20時間超というのは、単純計算で１人あたり月に４万円程度、年間48万円以上の残業手当を受け取っていない推計になります（割増込み時間給を２０００円に仮置きして推計）。

職種、業種をまたがった大規模調査によって、「どのような職務特性（仕事上の特徴）が残業時間を増やしているのか」も見えてきました。最も残業時間を増やしていたのは「突発的な業務が頻繁に発生する」職務で、こうした特性が一番高い職種は介護福祉士・ヘルパーです。その後には、「仕事の相互依存性（自分の仕事が終わらないと他の人も終わらない性質）が高い」「社外関係者・顧客とのやり取りが多い」といった職務特性が続き、人との関わりが多い職種に残業が生まれやすいことがわかりました。

図表２-７（91ページ）、**図表２-８**（92ページ）では、残業時間、サービス残業率の調査結果を業種別、職種別のマップにしてみました。これを見ると、また別のことがわかります。残業時間の多い運輸業・郵便業ですが、それらの業種は比較的、残業代は支払われていることがわかります。そして右下にくるグループは、残業時間は平均するとさほど多くないです

図表2-6　業種・職種別サービス残業時間の順位
（サービス残業をしている人に限定）

業種別		n数	サービス残業月平均（時間）
1位	運輸業、郵便業	(241)	27.43
2位	教育、学習支援業	(104)	24.43
3位	不動産業、物品賃貸業	(78)	22.26
4位	情報通信業	(194)	21.32
5位	建設業	(210)	20.58
6位	生活関連サービス業、娯楽業	(54)	18.69
7位	サービス業全般 (宿泊、飲食、生活関連サービス業など以外)	(386)	18.45
8位	宿泊業、飲食サービス	(82)	17.99
9位	学術研究、専門・技術サービス業 (法律、税理士、測量など)	(38)	17.81
10位	卸売業、小売業	(403)	17.04
11位	電気・ガス・熱供給・水道業	(79)	16.07
12位	金融業、保険業	(172)	16.05
13位	製造業	(824)	14.78
14位	医療、介護、福祉	(355)	10.92

職種別		n数	サービス残業月平均（時間）
1位	配送・物流	(227)	28.02
2位	専門職種	(280)	23.15
3位	営業職	(496)	21.70
4位	IT技術・クリエイティブ職	(287)	20.00
5位	マーケティング・企画職	(101)	17.45
6位	商品開発・研究	(139)	16.98
7位	バックオフィス	(510)	15.43
8位	事務・サービス・サポート職	(698)	13.80
9位	生産・管理・製造	(389)	12.39
10位	医療・福祉・教育関連	(328)	12.32
	一般従業員　全体	(3545)	27.11

就業人口構成比でウェイトバック集計

出所：「パーソル総合研究所・中原淳　長時間労働に関する実態調査」

図表２-７　残業実態マップ〈業種編〉

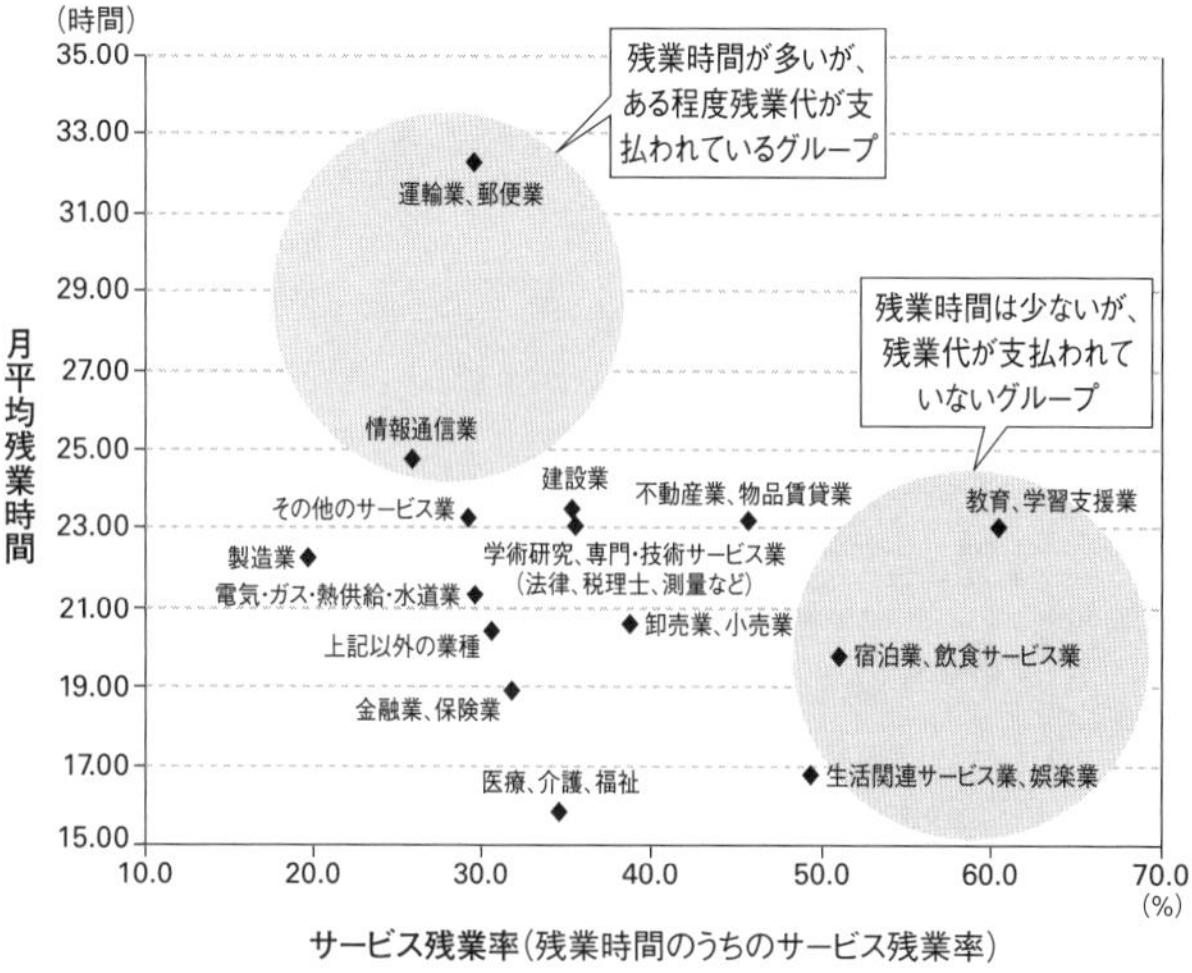

出所：「パーソル総合研究所・中原淳　長時間労働に関する実態調査」

が、残業代が支払われない、つまり「残業した場合はサービス残業になる割合」が高い業種・職種です。業種では教育・学習支援業、宿泊・飲食業、職種では講師・インストラクター、幼稚園教諭・保育士など、人に直接関わる仕事にサービス残業率が高いという特徴が見えてきました。これらの職種は、仕事が属人的（ある業務を特定の人が担当し、その人にしかやり方がわからない状態）になることも多く、ひとたび業務過多に陥《おちい》ると、残業代なしで多くの労働が発生してしまう危険性が高そうです。

とりわけ厳しいのは、教育にまつわ

図表2-8　残業実態マップ〈職種編〉

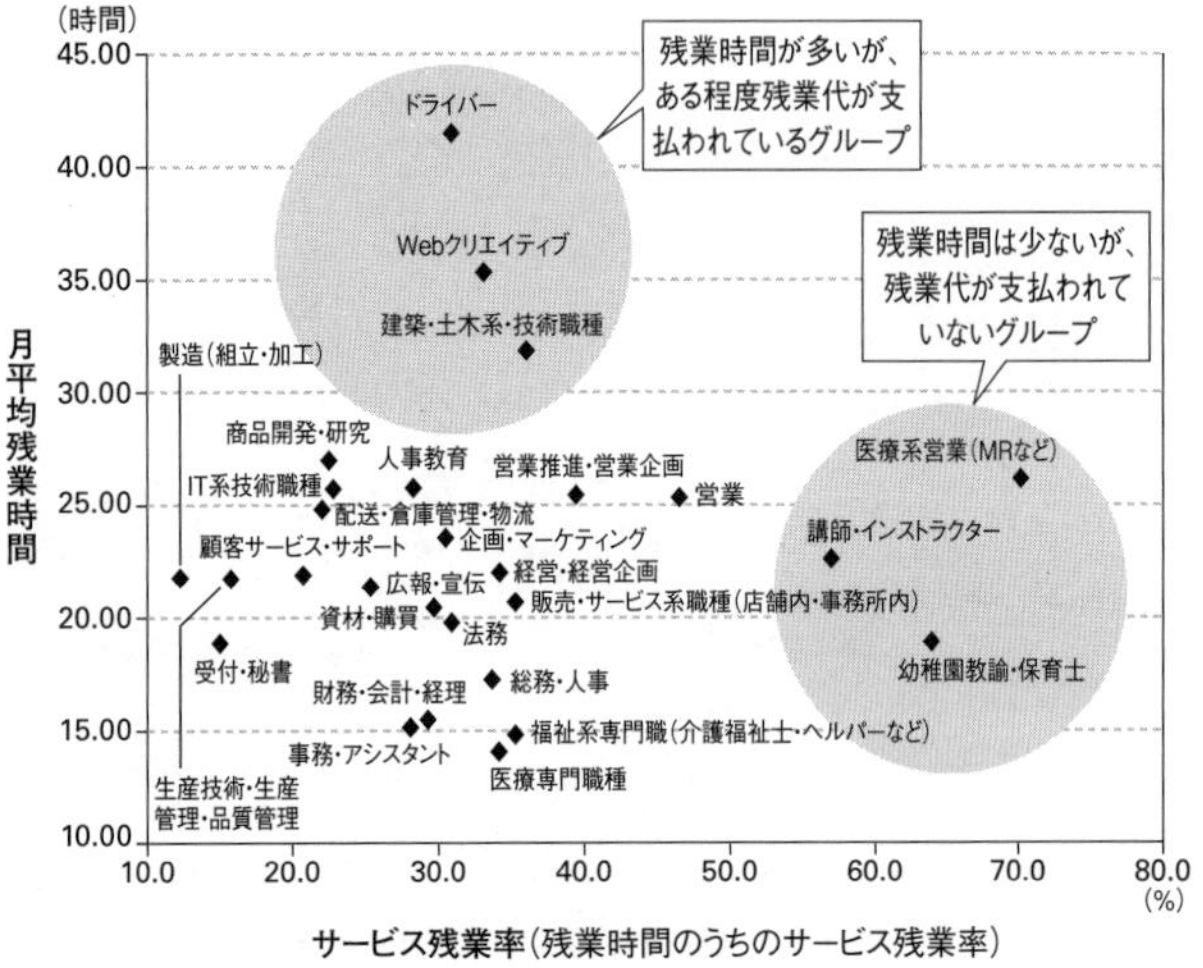

出所：「パーソル総合研究所・中原淳　長時間労働に関する実態調査」

る仕事です。なぜなら「子どもの将来のため」という「パブリックミッション」を帯びている仕事であり、子どもの幸せを思うあまりどうしても労働時間が長くなってしまう傾向があるからです。教育や保育などの現場では、子どものためを思えばどこまでも仕事を作れてしまいます。この献身性と仕事の無限性こそが、労働時間を長くしてしまう理由のひとつです。

実際、横浜市教育委員会と中原淳研究室が2017年に行った調査[*10]によると、横浜市の教員の労働時間は、1日あたり11時間42分でした（直近3日間の平均）。また、1日あたりの労働時間が12時間以上の教員も、全体の42・0パーセントいました。極めて厳しい調査結果です。横浜市のみならず全国の教育委員会、学校でこの事態の改善のために様々な試みをしているところです。

第2講のまとめ

さて、第2講では残業調査の結果をもとに、残業時間やサービス残業の多い業種、職種について見てきました。

皆さんが勤務されている企業、職場の残業時間、またサービス残業の程度はいかがでしたか？

ぜひ、ご自身のデータを図に描きこんでみてください。

業種・職種平均に近いのかどうかなど見比べていくと、自分の所属している組織や働き方の特殊性が浮かび上がってくるかもしれません。

＊10　横浜市教育委員会×立教大学経営学部中原淳研究室　共同研究のページ
http://www.edu.city.yokohama.jp/tr/ky/k-center/nakahara-lab/

コラム――残業学よもやま話②

「日本人は勤勉」説は本当か?

「日本人は根が真面目だから」

「日本人はもともと勤勉だから」

残業、長時間労働についての議論でしばしば耳にするのが、こうした日本人元来の特質と今の仕事の仕方を結びつける意見です。「勤勉さ、愚直さといった日本人の強みを活かし……」などと、ポジティブな形で言及される場合もあります。はたして、これらは事実なのでしょうか? もし正しいのであれば、残業是正をいくら呼びかけても、「長く働くことは日本人の性質に適している」という話になりかねません。

1970年代から2000年代にかけて行われた日本人についてのイメージ調査[*11]の結果を見ても、青年層から見た日本人のセルフ・イメージは40年もの間「勤勉」が1位の座を守っていました。同じ調査では、他国民から見た日本人のイメージでも、「勤勉」は上位に入り続けており、確かにこの数十年間、日本人の勤勉イメージは国内外に広く染み付いているようです。

日本人の「怠惰さ」と、二宮金次郎の「発見」

このイメージの起源を探るには、統計データがない時代まで遡《さかのぼ》る必要があります。歴史研究によると、明治期、多くの外国人が日本を訪れて残していった言葉には、日本人の「怠《たい》惰《だ》さ」についての印象が多く残されています。*12

日本の労働者は、ほとんどいたるところで、動作がのろくだらだらしている。（１８９７年）

日本人の悠長さといったら呆れるくらいだ。（１８５７〜９年）

＊11　内閣府　第８回世界青年意識調査
http://www8.cao.go.jp/youth/kenkyu/worldyouth8/html/mokuji.html
＊12　橋本毅彦、栗山茂久『遅刻の誕生　近代日本における時間意識の形成』三元社、２００１年
西本郁子『時間意識の近代　「時は金なり」の社会史』法政大学出版局、２００６年

この国では物事がすぐには運んでゆかないのである。一時間そこいらは問題にならない。辞書で「すぐに」という意味の「タダイマ」は、今からクリスマスまでの間の時間を意味することもある。（1891年）

意外ではないでしょうか。明治期の訪日外国人はこうした「時間感覚の違い」や「怠惰さ」を、いまや「勤勉」とされる日本人に対して感じていたようです。

しかし、明治後期、国力を増強し欧米諸国に追いつかんとする政府と当時の啓蒙思想家たちは、こうした怠惰さを退け、より「勤勉」であるよう、国民を啓発していきます。実は、そこで「お手本」として名指しされ、勤勉さを内に外にアピールするシンボルとして機能したのが、二宮金次郎《にのみやきんじろう》像で知られる二宮尊徳《そんとく》（1787～1856）です。

二宮尊徳は江戸後期に活躍した農政家ですが、明治になってから時代を遡って「再発見」されたタイプの偉人です。1894年の内村鑑三《うちむらかんぞう》『代表的日本人』に掲載された後、国定教科書や唱歌の題材、よく知られた二宮金次郎像とともに知名度を上げていきました。日本人の「勤勉さ」イメージは、欧米諸国に追いつき、近代国家としての力を示すために二宮金次郎を通じて「人工のアイデンティティ」として構築された面があるということです。

勤勉さの発芽——江戸後期の「勤勉革命」

勤勉さ、というイメージが明治後期以降の日本に広がったことを確認しました。しかし、かといって、全く芽のないところからそうしたイメージを捏造《ねつぞう》することは難しかったはずです。そもそも、資本経済の発展のためには、生活維持のため以上の労働力を投下し続ける、「勤労の精神」が不可欠です。社会学者マックス・ヴェーバーが指摘したのは、ヨーロッパにおけるカルヴァニズムの教義こそが、そうした資本経済のエンジンとなったことでした。[*13]

では、日本において、資本経済を駆動させるような「勤勉さの芽」はどこにあったのでしょうか。こうした問いについて、歴史人口学者の速水《はやみ》融《あきら》が指摘したのが江戸後期に農家で起こった「勤勉革命」(Industrious Revolution) 説[*14]です。

17世紀末から19世紀にかけて、日本は人口・戸数ともに激増する時代を経験します。同時にこの時代は、有力農民の下に生産農民たちが隷属して小作料を納める形態から離れ、一地

＊13　マックス・ヴェーバー、大塚久雄訳『プロテスタンティズムの倫理と資本主義の精神』岩波書店〈岩波文庫〉、１９８９年

＊14　速水融『近世日本の経済社会』麗澤大学出版会、２００３年

一作人制がとられる、いわゆる小農自立が起こった時代と重なります。速水は、そうした人口増にもかかわらず、一部の地域で「家畜（牛馬）の数」が大幅に減少したことに着目しました。

この人口増を十分に受け止められるだけの耕地は、国土の狭い日本には余っていませんでした。そのため、例えばイングランドで起こったような大量家畜を用いた「規模」による生産性増大ができず、人が「努力」と「工夫」によって土地の利用頻度を上げることにより、収穫を高めることになりました。言い換えると、「土地の新規開拓」ではなく、「1人あたりの労働投下量の増大」によって「土地（面積）あたりの生産性」の向上を実現した、ということです。

こうして、江戸後期の生産性増大にあたって、日本人は産業化以前に「勤勉さ」の精神的土壌を獲得した、とするのが速水の「勤勉革命」説です（速水は、ヨーロッパと異なり、日本の勤勉性の獲得に宗教的なバックグラウンドはなかったとしますが、他方では浄土真宗の教義の影響など、宗教的な背景を指摘する学説も存在します）。その後、産業化・工業化を迎えた日本で「勤勉さ」が一般的になったのは明治30年頃ではないか、とされています。[*15]

「勤勉」の未来

歴史的な議論に最終決着をつけることは難しいですが、結論を再掲すると「日本人は『仕事』の意味において勤勉である」という説は、少なくとも次の２つの点で誤っています。

① 「勤勉さ」が日本人のアイデンティティーと重ねられ始めたのは明治後期以降であり、まだ１００年程度の歴史しかない

② 構造的な長時間労働そのものは先進国ほぼすべてが経験してきたことであり、日本以外の国が「働きすぎ」を経験していないわけではない

産業社会が発達していく際には、多くの国で構造的な超・長時間労働が起こります。問題は、多くの先進国はそうした長時間労働を様々な方法で克服してきたのにもかかわらず、日

＊15　礫川全次『日本人はいつから働きすぎになったのか』平凡社〈平凡社新書〉、２０１４年

本においては、そうした働き方が「温存」されてしまっていることなのです。広く伝わる「日本人の勤勉さ」は、上で見てきたような歴史的推移と、実際の長時間労働によって育《はぐく》まれてきたものであり、それらの「原因」ではありません。むしろ、そうした素朴な「日本人勤勉説」によって、長時間労働が感情的に肯定されてきた側面のほうが強いのではないか、と筆者（小林）は考えています。

（小林祐児）

第3講

残業麻痺——残業に「幸福」を感じる人たち

第2講では、残業調査の結果から特に残業、サービス残業の多い業種、職種やその特徴について見てきました。

第3講では、長時間労働が健康などのリスクをおびやかしているのにもかかわらず、個人の幸福感を高めてしまう現象「残業麻痺」について考えていきます。

「月80時間以上残業する人」のリアルな生活

Cさん「中原先生、そもそも、残業は本当に悪いことなのでしょうか？　うちの会社には、毎日深夜まで残業しているのに、いつもギラギラしてエネルギッシュな営業部長がいますよ！」

Cさん、トップバッターで質問をありがとうございます。

確かに、長時間残業をしているのにいつも元気な方はどの職場にもいますよね。今日の講義では、「残業は個人に何をもたらすのか」という観点から、残業を是正するべき理由について深掘りします。

長時間労働が個人にどのような影響をもたらすのか、調査を通じて大きな発見がありました。端的に表現すると、次のようなワンセンテンスになります。

「超・長時間労働」によって「健康」や「持続可能な働き方」へのリスクが高まっているのにもかかわらず、一方で「幸福感」が増してしまい残業を続けてしまう人がいる

これは、今回「残業」の実態について調査分析を行う中で浮かび上がった、不可解で不都合な事実です。残業時間と「幸福感（主観的幸福感）」に関する分析をしたところ、月に60時間や80時間以上といった「超・長時間労働」をする人たちの一部は、健康などの様々なリスクにおびやかされているにもかかわらず、他の層と比べると幸福を少し強く実感していることがわかりました。

調査結果の平均残業時間は月に23時間、残業をしている群だけに限れば27時間です。すなわち、概ね1日1時間から1時間強になりますね。対して、残業80時間の場合は週休2日だとしても1日約4時間になります。

イメージがつかない方のために、残業80時間の人の1日をシミュレーションしてみたものが次ページの**図表3-1**になります。

図表3-1　月の残業が80時間以上の人のとある1日のイメージ

7:00	起床・朝食・準備
8:00	自宅出発、満員電車に揺られて出勤
9:00	始業
12:00	昼食（昼休み1時間）
18:00	8時間の所定労働時間終了、残業スタート
22:00	仕事終了、オフィスを出る
23:00	帰宅
	夕食・お風呂・次の日の準備など
1:00	就寝

まず把握したいのは、残業が1日4時間といっても、人はそれ以上の時間を仕事のために費やしているということです。日本の労働時間は先進国の間でもトップクラスですが、「通勤時間の長さ」が状況をさらに特異なものとしています。

特に、都心部の平均通勤時間は、往復約2時間。これを足すと、睡眠や食事以外の家事の時間や家族とリラックスして過ごす時間が、国際的な水準から見て3割以上少なくなります。

いかがでしょうか。残業時間こそ「4時間」ですが、通勤時間が加わると、1日「14時間」が仕事にとられています。さらに通勤の準備で1時間、昼休み1時間が加算されると、16時間が仕事関連で消えていくことになります。これでは、平日に家族とゆったり過ごす時間はほぼとれません。**図表3-2**にあるように、残業時間が長ければ長いほど、家族と過ごす時間が顕著に少なくなるのです。

こうした暮らしを続けることは明らかに不可能で、長期的視野に立てば「個人の幸福」とは矛盾するはずです。しかし、

図表３-２　残業時間と家族との交流時間の関係

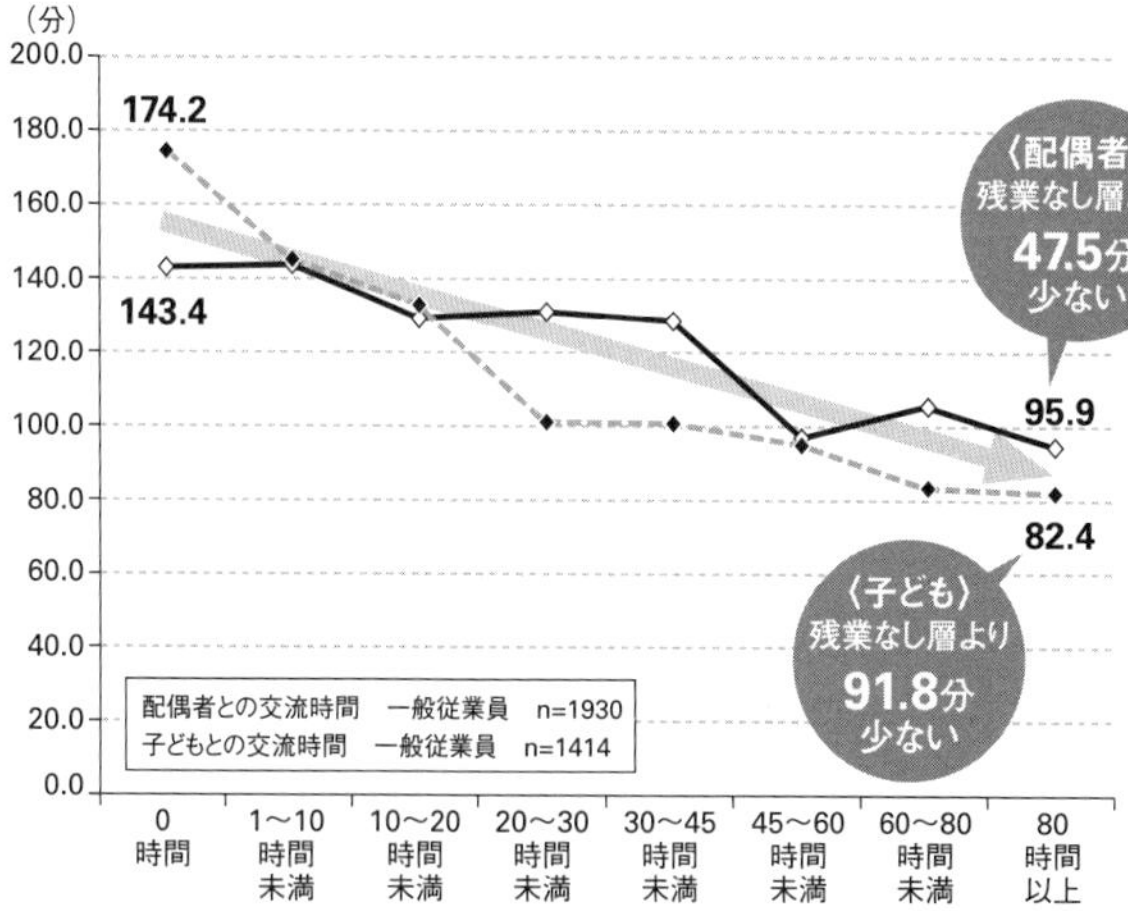

出所：「パーソル総合研究所・中原淳　長時間労働に関する実態調査」

このような生活を送っているにもかかわらず、その時点では「幸福感」を抱いている人がいるのです。

人々の間に生じる、こうした少し矛盾した心理的状態をこの講義では「残業麻痺」と呼び、その実態を具体的に分析したいと思います。

「残業＝幸せ」ではないが……

Bさん「これはあんまりなネーミングですよ！　残業麻痺って、長時間残業をすればするほど幸せになるってことなんですか？」

Bさん、ちょっと落ち着いてください。

それは違います。長時間労働が個人を幸せにするということでは、断じてありません。ここについては、これから詳しく解説していきますね。

先ほど見たように、超・長時間労働をしている人は、1日のほとんどを通勤と仕事に費やしており、残りの生活時間はほぼ食事と睡眠時間で埋まっています。さぞかし苦しいに違いないと思うのですが、むしろ幸福を感じている割合は、後でグラフで見るように微増する傾向があります。

図表3－3の上のグラフを見ると、よりわかりやすいかと思います。45～60時間までは、残業時間が増えていくにつれ「主観的幸福感」は下がっていきます。しかし、60時間以上になると主観的幸福感を感じる人の割合が、少しですが高まっているでしょう？　誤解してほしくないのですが、「残業時間が60時間を超えたほうが、普通の状態よりも幸福感が高まる」わけではありません。60時間以上の残業をしている層の幸福感は全体平均から見れば下回っており、あくまでも45～60時間の層よりわずかに上昇している、ということです。

とはいえ、この傾向は不可解です。常識的には、「残業時間が長くなるほど幸福感は下がる」と考えられるからです。

ちなみに、この調査でいう「主観的幸福感」とは、幸福研究の第一人者であるエド・ディ

図表3-3　残業時間と幸福感、会社満足度／エンゲージメントの関係

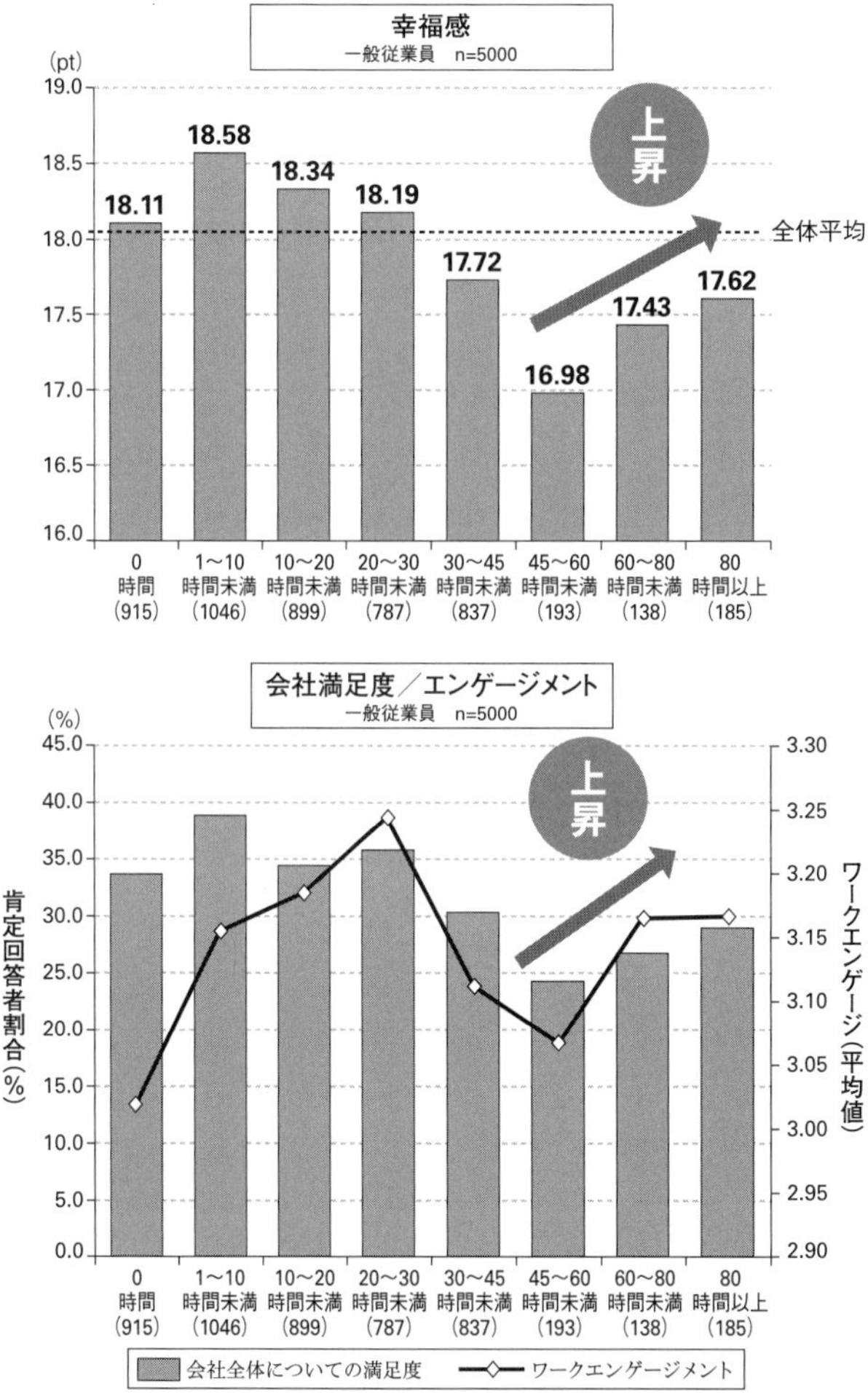

出所：「パーソル総合研究所・中原淳　長時間労働に関する実態調査」

ーナーによる人生満足度尺度を用いています。「私の人生は私の理想に近い」などの質問で「人生が丸ごと良い方向にある」ということを5項目で測るものです。

エド・ディーナー　人生満足度尺度[*16]

①「ほとんどの面で、私の人生は私の理想に近い」
②「私の人生は、とてもすばらしい状態だ」
③「私は、自分の人生に満足している」
④「私はこれまで、自分の人生に求める大切なものを得てきた」
⑤「もう一度人生をやり直せるとしても、ほとんど何も変えないだろう」
※これらの問いに対して5段階で聴取した合計点で示される。

実は、過去の先行研究でも、超・長時間労働が行われると、主観的幸福感がかすかに増えることは観察されていました。[*17] しかし、それらの研究では「十分な調査対象者が確保できないこともあり、そのせいで主観的幸福感がたまたま上がったのではないか」という結論が示唆されていました。しかし今回、十分な調査対象者を得ても、残業をかなり行っている層の主観的幸福感は微増することが確認できました。超・長時間労働をしている層は、健康などを損なうリスクが生じているのにもかかわらず、つかの間の幸福感を他の層より強く抱いているのです。やはり、ここには、長時間労働によって人の認知に「歪《ゆが》み」を生み出す何らかのメカニズムがあると考えるのが妥当かと思います。

図表3-3の下のグラフを見ると、会社への満足度や仕事へのエンゲージメントも、幸福感と同様に残業時間60時間以上で高まっています。「エンゲージメント」とは簡単に言えば、「仕事に向かう活力ある、いきいきとした心理状態」を示す言葉です。

超・長時間労働でも満足し、幸福で、やる気もある……。この人たちは長時間を仕事に費やしているものの、負担を感じないほど素晴らしい環境にいるために、心身ともに健康に働いているとでもいうのでしょうか？　労働時間は長いけれど、たまたま良い職場もあるとい

＊16　Ed Diener, Robert A. Emmons, Randy J. Larsen and Sharon Griffin, Journal of Personality Assessment(1985)
http://labs.psychology.illinois.edu/~ediener/SWLS.html
＊17　大竹文雄、白石小百合、筒井義郎『日本の幸福度　格差・労働・家族』日本評論社、2010年

うことでしょうか？

他のデータを見てみると、決してそうとも言い切れないようです。

図表3‐4は一般従業員の方々の病気などにつながる健康リスクを示していますが、今注目した残業60時間以上の層は「食欲がない」「ストレスを感じる」「実際に重篤な病気や疾患を持っている」といった項目で、軒並みかなり高い数字となっています。残業なしの層と比べると、ほぼ2倍前後にまで跳ね上がっています。こちらは先ほどの幸福感や会社満足度のように、いったん下がってから上がるようなグラフの動きは見られません。単純に、働けば働くほどストレスが強くなり、心身に負荷がかかっているのです。

さらに興味深いのは、１１２ページの**図表3‐5**でしょう。60時間以上の超・長時間労働の「残業麻痺」層では、「強いストレスを感じつつも、主観的幸福度は高い」と答える割合が増えています。

つまり、「残業麻痺」層の中にも、仕事上の高い負荷を自覚していない人だけではなく、負荷を自覚しているにもかかわらず、幸せを感じている人がいるようなのです。

いずれにしても、超・長時間労働の層には、「長時間労働と個人の認知の不整合を起こす人の割合が増える」という不可解な実態――「残業麻痺」が確かに起こっていると言えます。

図表３-４　残業時間と健康リスクの関係
（倍率は残業なしの層と60時間以上残業層の比較）

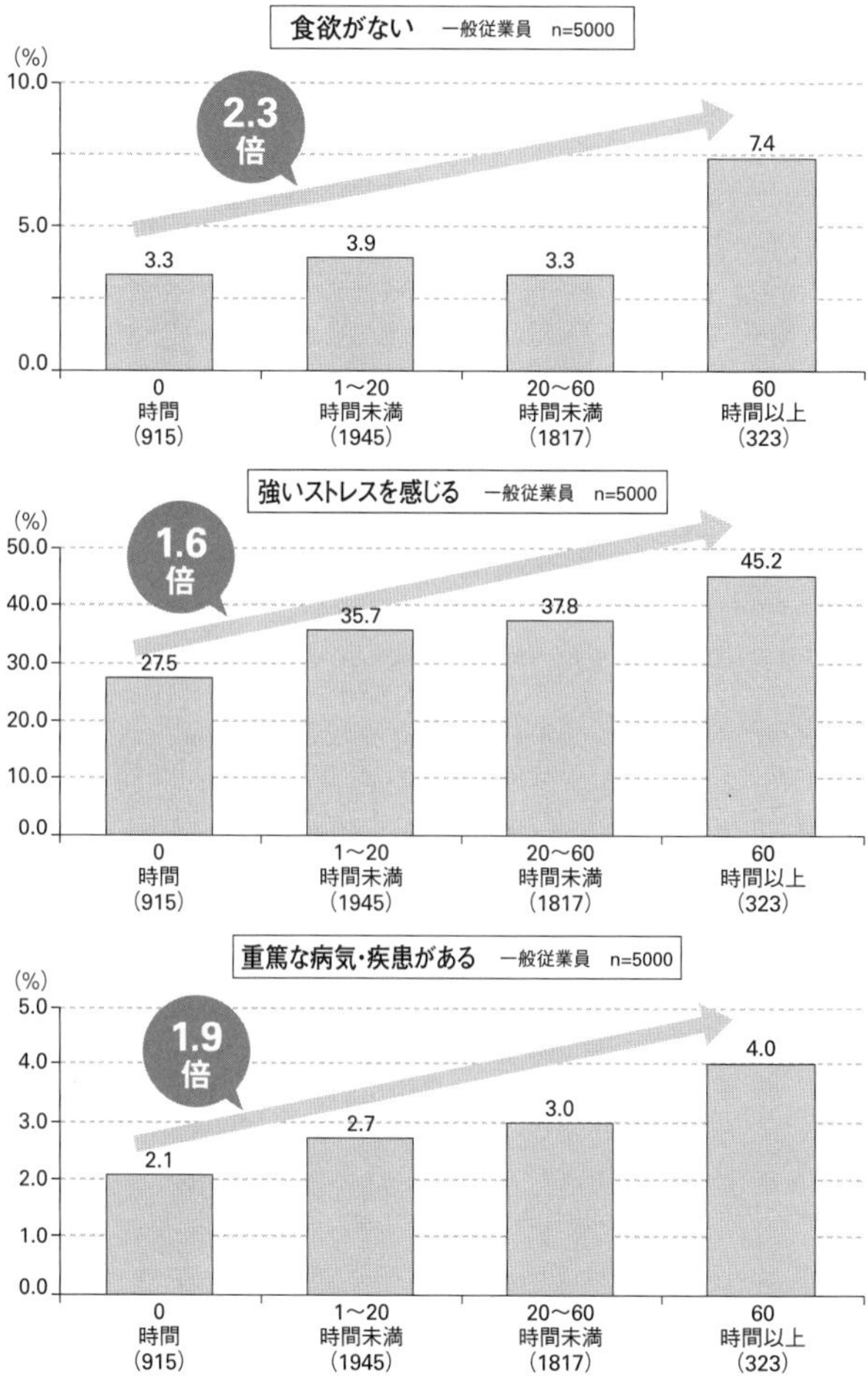

出所：「パーソル総合研究所・中原淳　長時間労働に関する実態調査」

図表3-5　ストレスを感じているが幸福感が高い人の割合

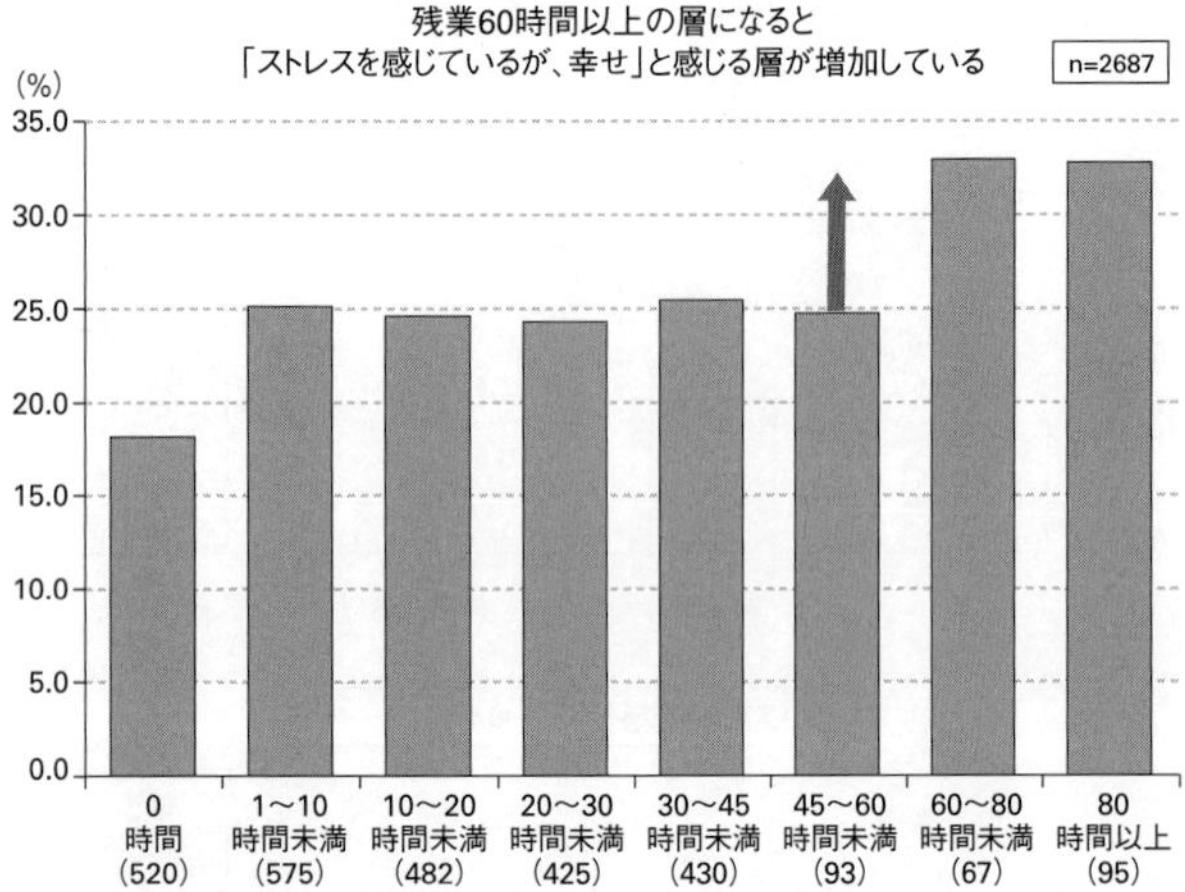

出所：「パーソル総合研究所・中原淳　長時間労働に関する実態調査」

実は、海外の研究でも同様のことが指摘されています。2003年のブレッド&ストローというイギリスの研究者による、「週に60時間以上働いていた男性管理者は、自尊感情と達成感が同時に高まる」という知見があります。[*18] また、同じくイギリスのスパークスの1997年の研究によると「長時間労働で働く人々は肉体的、心理的健康を明らかに毀損されてしまう」という知見もあり、[*19] 今回は、これら2つの研究を一度に検証したような結果が出ているのかもしれません。

「残業麻痺」と「燃え尽き症候群」

Dさん「超・長時間労働でも本人が幸せと感じているのなら、それでいいじゃないですか。むしろ会社にとってはありがたい存在だよね（笑）」

確かに、「残業麻痺」層に属している本人が主観的に「幸せ」と感じているなら、それはそれでいい、という考え方もあるかもしれません。ただ、この状態が一時的ならばまだいいのですが、長く続くとなるとどうでしょうか。健康への影響は蓄積していくものなので、時間と比例してリスクは上がっていきます。こうしたリスクへの自覚がないまま、もしくは自覚した上で「今が良ければ大丈夫」とごまかしたままでいると、突然、心の病や大病に襲わ

＊18　Brett, J. M. And Stroh. L. K.(2003) Working 61 plus hours a week : Why do managers do it? Journal of Applied Psychology. 88(1) pp67-78

＊19　Sparks, K., Cooper, C. Fried, Y. And Shirom. A.(1997) The effect of hours of work on helth: A meta-analytic review. Journal of Occupational and Organizational Psychology. 70. pp391-408

図表3-6　精神障害の労災支給決定件数の推移

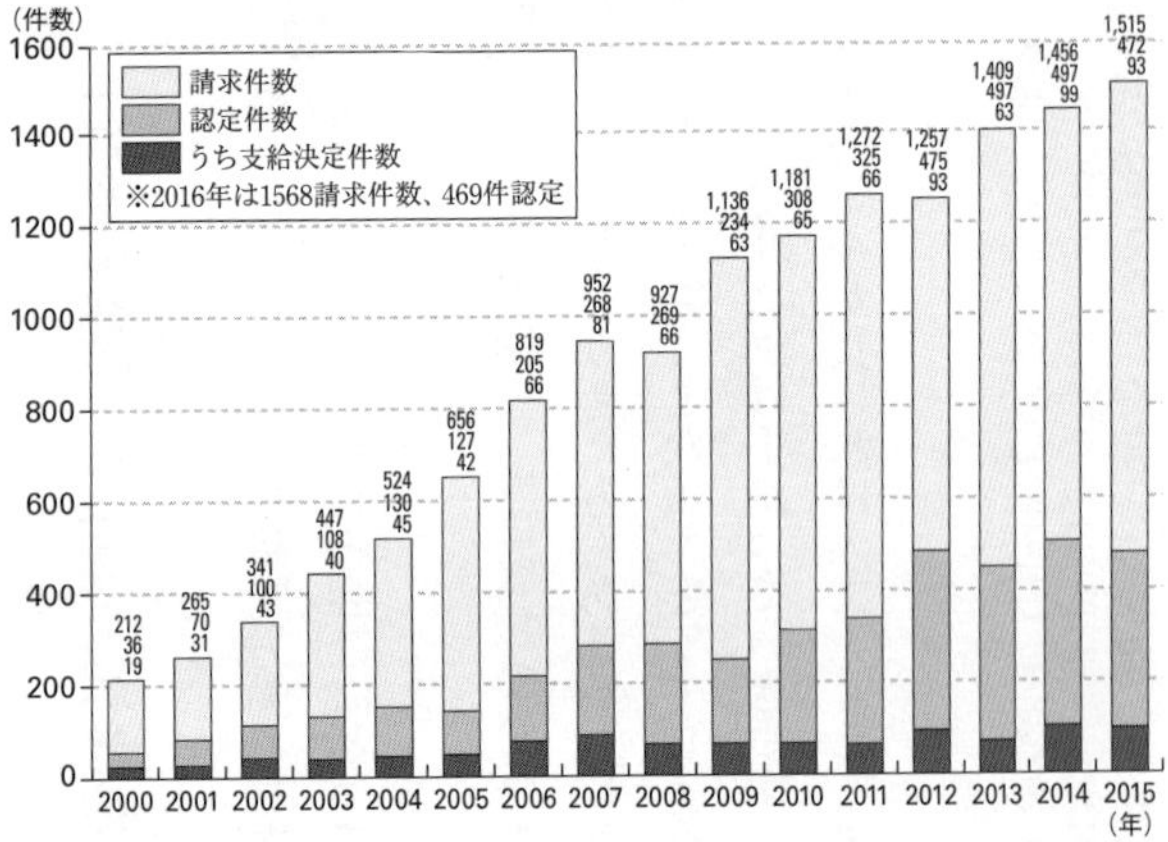

出所：厚生労働省平成28年度「過労死等の労災補償状況」（https://www.mhlw.go.jp/stf/houdou/0000168672.html）より筆者作成

れる可能性があります。

医学的にも、長時間労働によって心臓、脳、精神疾患など、精神や健康へのリスクが顕著に高まることはコンセンサスがとれています。また、**図表3-6**、**図表3-7**は近年増加傾向にある「精神疾患による労災認定」に関するデータですが、精神疾患によって労災支給が決定した案件のうち、実に55・0パーセントが、60時間以上の時間外労働によるものでした。海外の研究においても、より長時間働く人々が肉体的および心理的健康を損なうと結論づけたものがあります。

また、今回の調査でも明確に見られたのが、長時間労働と燃え尽き症候群、いわゆ

図表3-7　精神障害による労災認定と時間外労働時間の関係

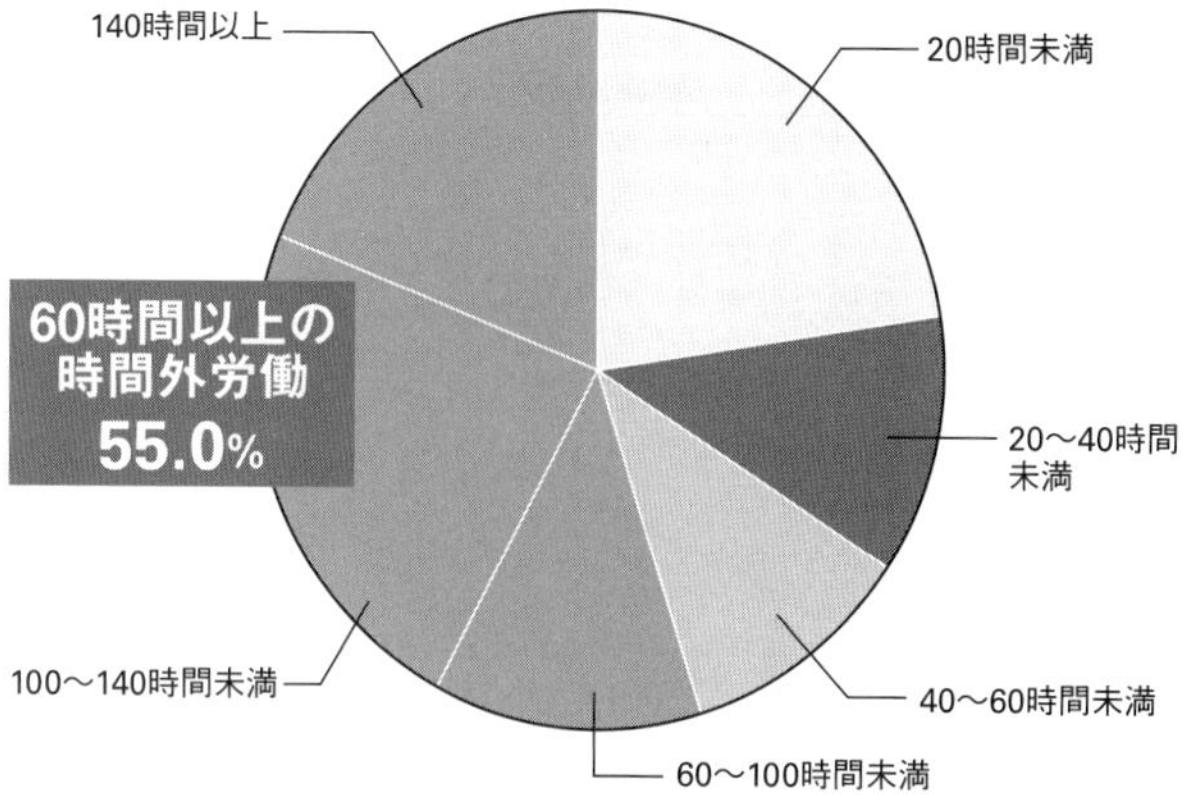

出所：厚生労働省平成28年度「過労死等の労災補償状況」（https://www.mhlw.go.jp/stf/houdou/0000168672.html）より筆者作成

る「バーンアウト」との関係です。次ページの**図表3-8**の通り、長時間労働はバーンアウトのリスクを高めていることもわかりました。具体的には、「体も気持ちも疲れ果てたと思うことがある」「仕事のために心のゆとりがなくなった」といった「情緒的消耗感」と、「今の仕事は私にとってあまり意味がない」「自分の仕事がつまらなく思えてしかたがない」といった「脱人格化」の2つのバーンアウト要因が、残業時間が増えるに従って強まっていることがわかります。

「残業麻痺」している人は、こうした健康上のリスク、バーンアウトへの自覚がないまま、もしくは自覚していてもそれを気に

図表3-8　長時間労働と燃え尽き症候群の関係

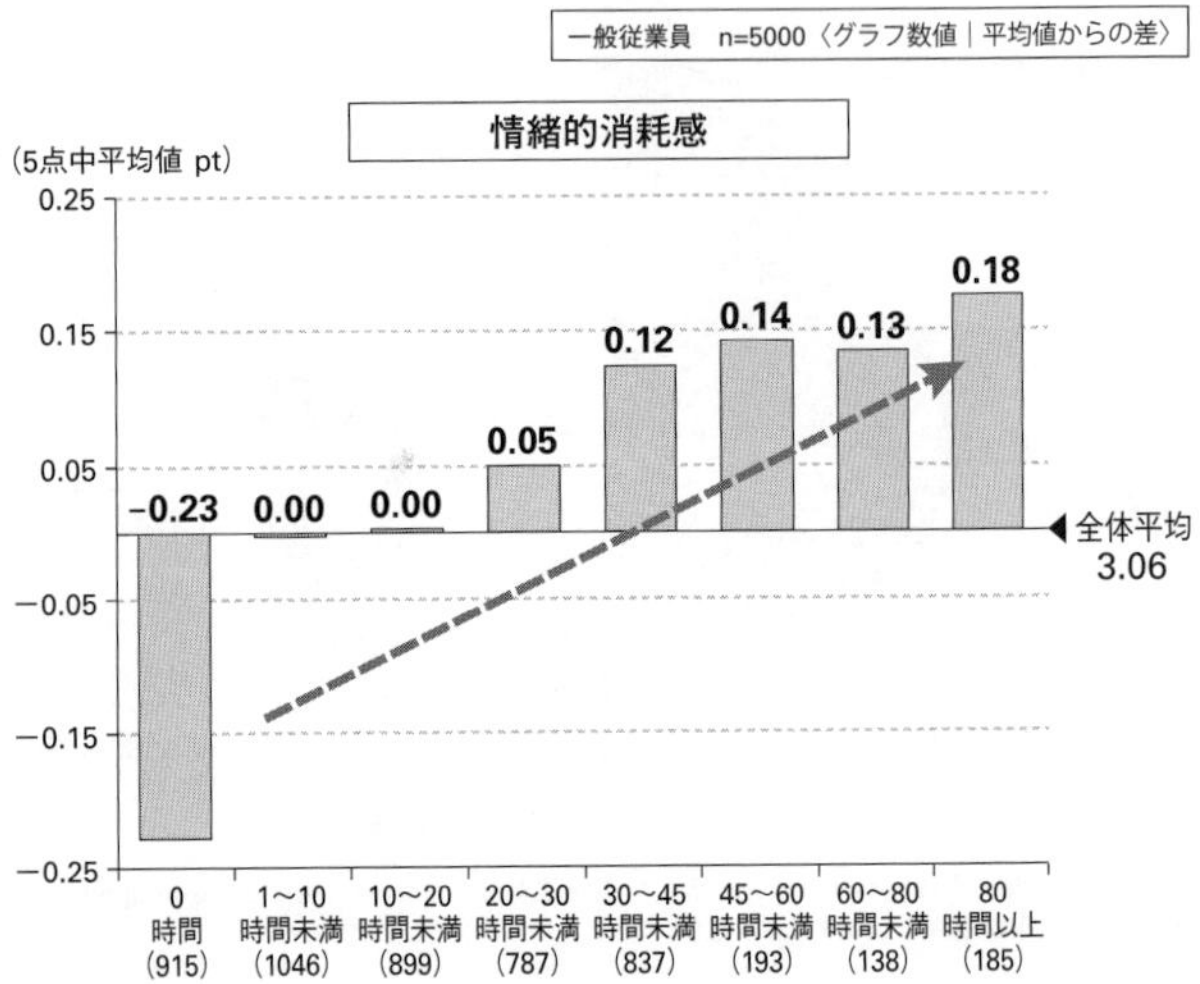

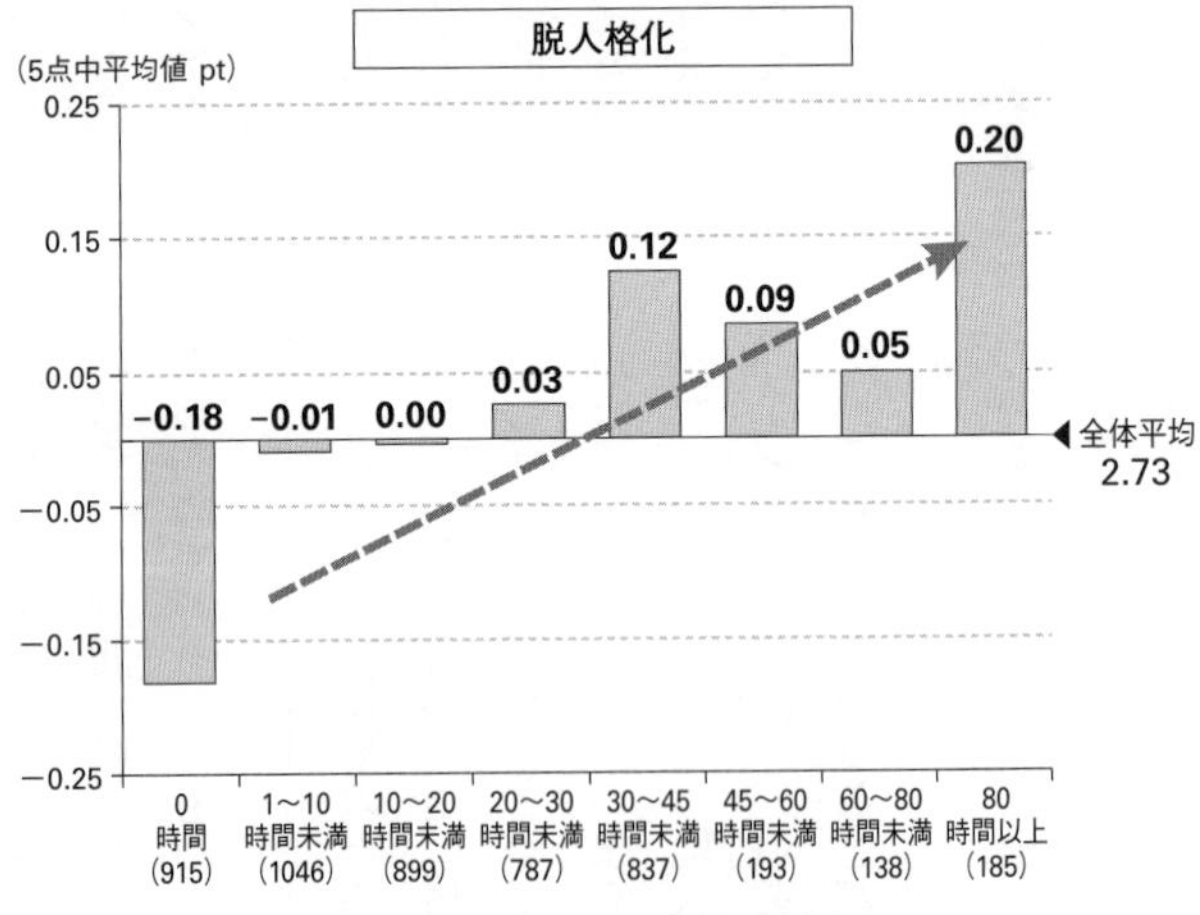

出所：「パーソル総合研究所・中原淳　長時間労働に関する実態調査」

することなく、突然の休職や大病を患うリスクを高め続けているのです。

こうした人の心理には、「トンネリング」という言葉が当てはまりそうです。「トンネリング」とは心理学や行動経済学の用語です。トンネルの中にいると外界が見えなくなるように、何かに集中しているがゆえに他のことに意識が回らなくなっている状態を指します。[*20] トンネリング状態では、一つの物事に対する集中力は高まっていますが、裏を返せば、その他のことには注意散漫になっています。その視野の狭さによって、バーンアウトのリスクを溜め込んだり、生産性の低下につながったりする可能性があるということです。

「幸福感」と「フロー」の関係

Aさん「残業麻痺の人は、なぜ疲れているはずなのに幸せを感じているんですか？　僕だったら転職を考えるけどな……」

＊20　センディル・ムッライナタン、エルダー・シャフィール、大田直子訳『いつも「時間がない」あなたに　欠乏の行動経済学』早川書房〈ハヤカワ・ノンフィクション文庫〉、2017年

過労死について、「そこまで追い詰められているのに、どうして辞められないのか」という意見を耳にすることがあります。また、昨今、ブラック企業などで追い詰められた人々への批判として「早く転職してしまえば良かったのに」という議論もしばしば起こります。

しかし、心身ともに大きな負荷がかかっているにもかかわらず、別の面で幸福や満足を感じ、視野が狭まってしまっているとすれば、過労死ラインを越えるような残業でも、抜け出そうと思わない、思えないのは不思議ではありません。

ではいったい、「残業麻痺」は、なぜ起こるのでしょうか？

その理由を探るために、「残業麻痺」状態の人の心理状態をさらに詳細に分析していきましょう。

今回の調査を通じて、「残業麻痺」で高まる「幸福感」には、心理学でいうところの「フロー（flow）」状態と相関があることがわかりました。「フロー（flow）」とはアメリカの心理学者ミハイ・チクセントミハイが提唱した概念で、簡単に説明すると「その人が、ある行為に完全に集中し、浸っている体験・心理状態」を指します。[*21] スポーツの世界でいう「ゾーン」の状態ともしばしば並列的に語られます。「ゾーン」の状態とはスポーツ選手が極度の

図表3-9　フロー状態と残業麻痺の関係

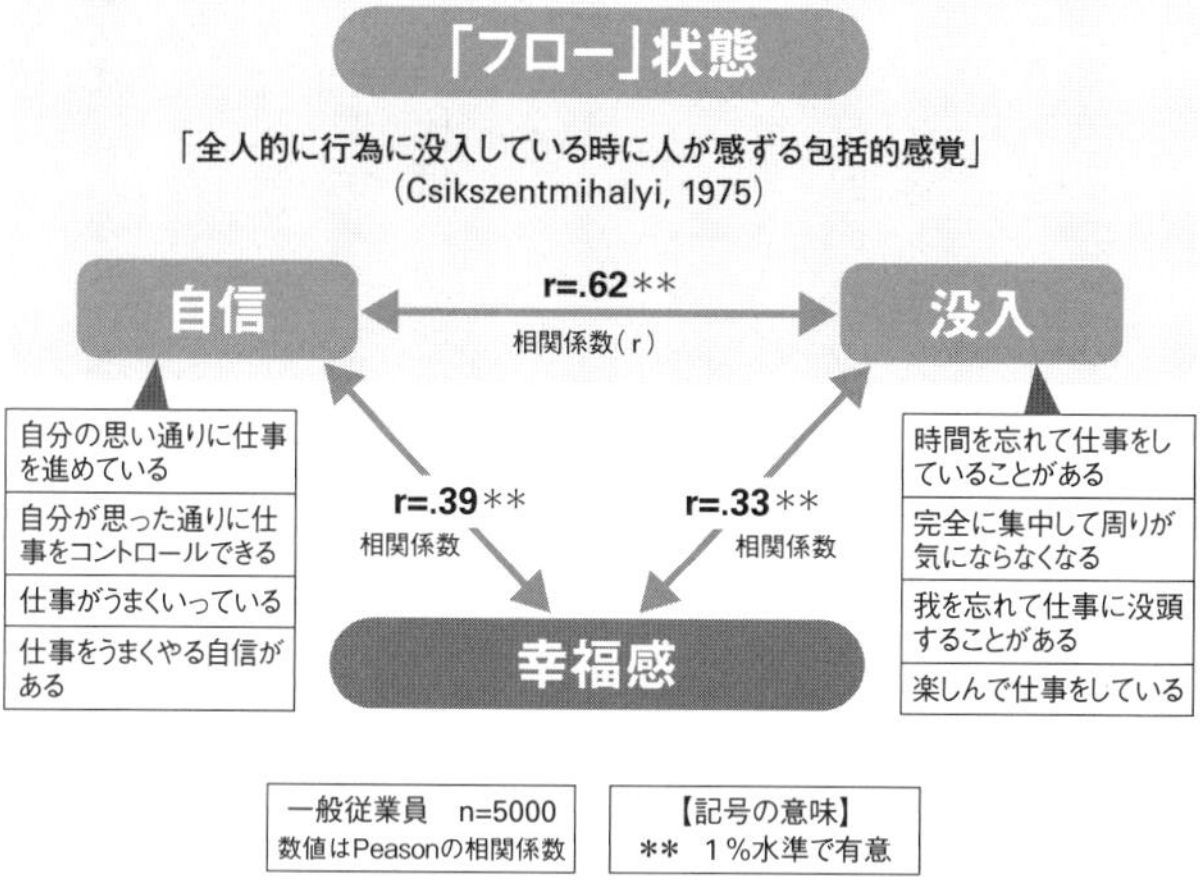

出所：「パーソル総合研究所・中原淳　長時間労働に関する実態調査」

集中状態で、他者や自我すらも忘れてしまうことを言います。

調査では**図表3-9**の通り、フローとされる状態の中でも特に「自信」と「没入」が、残業麻痺と関係していることを確認できました。

超・長時間労働にさらされていても幸福感を感じている人は、「仕事が自分の思う通りになっている」という自信の感覚があり、「仕事にグッと集中し、完全にのめり込んでいる」という没入状態に近いようです。

＊21　M・チクセントミハイ、今村浩明訳『フロー体験　喜びの現象学』世界思想社、1996年

「幸福感」と「フロー」の相関が高いことは、不思議ではありません。そもそも「フロー」の概念は、人の活動全般に対して高い創造性や成長、充足感を与えるものとして、心理学領域を越え、一般的にも広い注目を集めてきました。ストレスなどのネガティブな部分に着目してきた伝統的な心理学に対して、チクセントミハイは人間心理のポジティブな部分に着目した「ポジティブ心理学」の中心人物です。

また、仕事と幸福感が結びつきやすい理由には、日本人の仕事観、価値観もあるように思います。

欧米では「労働」はなるべく避けたいもの、といった「負の効用」を持つ概念です。近代経済学の父、アダム・スミスは、『国富論』において、人間にとって労働とは「toil and trouble（骨折りと苦労）」だ、と述べました。多くの経済学の議論で「負の効用」としての労働、という前提は受け継がれています。学術的な文脈以外にも、欧米諸国の人と話すと、日本の労働状況は「信じられない」「仕事以外の人生はどうなるんだ」という感想がよく聞かれます。

一方、オリエンテーションで述べたように、日本人は「仕事」が「希望（幸せ）」を規定する傾向にあり、仕事の中に何か「幸せ」を見出したいという価値観を持っている人が多いように思います。

仕事を通じて「フロー」や「幸福感」を持つことができるのは、それ自体悪いことではありません。しかし、この「フロー」に近しい幸福感が、超・長時間労働において感じられているのであれば、話は別です。心身の健康を犠牲にしても仕事の手を止めず、依存症的に「いつまでも働き続ける」ことになりかねません。私には超・長時間労働とは一種の依存症に近いもののように思えます。

残業しても「見返り」が約束されない時代なのに

Cさん「そういえば、うちの部署にも残業麻痺なんじゃないか、という部下がいます。でも、個人の問題だけでなく、そういう人を高く評価する職場風土みたいなものも影響している気がしますね」

Cさん、「職場風土」が残業麻痺に関係しているのではないかというご指摘は鋭いですね。残業麻痺は、どのようにもたらされるのでしょうか。私たちは今回の調査を通して、その人が置かれている就業状態や環境が残業麻痺に大きく作用していることを突き止めました。

ここから、残業麻痺に与える要因を「組織の要因」と「キャリア（外部キャリア・昇進など）の要因」の2つの面に分けて見てみます。

まずは、働いている「組織の要因」です。長時間労働における幸福感へ影響を与えているものを、様々な属性を統制した上で重回帰分析という手法で分析しました。すると、「一致団結して目標に向かっていく雰囲気がある」「手が空いたら他のメンバーの仕事を手伝おうとする雰囲気がある」など、組織の一体感を表すような要素が、幸福感へ強く影響することがわかりました。さらに、「定年まで雇用されることが前提になっている」という「終身雇用への期待」も幸福感を高めていました。

「キャリアの要因」についても同様に分析したところ、「本気で努力しさえすれば、ほとんどの願いは叶うと思う」「たいていの仕事はチームよりも1人で進めたほうが効率的だと思う」という「個人の有能感」と、「会社で現職以上に昇進するチャンスがある」「この会社にずっと勤めていたいと思う」という「出世見込み」が、幸福感を高めていることがわかりました。

これらの結果を踏まえると、

図表3-10　組織の要因、キャリアの要因と残業麻痺の関係

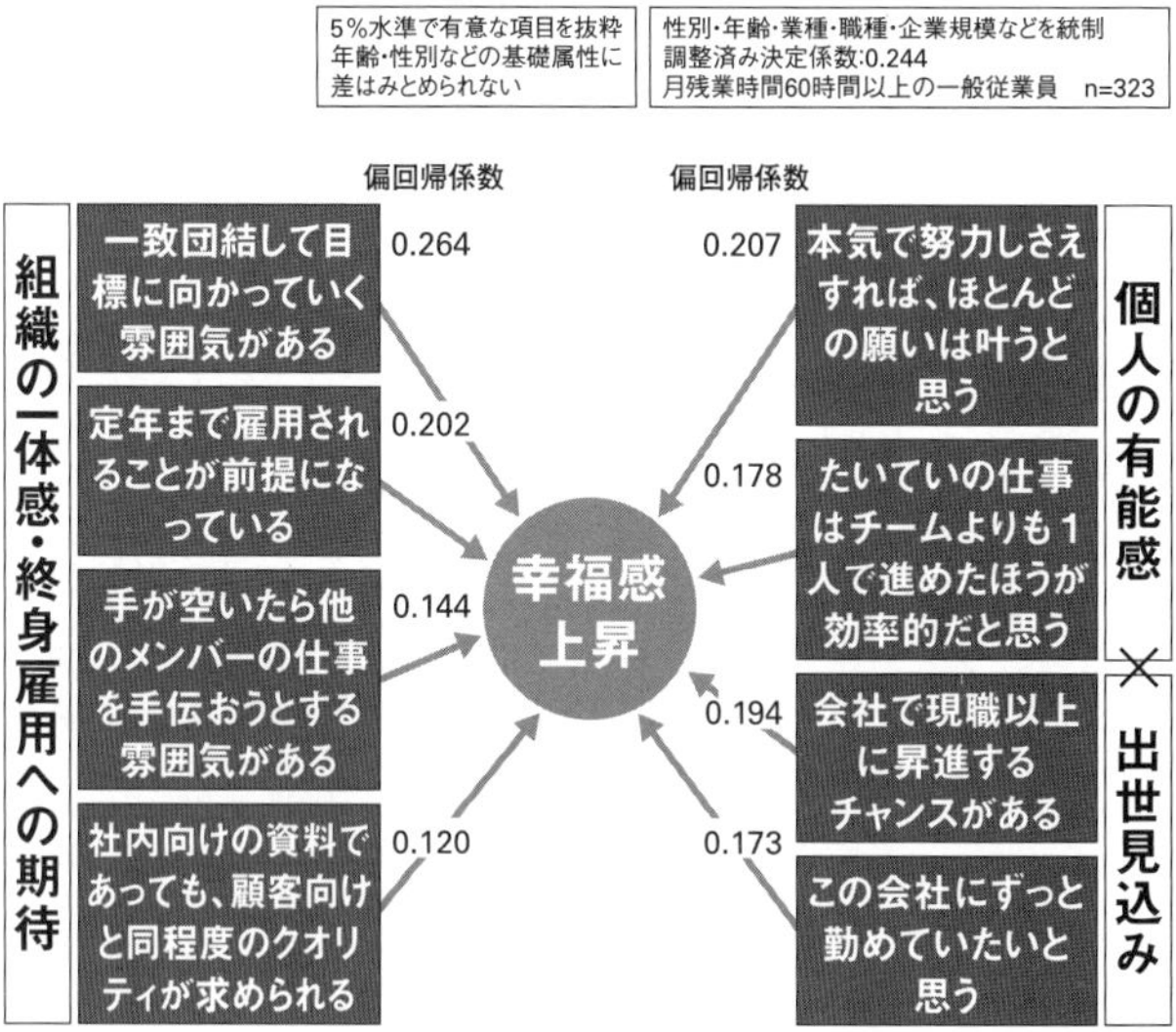

出所:「パーソル総合研究所・中原淳　長時間労働に関する実態調査」

「定年」という明確なゴールに向かって、一体感を持ってがむしゃらに目標に向かっていくような凝集性の高い組織において、「出世見込み」を感じながら自信を持って働いている人が、「幸福感」を抱きながら超・長時間労働をしている。だが一方で、中長期的な観点では健康や精神状態などの点で「持続可能な働き方」へのリスクを高めつつある

ということになります。これらを図式化すると図表3‐10のようになります。

同じ長時間残業でも…
麻痺する
うおーっ
定年という
明確な
ゴール
GOAL
フロー
状態
出世
見込み
有能感
一体ガムシャラ組織
麻痺しない
うーん…
それぞれの
キャリア
?
?
個々人が自律した組織

思い浮かぶのは、昔ながらの大企業で毎日エネルギッシュに早朝から深夜まで仕事をし、栄養ドリンクを飲んで「今日も寝てないわ〜。ツラいわ〜」などと言いながら、目はギラギラ、自信にあふれた出世頭といったタイプの人です。

なんとなくイメージが湧いてきませんか？　あなたの周りにも、こうした方はいらっしゃいませんか？

あるいは、自分自身がまさに「残業麻痺」タイプかもしれない、と思い当たる人もいるでしょう。

こうした背景を踏まえると、さらに「残業麻痺」の問題点がクリアになっていきます。なぜなら、「残業麻痺」タイプの人間を生み出す土壌となっていた「終身雇用」と「出世への期待」は、以前と比べて「裏切られる」可能性が高まっているからです。

一般に組織心理学の用語では、従業員が、雇用主や企業に寄せるこうした期待を「心理的契約」といいます。心理的契約はいわば労使双方の「暗黙の了解」で、明文化されたものではありません。

これまでの日本社会においては、理不尽な異動や転勤などがあっても、年功序列によってある程度のポストまで出世ができ、定年まで雇用が保証されるという期待、「心理的契約」が組織と個人の間にありました。だからこそ、残業も厭《いと》わず、がむしゃらに働いてきたとしても、その「見返り」を期待できたわけです。

ところがバブル崩壊後、拡大期が終わった多くの企業は、かつてほど多くの出世ポストを用意できなくなってしまいました。ポストのための部署も役職も、単にコストを増やすだけだからです。さらにしばらくたつと、高齢化によって歪んだ年齢構成比を正そうと、一定の年齢で役職から降ろすポストオフや早期優遇退職、リストラが実施されるようになります。また、年功的な賃金カーブを廃止するなどの方法で、膨らみすぎた人件費を抑えようともします。

つまり、以前なら期待できたような「心理的契約」が昨今では「不履行」になるケースが増えているのです。終身雇用も、上へ上へと出世し続けることも、極めて限られた人だけが得られるものとなりつつある今、「幸福感」を感じるからと超・長時間労働状態を続けることは、報われるどころか悲惨な結果につながる可能性も否定できません。

ただの「達成感」を「成長実感」にすりかえるな

Dさん「先生はさっきから机上の空論ばかりを言っているよ。確かに残業麻痺はリスクを高めるのかもしれないけれど、やっぱりそうした時期がないと、仕事の上では成長できないんじゃないかとも思うね。俺が若い頃は深夜0時を超えても『てっぺんごえ』とか言って、みんなで歯をくいしばって働いたんだ。そういう若い時の苦労を積み重ねて、成長するんだろ?」

Dさん、ご指摘ありがとうございます。おっしゃりたいことはよくわかります。

私が「残業麻痺」層の話をすると、必ずと言っていいほど「今は違うが、私も若い頃は残業麻痺に近かった。でも、若いうちは残業しないと成長できないからしかたない。やはり大量に仕事をこなさないと学べないことがある」といった声を耳にします。世の中ではどうやら、若い頃は残業しないと成長できない、という「残業成長神話」が根強く信じられているようです。

また、「残業麻痺」状態で働いている人は、「自分の成長のために残業している」と感じる割合が、「残業麻痺」をしていない層に比べて4・2倍も多かったのです。確かに残業時間が長くなればなるほど、個人の「成長実感」は高まるようです。

しかし、果たしてこの「成長実感」は未来に向かった質の良い「学び」になっているのでしょうか？　残業が多かった時期と個人のキャリアの成長時期が重なったことで、「長時間働いた」という「達成感」を「成長」と勘違いしているのではないでしょうか。これが私の問題提起です。

ここで「残業」と「成長」、「残業」と「学び」の関係について掘り下げてみます。人は仕事経験を通して、どのように学び成長しているのか、それを説明しているのが「経験学習理論」です。経験学習理論では、「経験」を「振り返る」ということが学習の核となっています。それをベースにまとめた「大人の学び」に欠かせない要素が、次の「3つの原理[*22]」です。

①　背伸びの原理

現在の自分の力では少し難しい、能力が伸びる仕事をすること

②　振り返りの原理
過去の行動を振り返り、意味付けた上で、未来に何をするべきかを、自分の言葉で語れるようになること

③　つながりの原理
信頼の置ける他者からのコメントやフィードバックなどを得て、周りとの関わりの中で学んでいくこと

これらを踏まえて「残業」と「成長」についての調査データを見ていきます。

まず、注目したいのは「成長阻害要因」。文字通り、成長を阻害する要因のデータです。次ページの**図表3-11**を見ると、明らかに残業時間が長くなればなるほど「他者からのフィードバックがない」「振り返りができない」傾向が強まっています。特に60時間以上の層では顕著で、長時間の残業によって「振り返りの原理」「つながりの原理」が機能しなくなる

＊22　中原淳『働く大人のための「学び」の教科書』かんき出版、2018年

図表3-11　成長阻害要因｜残業時間別

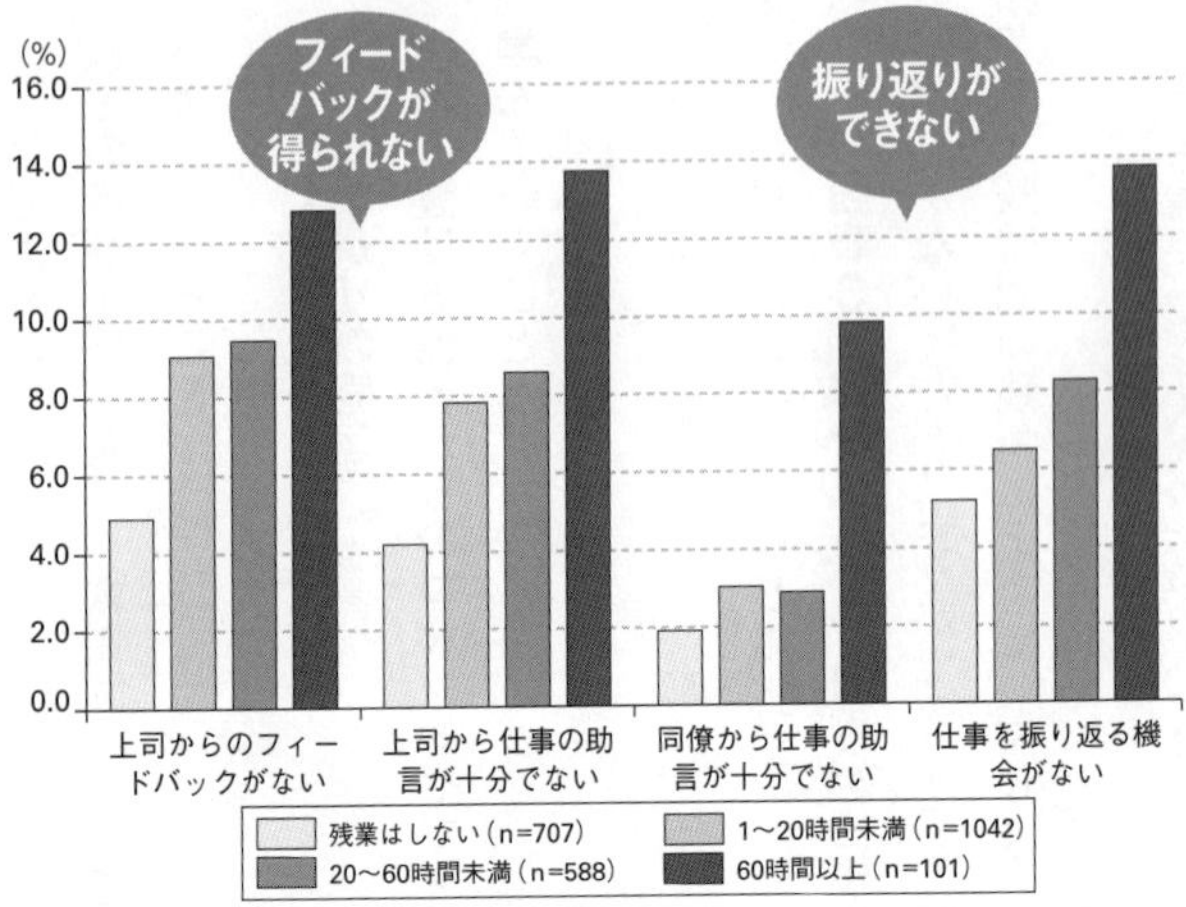

出所：パーソル総合研究所「働く1万人の成長実態調査2017」

ことがわかります。

残念ながら、人は「経験」を積み重ねるだけでは成長できません。「経験」したことについてのフィードバックを受け、振り返りを行って、次の行動に活かしていくことが「未来」に向けた学びとなります。このことを踏まえると、長時間の残業は、むしろ仕事経験を通した成長を阻害していると言えます。

「努力」を「成長」と結びつける日本人

Aさん「成長という観点では、長時間働くこと自体も背伸びの経験になると思うのですが、どうなんでしょうか？」

フムフム、「背伸び（ストレッチ）」という言葉もよく聞かれますね。確かに長時間残業が必要なほどの仕事量も「背伸びの課題」と言われれば、その通りです。

ですが、「背伸び」の方法は「量を増やすこと」だけではないはずです。より高度なスキルやこれまでと異なる視点が必要なもの、創意工夫や改善が求められるものなど、量だけでなく質的な面での「背伸び」の方法は多々あります。

「長時間残業」をしなければ「背伸び」の経験ができないわけではありません。

むしろ今は、「長時間残業」以外の「背伸び」の方法が求められているのだと思います。

現在は、競争優位をつくり出すイノベーション、量ではなく質が求められる時代です。

こうした時代においては、より短い時間でより質の高いアウトプットを出せるようになることを「成長」と捉えるべきであり、そのような人をより高く評価するべきではないかと私は思います。

しかし実際は、多くの人にとって「量をこなすことが成長につながる」といった思い込みが根強く、質的な面での「背伸び」については、評価も実感もされにくい傾向にあります。

その背後には日本人の「努力信仰」があるように思われます。

高度成長期というガムシャラな時代を引きずっているためか、日本人はどうしても投入した「コスト」「努力」の量を、「成長」と結びつけがちです。

とりわけ、過去に長時間残業を日常的に行っていた世代ほど、こうした感覚が強いように思います。「若いうちの苦労は買ってでもしろ」などと言われますが、やはりバブル世代より上の世代の「成長エピソード」は、「毎晩タクシー帰りだった」「5日連続で缶詰で仕事」「仕事終わりの夜中2時から飲み会だった」などといった「残業武勇伝」とセットで語られることが多いように思えます。そこで開陳される「背伸び」の思い出は、質的ではなく量的なものばかりです。そして、こうした長時間残業の経験を持った上司は、どうしても長時間残業をする部下を評価する傾向にあるようです（第4講で後述）。

元陸上選手で「侍ハードラー」と呼ばれた為末大《ためすえだい》さんは、筆者との共著『仕事人生のリセットボタン』（ちくま新書）の中で、スポーツ業界では、

トレーニングがいまいちでも、パフォーマンスが出る人はあまり評価されないんです。一方、パフォーマンスがいまいちでも、トレーニングをした人は、どこか評価される傾向がある

と、述べています。「努力をしていて成果が出た」人が称賛されるのは当然ですが、「努力は足りていないのに、成果が出た」人よりも、なぜか「努力はしているけど、成果が出ない」人の方が美談として語られがちなわけです。これは残業と成果の関係も同様です。

次ページの**図表3 - 12**は、同書に掲載されていた図を一部修正して作りなおしたものです。ロジカルに考えれば、この中で、一番高い評価を得られるべきは①「残業なし、成果あり」のはずですが、「努力信仰」下では、長く残業した結果、高い成果を上げた②がより高く評価されます。

①は、「残業すればさらに高い成果が出せたのではないか?」などと言われてしまうのです。また、残業をせず成果も上がらなかった③より、長時間残業をしたけど成果は上がらなかった④の方が「よくやった」「頑張った」と評価されることも起こります。

図表3-12　残業時間と成果に対する周囲からの評価

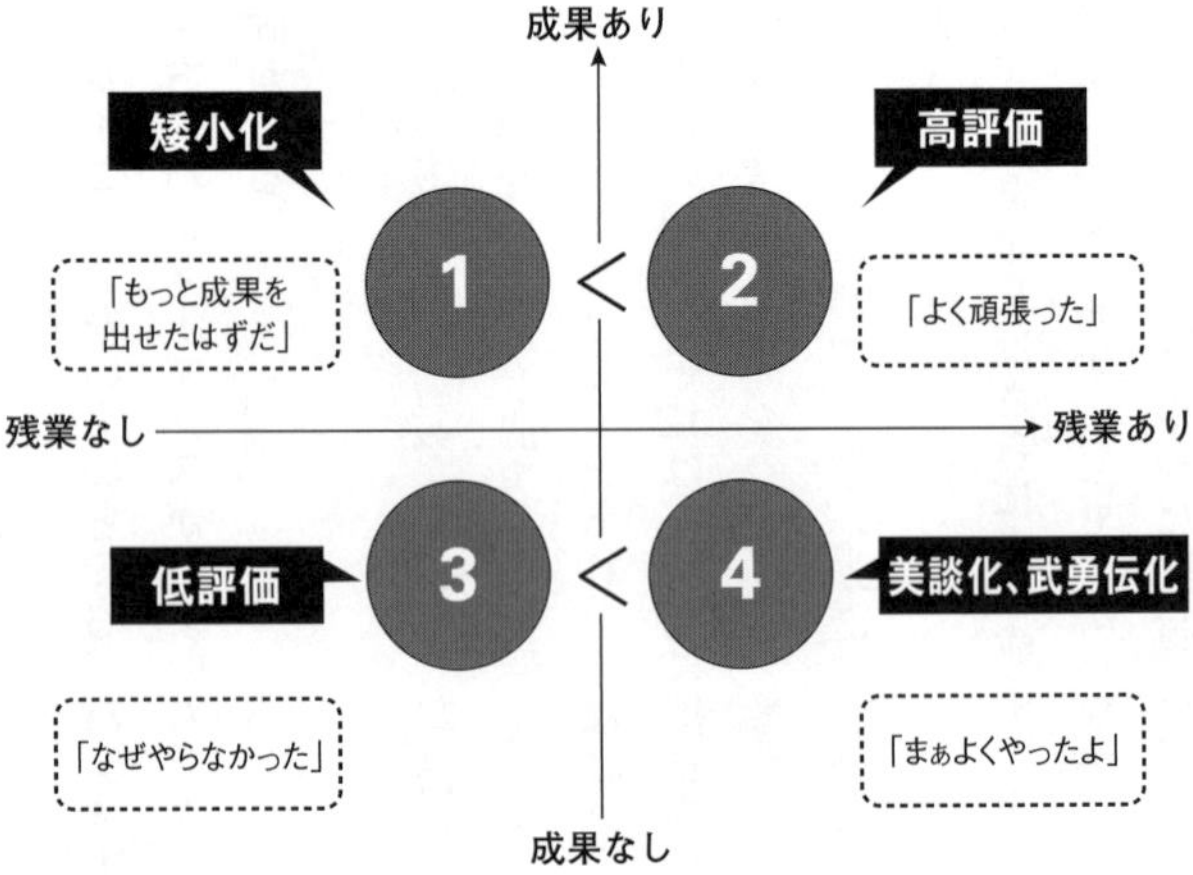

出所：『仕事人生のリセットボタン』（ちくま新書）より筆者作成

　このように、働く人の仕事観、価値観に深く入りこんでいる「努力信仰」は、単に人事評価やマネジメント上の問題というだけでなく、日本社会全体に大きな弊害《へいがい》をもたらしているように思います。というのは、「努力信仰」は、裏を返せば、「量（時間）をこなせない人」に対して「成長しない」「仕事ができない」「成長する気がない」などといったバイアスがかかる可能性もあるからです。その結果、潜在的には労働参加できる人たちが労働の現場から排除されていくのです。

　これからの日本社会では介護や育児などの「時間的な制限がありつつ働く人＝量をこなせない人」がますます増えていくこと

は、第1講で見てきた通りです。実際、そういう人たちの力がないと、もう組織や職場は回りません。人手不足ゆえに事業継続が困難になることや、事業拡大ができなくなることが、実際に頻発しているのです。

これまで日本企業は「いつも顔が見える」人を仲間とし、メンバーシップの共有、組織への忠誠心を重視してきました。日本企業に就職するということは「与えられた職務を遂行すること」以上に、「組織と同一化すること」を意味していました。

そうした組織内では同じ時空間にいて「より頑張っている姿」を「仲間たちに」見せているかどうかが、上司の評価や職場内の序列、そして出世に大きな影響を与えていました。これは、就業時間が「朝」よりも「夜」に延びていくところにも表れています。単に業務を終わらせるために労働時間を長くしたいなら早朝に出社してもかまわないはずですよね。しかし、それはあくまで少数派です。これは、誰もいない「朝」よりも、みんなが残っている「夜」のほうが、「努力の量」を効果的にアピールできるというのが大きな理由の一つにあると思います。同じ時間に、みんなが「一体」となって残っているという現象が重要なのです。

ですが、組織のあり方も変わってきています。ＩＴの発達もあり、社員が個々に固定の机を持たないフリーアドレスのオフィスや、在宅勤務などのテレワークを導入する企業も増えていますし、同じ場所、同じメンバーで時間を過ごす働き方は必要とされなくなってきています。この流れの中、いつまでも長時間残業を「努力の量」として評価するのは、やはり時代遅れでしょう。

「越境学習＝職場外での学び」の機会の喪失

Cさん「中原先生の話を聞いていると、ため息がもれます。背伸びの質ですか……。私、本当は海外赴任を視野に入れているので、英語を勉強したいんです。でも、残業続きで全く時間がとれないんですよ……」

Cさん、お気持ちはよくわかります。かくいう私も同じです（笑）。私は現在、共働きで子育ての真っ最中。ついつい自分の能力を高める時間が疎《おろそ》かになりますし、とりわけ犠牲になるのは、研究会や学会に行く時間です。つまり、組織の「外」に出て学ぶことが難しくなっているのですよね。

私たちの調査でも、そのことが見て取れました。**図表3-13**の通り、長時間残業によって職場での「学習機会」だけでなく、「職場外での学びの機会」も失われるのです。職場で

図表３-13　成長阻害要因｜残業時間別　正社員のみ　n=2438

○残業時間の増加は、特に月60時間以上の層でフィードバック・内省化・職場外学習の機会を損なわせており、育成を阻害する

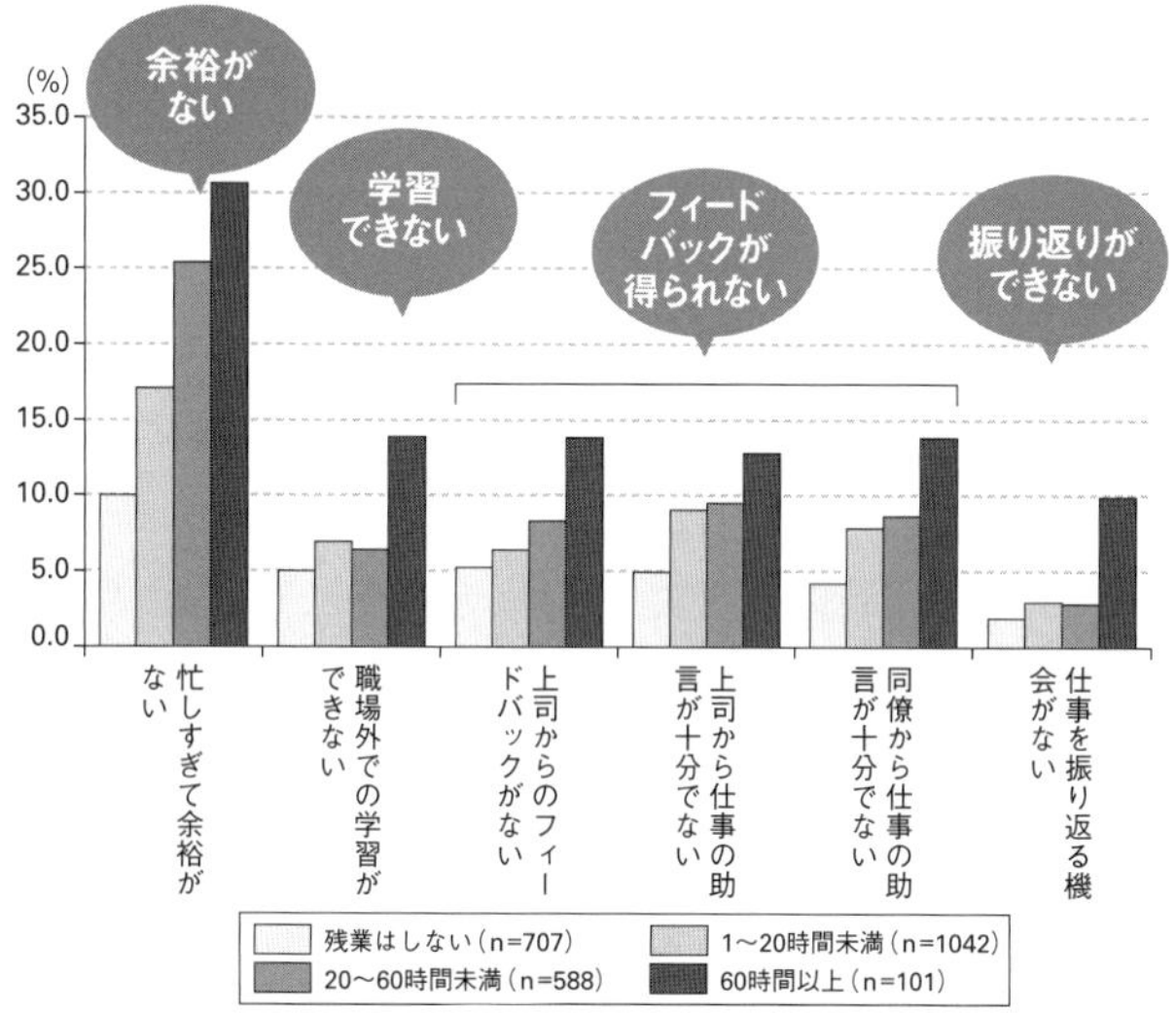

出所：パーソル総合研究所「働く１万人の成長実態調査 2017」

「学習」できることには一般的なビジネススキルもありますが、職場内だけで通用する特殊なスキルである場合も多いです。

長時間残業の日々が続き、職場内だけで仕事をしていると、その職場で必要なスキルは磨かれていく一方で、新しい知識を学ぶことができなくなります。残業なしの人に比べて、週60時間以上働く人（月80時間以上残業する人）は、学習・趣味・自己啓発・社会参加活動などの時間が約４割も削られています。[*23]

また、視野の幅が狭くなって

しまう問題もあります。昨今では、副業・兼業やプロボノ（専門知識を活かした社会貢献活動）などが盛んになってきたことで、自分の所属する組織（ホーム）とは異なる場（アウェイ）での経験によって得られる学び、「越境学習」の重要性が指摘されています。[*24] 組織外で学んだことを職場内に持ち帰ることで新たな視点を持ち込んだり、新たな価値をもたらしたりする効果が期待されているのです。

長時間労働が続けば、こうした「職場外」での有意義な学習機会も自ずと奪われていきます。これでは仕事に新たな価値をもたらすことができなくなるばかりか、個人のキャリア形成においても問題となります。

「人生１００年時代」となっていく今後は、１つの会社に定年まで働き続けるようなキャリアモデルから、複数のキャリアチェンジを経て長く働き続ける「キャリアのマルチステージ化」が進んでいくと考えられています。

変化し続ける社会に適応しつつ、新たなキャリアへと移っていくためには、学び続けることが必要となります。一定期間働いた後、教育機関で学び直し、また働くことを繰り返す「リカレント教育」を政府が推進しているのも、そうした背景があってのことです。

第3講のまとめ

さて、この第3講では、長時間労働にもかかわらず、なぜか「主観的な幸福感」が高まってしまう「残業麻痺」について、その実態と2つの要因（「組織の要因」と「キャリアの要因」）について見てきました。

また、「長時間労働が成長につながる」とする「残業成長神話」を、大人の学びの「3つの原理」に照らして考察してきました。

「残業麻痺」層が「残業」を肯定的に捉えている理由の一つは、「成長実感」にあるわけですが、実際に「残業」と「成長」「学び」の関係を掘り下げると、個人が「実感」しているほど「成長」にはつながっていないどころか、むしろ「成長」を阻んでいる面があります。

＊23　総務省統計局「平成28年社会生活基本調査」
https://www.stat.go.jp/data/shakai/2016/kekka.html

＊24　中原淳『経営学習論　人材育成を科学する』東京大学出版会、２０１２年
石山恒貴『越境的学習のメカニズム　実践共同体を往還しキャリア構築するナレッジ・ブローカーの実像』福村出版、２０１８年

図表3-14　残業チェックリスト

チェックが３個以上つく人は要注意！

<残業チェックリスト>

□職場には、手が空いたら他のメンバーの仕事を手伝う雰囲気がある
□職場には、一致団結して目標に向かっていく雰囲気がある
□仕事中、時間を忘れて仕事をしていることがある
□仕事中、完全に集中して周りが気にならなくなることがある
□自分の思い通りに仕事を進められていると思う
□自分が思った通りに仕事をコントロールできていると思う
□やりがいや働きがいをもって仕事に取り組んでいる
□今後、会社で現職以上に昇進するチャンスがあると思う
□この会社にずっと勤めていたいと思う
□今の会社全体について総合的には満足している

「残業麻痺」によって成長が阻害される側面もあるということは、しっかりと認識してほしいところです。

最後の**図表３・14**は残業に関する簡易的なチェックリストになります。

チェックが3個以上つく人は、平均を超えている状態です。

その中でも、残業が60時間を超えるような月がある人、職場内で残業が多い人は、潜在的に「麻痺」のリスクを抱える傾向があります。あなたの健康、人生のために、そして、あなたとあなたの家族がより幸せに過ごすために、働き方を見直してみましょう。

コラム──残業学よもやま話③

「男は育児より仕事」は本当か？

今、日本の働き方が大きく変わろうとしている中で、動向が注目されているのが、「女性活躍推進」、そして「男女不平等の是正」の問題です。世界経済フォーラムが発表する男女格差を測る「ジェンダー・ギャップ指数（２０１７年版）」で日本は１４４カ国中１１４位[*25]になるなど、国際的にも遅れが指摘されています。

そうした議論について回るのが、「男は仕事をし、女性は家庭を守る」という、いわゆる「性別役割分業意識」です。この考え方は、「サラリーマンと専業主婦からなる核家族」という戦後日本の家族のあり方を支えてきましたが、時代の変化とともに「変えなくてはいけない」と言われ続けています。

この意識は、「長時間労働」の問題とも密接に関連しています。

＊25　http://www.gender.go.jp/public/kyodosankaku/2017/201801/201801_04.html

なぜなら、日本において長時間労働を行うのは、「男性」に偏っているからです。私たちの調査で残業時間を見てみても、男性と女性では平均で月10時間程度の差があります。

一方で、男性が長時間労働をしている間に、女性は家庭において「家事・育児」を行ってきました。国際的に、日本では家事・育児分担が圧倒的に妻へと偏っていることは、様々なデータで示されています。

しかし、事態はもう少し複雑です。「男は仕事をし、女性は家庭を守る」というのは、「仕事」と「家庭」をトレード・オフと捉え、一方が下がればもう一方が上がる、シーソーのように「バランス」させる発想です。ですが、この発想では、現在の仕事と家庭の関係性をうまく表せません。

論より証拠です。先ほどの第3講で、残業時間が増えると配偶者、子どもとの交流時間が減ることを学びましたが、ここでは男女別に数値を出してみます。**図表コラム3‐1**を見ると、「配偶者」との交流時間は男女でほぼ変わりませんが、「子ども」との交流時間は男女で大きく異なります。

残業時間の長さにかかわらず、女性のほうが圧倒的に「子どもとの交流時間」を確保していることがわかります。同程度の残業時間であれば、子どもとの交流時間は女性のほうが2

図表コラム３-1　【男女別】残業時間と家族との1日の交流時間（分）の関係

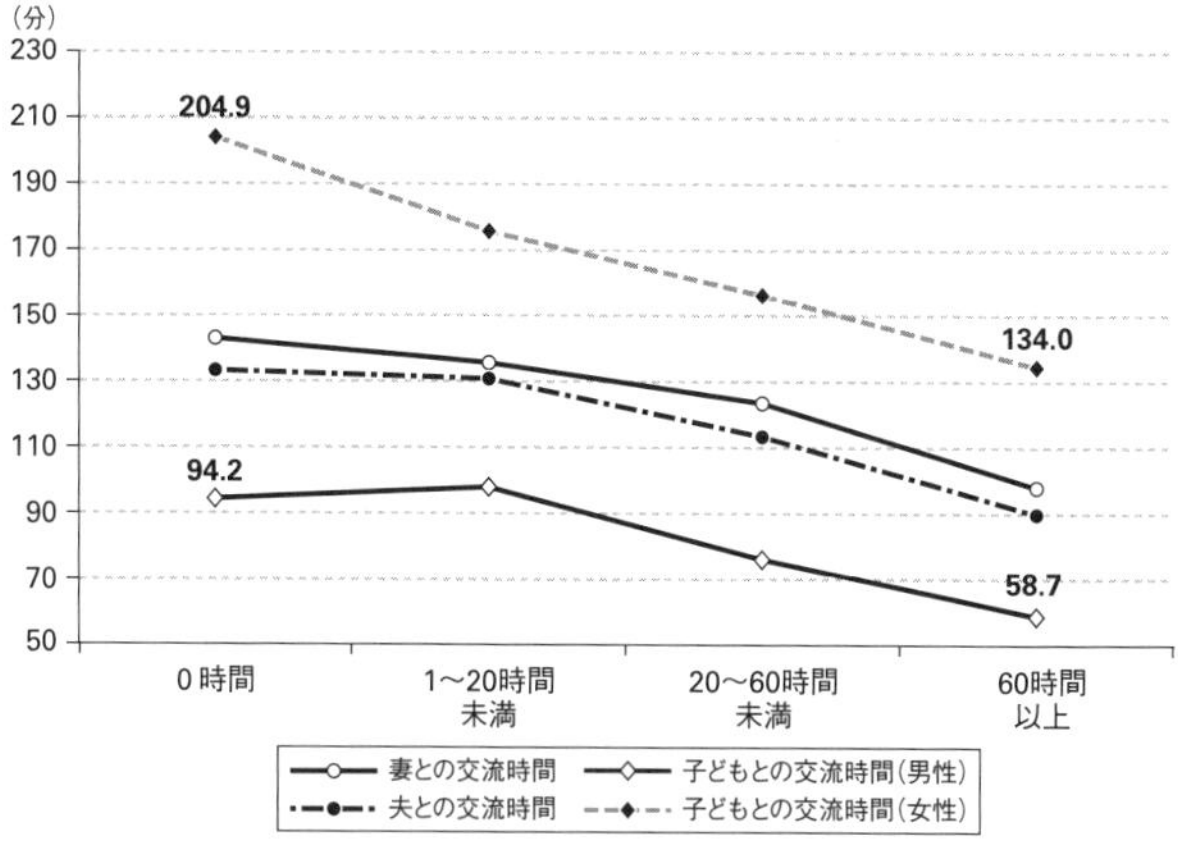

出所：「パーソル総合研究所・中原淳　長時間労働に関する実態調査」

倍以上も長くなっています。驚くべきことに、月の残業「なし」の男性の子どもとの交流時間は１日94分であるのに対し、月残業「60時間以上」の女性では１３４分と、残業「なし」の夫よりも遥かに多い時間を子どもに費やしているのです。

つまり、「仕事」と「家庭」のトレード・オフではなく、単純に「男性は仕事の量にかかわらずあまり育児をしない。一方で女性は仕事が増えてもしっかり育児をする」という、女性へ過剰な負荷がかかった状況なのです。

図表コラム3-2　男女の時間の使い方比較

週の就業時間が「30〜34時間」層と「49時間以上」層の比較

	平日1日の生活時間増減（分）	仕事	睡眠	家事・育児	テレビ・新聞など	休養・くつろぎ	趣味・娯楽
男性		−257	+65	−2	+101	+66	+21
女性		−164	+31	+70	+14	+11	−2

（分）

男性「30〜34時間以内」n=164　男性「49時間以上層」n=4613
女性「30〜34時間以内」n=821　女性「49時間以上層」n=580

出所：平成28年社会生活基本調査より筆者作成

残業がなければテレビを見るだけ……

気になるのは、仕事量は少なく、かといって「育児」にも時間を割かない男性は、いったいその時間に何をしているのかです。「社会生活基本調査」（総務省・平成28年）をもとにしたデータを見てみましょう（図表コラム3-2）。

残業「なし層」と「あり層」を比較した時、男性は257分、女性は164分の相対的な「余暇時間」が生まれています。女性は浮いた時間から、「家事・育児」が70分、睡眠も31分増えています。一方、男性で増えているのは「趣味・娯楽」「テレビ」「休養」「睡眠」

で、「家事・育児」の時間はマイナス２分と、わずかに「減って」います。つまり「男性は残業時間が短くても余暇を全く家庭に振り分けず、女性が家事・育児をしている。むしろ、テレビを見てくつろいでいる」ということになります。

「母性神話」を解体せよ

いかがでしょうか。なかなか衝撃的なデータです。「性別役割分業の意識を転換しないといけない」と長く叫ばれてきましたが、どうやら、このスローガンは次のフェーズに進むべきですね。例えば発達心理学の研究者の大野祥子氏は定性的調査を通じて、性別役割分業を良しとする根底は、「男は仕事」という規範ではなく、「母親が育児」という「母性神話の絶対視」があることを指摘しています。[*26]

今後、働き方とともに「家庭」のあり方も変わっていくはずです。だとしても、男性が余暇時間を家事・育児に振り分けない限り、女性の「働き、かつ育てる」のダブルバインド

＊26　大野祥子『「家族する」男性たち　おとなの発達とジェンダー規範からの脱却』東京大学出版、２０１６年

（板挟み）を強めるだけです。このままだと「働き方改革」は「女性活躍推進」どころか「両立に苦しむ女性を増やす」ことにつながりかねません。

あえてポジティブに考えると、男性が育児・家事へコミットしないのは「仕事時間」によるものではない「とすると」、意識次第では「状況は」変えられます。「長時間労働」を言い訳にすることなく、凝り固まった「母親が子どもを育てる」という意識をいかに変えていくかに、「日本の家庭」の未来はかかっていそうです。

（小林祐児）

第4講

残業は、「集中」し、「感染」し、「遺伝」する

第3講では、長時間労働によって健康リスクが高まりつつも、一方で「主観的な幸福感」が高まってしまう「残業麻痺」について、その実態と要因を学びました。残業麻痺は知らず知らずのうちに、労働の持続可能性を阻害してしまうので注意が必要です。

さて、本日の第4講では、長時間残業はどうして起きるのか、その発生メカニズムについて考えていきます。

その際に分析の単位になるのは、私たちが日々働く「職場」です。

なぜなら、残業の多くは「半径5メートルの職場」の中の、様々なパワーバランスや相互関係の結果、生まれてしまうものであり、それを変えるためのヒントもまた「職場」にあるからです。

調査データから、「職場」に焦点を当てて長時間残業が起きる要因を分析すると、残業が発生する職場には「集中」「感染」「遺伝」という発生理由があるようです。その結果として生まれるのが、前講で解説した恐ろしい「麻痺」なのです。

「集中」「感染」「遺伝」とは、いったい何でしょうか。一緒に学んでいきましょう。

残業は「集中」する

Cさん「中原先生、今、先生のお話の中で残業は『集中』するという言葉がありましたが、それは残業が1人に集中するということですか？　それなら、心当たりがあります！　今の職場は完全に、管理職の私に残業が『集中』していますよ……」

Cさん……、心中お察しします……。管理職としてのつらいお立場、よくわかります。管理職のみならず、残業はメンバーの間でも均質に担われるわけではありません。１人ないしは限られたメンバーに集中しがちであることが、調査からわかってきました。

皆さんの中には「仕事ができる人は残業が少ない」というイメージを抱いている方も多いと思います。漫画などでは、ササッとタスクをこなし、スパッと定時で帰るスマートなサラリーマンの姿が多く描かれます。ですが、データを紐解くと実態は違うことがわかります。

次ページ、**図表4-1**の右側の棒グラフにある通り、明らかになったのは、むしろ仕事は、「仕事のできる人」に「集中」するという特徴です。実務をなさっている方からすれば当然

図表4-1　残業と個人のスキルの関係

○「優秀な部下に優先して仕事を割り振っている」上司が過半数を超え、実態を見ても、スキルの高い従業員に残業が集中している

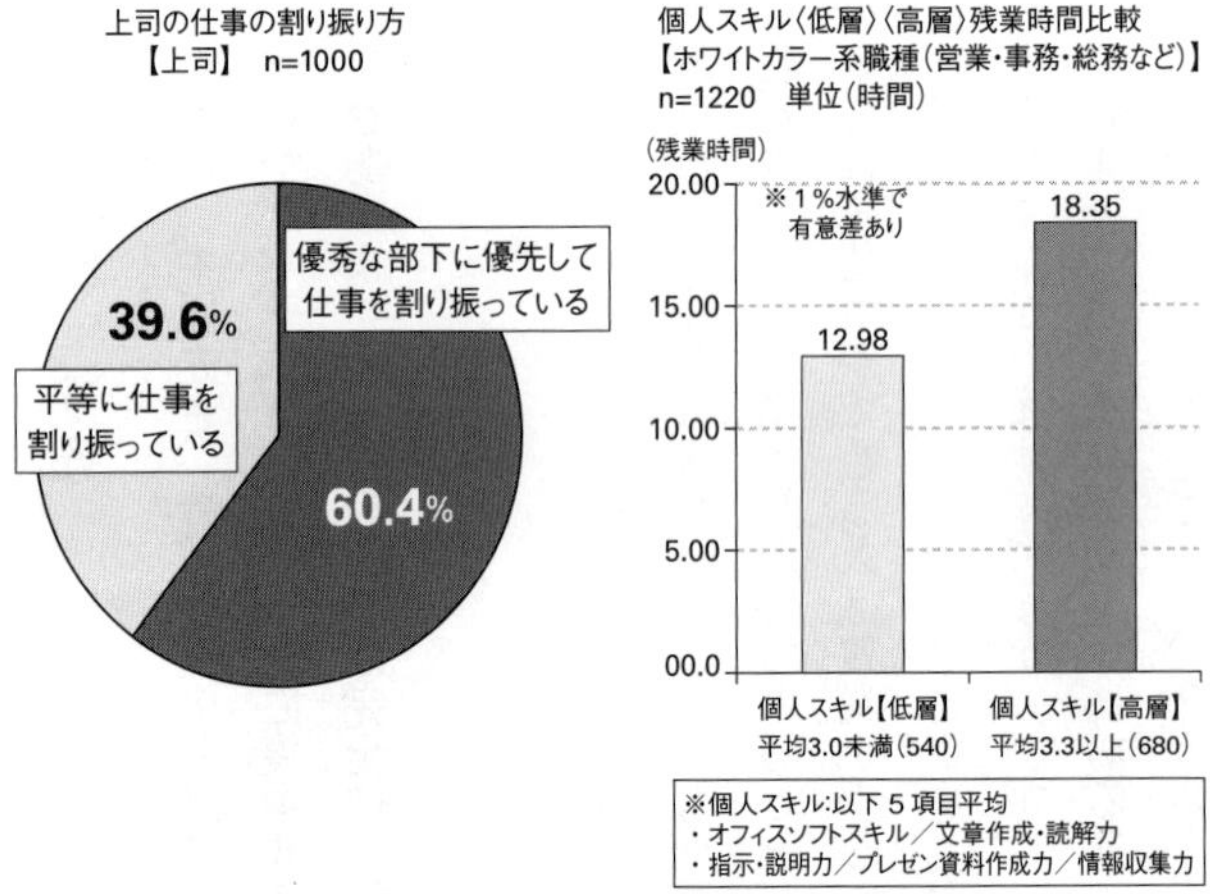

出所：「パーソル総合研究所・中原淳　長時間労働に関する実態調査」

かもしれませんが、これが数字として把握できたのは重要なことです。

同じ職場なのにほとんど残業することなく定時に帰る人もいれば、毎日遅くまで残っている人もいる。このような光景こそ、まさに残業が「集中」している状態です。

そもそも、どうして仕事ができる人へ残業が「集中」するのでしょうか。一般的には、個人がより効率的に仕事をこなすスキルを身につければ残業は減らせる、と考えられています。書店にはタイムマネジメントや仕事の効率を上げるノウハウ本があふれ、中には「残業を減らす」と

謳《うた》っているものもありますね。

しかし、メカニズムは「逆」です。

仕事ができる人は「自分自身のスキル不足のために仕事が終わらないのだろう」と考え、残業を減らすための努力を重ね、仕事の効率を高めます。そして効率が高まり残業時間が減ってくると、上司はさらに多くの仕事を任せるようになり、再び残業することになります。これが繰り返されるため、「集中」が起きてしまうと考えられるのです。

個人のスキルアップや効率化の努力は、一時的には残業時間を減らすことにつながるものの、長期的に見ると、むしろ残業時間を増やしかねないのです。

なぜ、こうした現象が起こるのでしょうか。ポイントは、上司の「ジョブ・アサインメント（仕事の割り振り方）」です。**図表4－1**の左側の円グラフを見てください。上司に対する調査では「優秀な部下に優先して仕事を割り振っている」と答えた人が60パーセントを超えており、スキルの高い部下に仕事を集中させている傾向が見られました。

つまり、個人がどれほど「残業を減らそう！」と努力し、スキルアップし、タイムマネジメントしても、上司は「この部下は効率的に仕事をこなしてくれるから、もっと多くの業務を任せよう」と考えてしまうのです。結局、残業が「集中」する職場の構造や上司のマネジメントそのものが変わらない限り、「できる人」にはさらに多くの仕事が持ち込まれ、できない人との能力差はますます広がっていきます。つまり、残業を通じて職場の中の仕事量格差、経験格差、そして能力格差が拡大する可能性があるのです。

「できる部下に仕事を割り振る」は悪いことか？

第1講で見てきたように、優秀な部下に優先して仕事を割り振る――そんなことが自由にできるのも、多くの日本企業では欧米企業のように雇用契約（職務記述書）によって「職務の範囲」を明確に規定されていないからです。そのため、上司の裁量一つで、「延々と仕事が降ってきて、やれどもやれども終わらない」状況が生まれてしまうのです。実際、調査を分析すると、仕事の責任範囲が明確であればあるほど、優秀な人への仕事の偏りが抑制されることがわかりました。[*27] 逆に言えば、仕事の範囲が不明確であるほど、優秀な人ばかりに仕事がアサインされる傾向が強まるということです。

「できる部下に仕事を振ることの何が悪いんだ」「マネジャーとして当たり前のことだろ」と思われる管理職の方もいるでしょう。

しかし、ここで見落とされがちなのが「育成」です。

特に２０００年代の成果主義の導入以降、組織のフラット化が進み、より個人に仕事が集中するようになりました。かつて日本企業における人材育成の中心だったＯＪＴは、新人に「やらせて、失敗させて、覚えさせる」「背中を見せて学んでもらう」形でじっくりと教えるスタイルでした。しかし、バブル崩壊後の「失われた20年」の間に、そうした機会が失われ、「仕事ができない」人を育成するのではなく、「今、すでに仕事ができる」人に短期的成果を出させるやり方になってきました。

マネジメント力不足にも原因があります。第３講でお話しした「背伸びの原則」を思い出してください。

マネジメントの視点からすれば、「少し背伸びの経験ができる仕事」を適切に割り振っていくことは、部下育成において重要なポイントです。しかし、日本の管理職、マネジメント層は、そもそも適切な仕事の割り振り方など習うことのないまま、突然マネジャーになります。昨今では「プレイングマネジャー」が増えてきて、自分の目標とチームの目標を同時に

＊27　業種・職種・年齢・未既婚・個人スキルなどの属性を統制した重回帰分析の結果、「責任を負う範囲が明確」なことが「優秀な人ばかり極端に仕事が集まりがち」に有意にマイナスの影響（１パーセント水準）。（偏回帰係数＝マイナス０・０９２、調整済Ｒ２乗値＝０・２２１）

追う方も多く見られます。マネジャー自身も忙しいと、どうしても「放っておいてもできる部下」に仕事を任せたくなります。そうすれば、その部下のことをあまり見なくても仕事が回り、任せられた部下の側も放っておいてもらえる、という「上司と部下の共犯関係」が生まれます。

同時に、スキルや経験が未熟な部下にはあまり重要な仕事は任せられないので、そちらも「見なくていい」ことになります。上司としては、よりマネジメントが楽になりますね。

しかし、そういった上司たちは、中長期的にはしっぺ返しに合っています。できない部下はいつまでもできない一方、できる部下はどんどん成長していきます。すなわち、職場メンバーの能力格差が次第に開いていくのです。できる人がずっと仕事を担ってくれるならまだ良いのですが、その人があまりに仕事をしすぎていると当然、健康リスクが生じます。また、異動などで「穴」が空いた場合にも、職場の業務そのものが滞《とどこお》ってしまうことになります。

上司はつらいよ、課長はもっとつらいよ

ちなみに、今回の調査で残業の「集中」傾向が一番強かったのは、上司層です。上司層と一般従業員（非管理職）の月別平均残業時間を比べると（図表4-2）、上司層は7時間以上長

図表4-2　上司層／一般従業員別・月平均残業時間

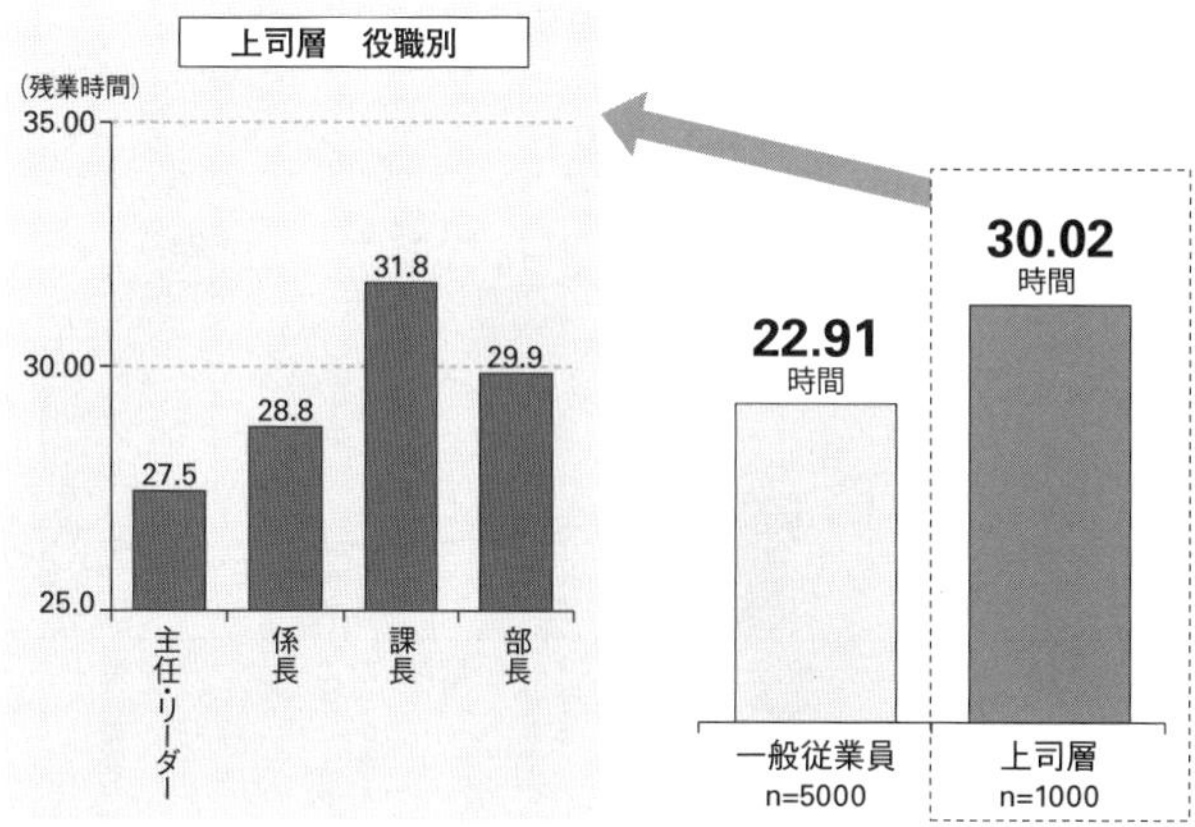

出所：「パーソル総合研究所・中原淳　長時間労働に関する実態調査」

かったのです。

次ページにある**図表4-3**は、ここ1、2年の変化について上司層からの回答結果です。残業施策を実施している会社では「部下に残業を頼みにくくなった」との声が最も多く、残業施策のしわ寄せで上司へ業務が集中していることがわかります。

さらに、特に残業が「集中」しているのは「課長」職であるということも明らかになりました。

その昔、高度成長期の「課長」は輝ける存在でした。オフィス内の椅子にドカッと座り、現場に出ていく部下たちの報告を待つ。それが「課長」の典型的な姿でした。

しかし今の課長たちの多くは、複雑化する

図表4-3　上司層が感じているここ1、2年での変化

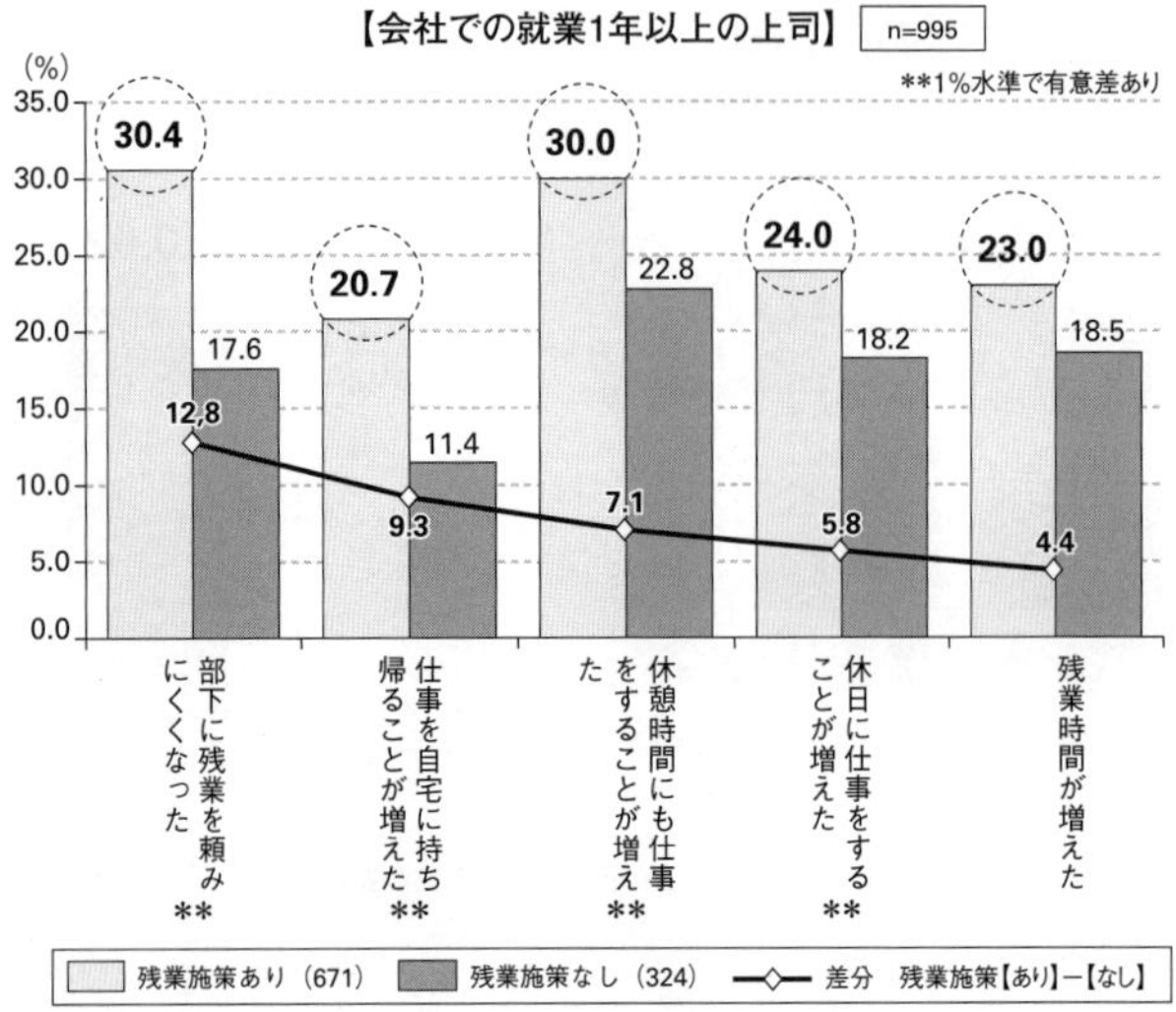

出所：「パーソル総合研究所・中原淳　長時間労働に関する実態調査」

ビジネス環境の中、山積みの課題を抱えるプレイングマネジャーです。部下たちのマネジメントに時間を割く余裕もない上に、コンプライアンスやワーク・ライフ・バランスへの意識の高まりなどによって、マネジャーの仕事は増え続けています。さらに、「働き方改革」によって「部下の残業時間をどれだけ減らせたか」が評価されるような施策が行われると、マネジャーの残業時間は長くなる一方です。

この数年、様々な調査により「管理職になりたくない」という若手社員が増えていることが指摘されてい

ます。例えば、厚生労働省が２０１８年に発表した「労働経済白書（労働経済の分析）」では、管理職ではない一般社員の61・1パーセントが「管理職以上に昇進したいとは思わない」と回答し、「管理職に昇進したい」は38・9パーセントにとどまっています。その理由は、「責任が重くなる」が71・3パーセント、「業務量が増え、長時間労働になる」が65・8パーセントでした。[*28] このまま残業が上司へ「集中」していくと、輝ける存在だった「課長」は「貧乏くじ」のようなものになっていき、現場のマネジメントの崩壊を招くのではないでしょうか。

残業は「感染」する

Bさん「私は子どものお迎えがあるので残業せずに帰っているのですが、周りの人の目が気になって……。毎日『すみません』と言いながらオフィスを出ています。これってどの職場でもあることなんでしょうか」

＊28　厚生労働省（２０１８）平成30年版　労働経済の分析—働き方の多様化に応じた人材育成の在り方について—　https://www.mhlw.go.jp/wp/hakusyo/roudou/18/dl/18-1.pdf

Bさん、私も共働きの子育て家庭です。保育園のお迎えを担当する日があるので、お気持ちよくわかります。これは、残業がいわば「感染」してしまうことから生じているのです。

今回、残業を生みやすい職場の特性や風土について調査したところ、残業への影響度が一番高かった要因は「周りの人がまだ働いていると帰りにくい雰囲気」でした。2位以下の要因を見ても「休憩を惜しんで作業を進める雰囲気」「始業時間よりも前の出社が奨励されている」など、明文化されていない、でもみんなが従っている「暗黙の了解」が並びます。

このように、個人がその行動や意思決定を知らず知らずのうちに周囲の大多数にあわせてしまう強制力のことを、「同調圧力」と呼びます。

本書では、「職場内の無言のプレッシャーや同調圧力によって残業してしまう」現象を「感染」と表現することにしました。この現象は、あからさまに上司や先輩から「指示」「命令」をされて起こるものではなく、「周りの人がまだ働いていると帰りにくい」といった「雰囲気」や、「上司より先に帰ってはいけない」といった「暗黙のルール」、「先に帰ると非協力的だと思われるのではないか」といった「忖度《そんたく》」など、職場内での空気によってもたらされています。まさに「空気感染」しているのです。

図表4-4　自分にとって「残業している人」のイメージ

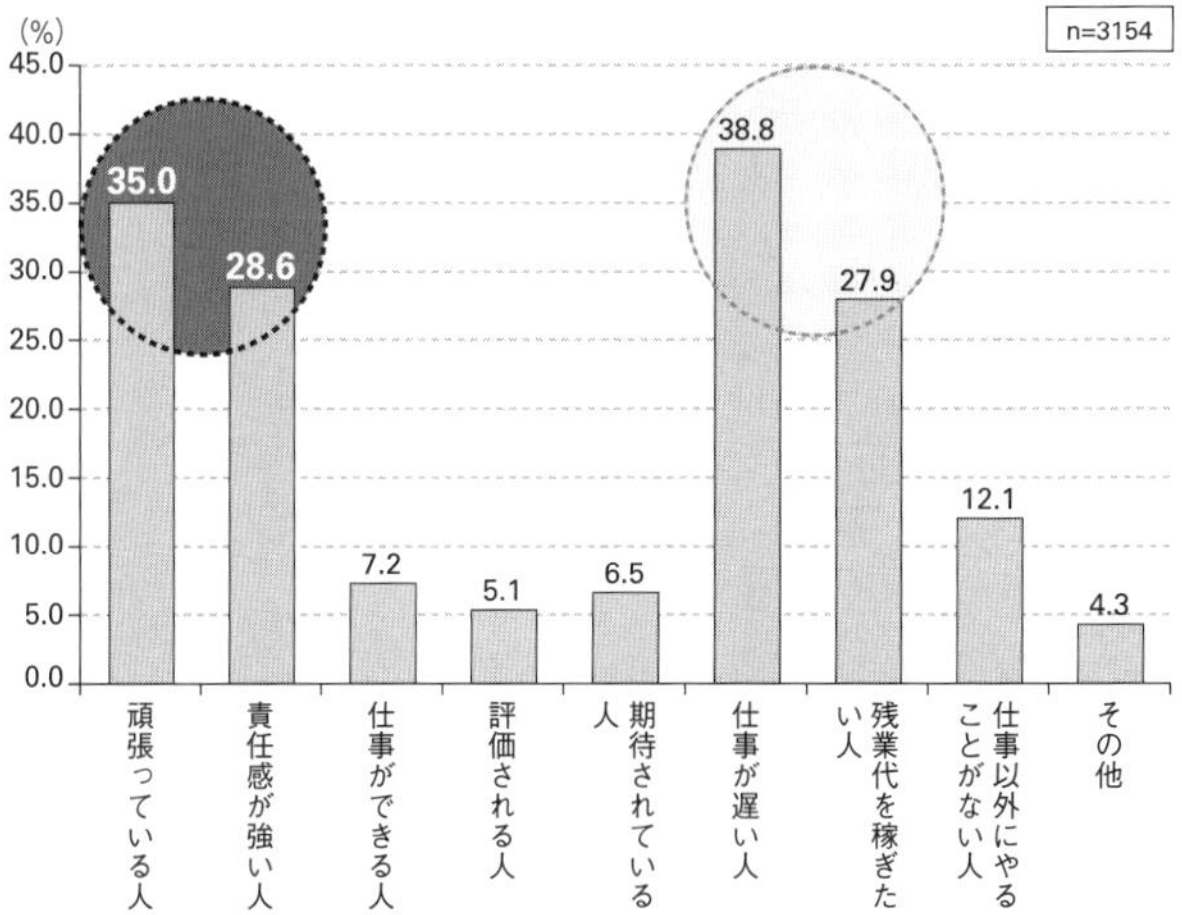

出所：内閣府男女共同参画局「ワーク・ライフ・バランスに関する個人・企業調査（2013年）」（http://wwwa.cao.go.jp/wlb/research/wlb_h2511/9_insatsu.pdf）

こうした「空気」、多くの人が身に覚えがあるのではないでしょうか。この「空気」というものは、非常にやっかいです。誰もが感じているのに目には見えない。誰かが口にするわけでもない。当然文字にもされていない。この「見えないなにか」について少し掘り下げて考えてみます。

残業は「腹の探り合い」が生み出す悲劇

そもそも人は「残業をしている人」に対してどのようなイメージを持っているのでしょうか。**図表4・4**は内閣府の調査結果ですが、「頑張っている」「責任感がある」といったポジティブなイメージの一方、「仕事が遅い人」「残業代を稼ぎたい人」というネガティブなイメージも同じ程度あります。つまり「残業すること」についても「早く帰ること」についても、どう思われているかは一概に言えないのです。

にもかかわらず、なぜ人は「早く帰りにくい」と感じ、残業してしまうのでしょうか。

この現象を読み解くポイントは、「人の心の内面は、他人には絶対にわからない」ということです。

「残業をしている自分」は、他人からポジティブ、ネガティブどちらのイメージを持たれるのかがわかりません。「誰かが先に帰っても別に嫌ではないし、私自身ももう帰りたいな」と思っていたとしても、「私がもう帰りたいと思っているからといって、周りの同僚たちはどうだろう。もしかしたら誰かが先に帰ると嫌だと思うかも……」と考えてしまう。そして、「誰かに嫌がられることは避けたいから、残業しよう」となります。

職場の全員が同じように考えると、実際は全員が「帰りたい」という本音を持っていたとしても、全員が「残業する」という行動を選択してしまいます。

これは、社会心理学で言うところの「多元的無知[*29]」と呼ばれる現象で説明できます。

多元的無知とは「自分はAだと思っているが、自分以外の人は皆Bだと思っている」、と予期することで、結果的にその予期された「集団的な思い」、ここでは「B」のほうに自分の行動を合わせてしまうことです。

この現象が面白いのは、実際には皆がAだと思っていたとしても、「そう思っているのが自分だけだ」と「皆」が思い込むことによって結果的に「皆」がその意思とは逆の行動をとってしまうところです。人の心の内面は見えないだけに、増幅した各自の「思いこみ」こそが、内面とは全く反対の行動を選択させてしまうのです。

「自分は残業なんてしたくないし、同僚が先に帰っても嫌じゃない」（A）と思っていても、自分以外の人が「先に帰ることなんて許せん！」（B）と思っているんじゃないか……と考えた場合、帰りにくいですよね。職場の皆が同じように考えた場合、本当は皆「早く帰りたい」と思っているのになぜか全員がシコシコ残業に勤《いそ》しむ、という悲劇が生まれます。

素直に自分の思う通りに行動すれば最適な結果になるにもかかわらず、集団的な「腹の探り合い＝予期」が失敗することによって、誰も望んでいない結果になってしまうのです。

＊29　Allport, F. H. (1924). Social Psychology. Boston: Houghton Mifflin

図表4-5　周囲の残業と帰りにくさの関係

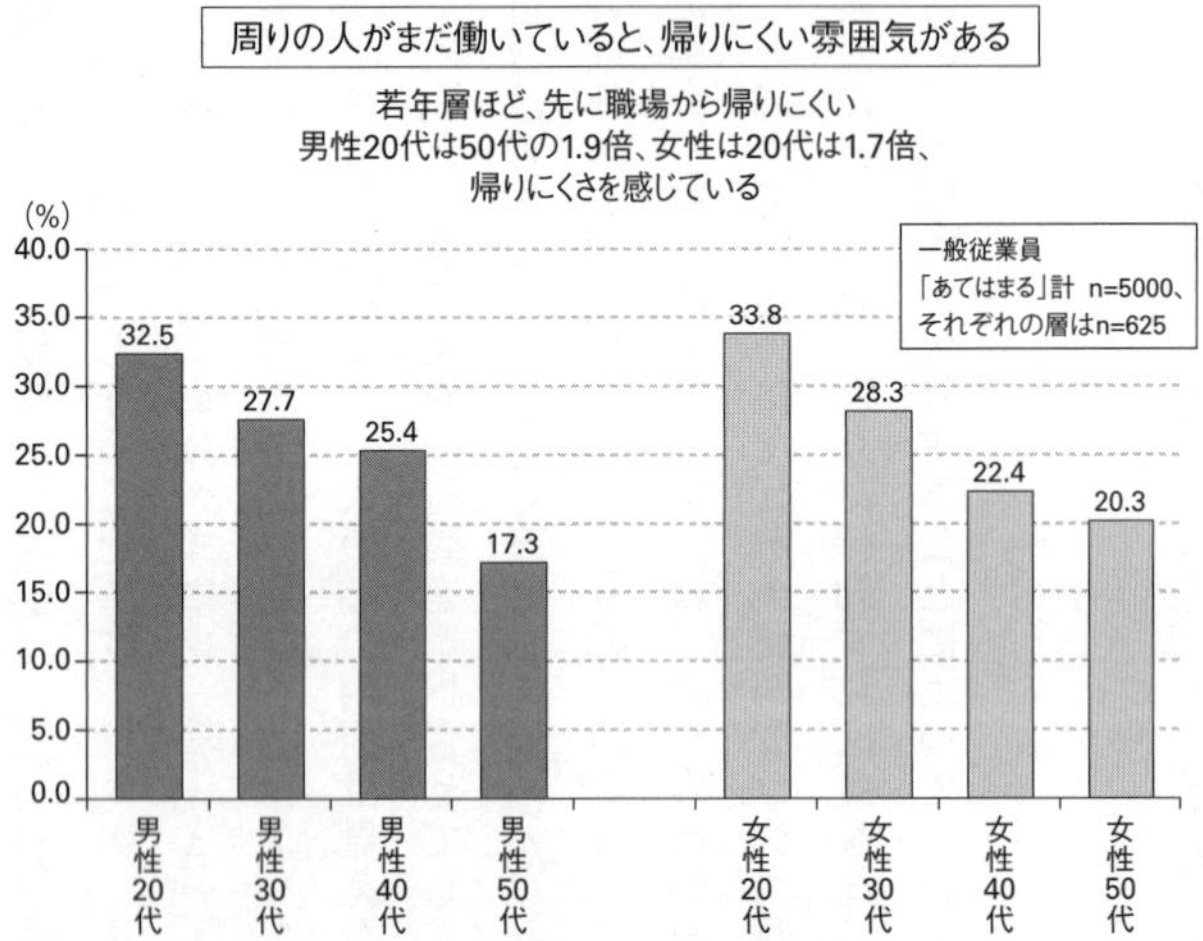

出所：「パーソル総合研究所・中原淳　長時間労働に関する実態調査」

仕事を振られるのが嫌だから「フェイク残業」する

では、「感染」しやすいのはどんな人でしょうか？　**図表4-5**を見ると、やはり「帰りにくい雰囲気」を感じやすいのは、職場で弱い立場にある若い世代のようです。男性20代は50代の1・9倍、女性20代は50代の1・7倍、帰りにくさを感じています。また、上司の残業時間が多ければ多いほど、帰りにくさが増すことも明らかになりました。

残業の「感染」は同僚同士だけではなく、「上司-部下」「年上-年下」「先輩-後輩」といった年代や組織の上下関係、

図表4-6　フェイク残業と仕事環境の関係

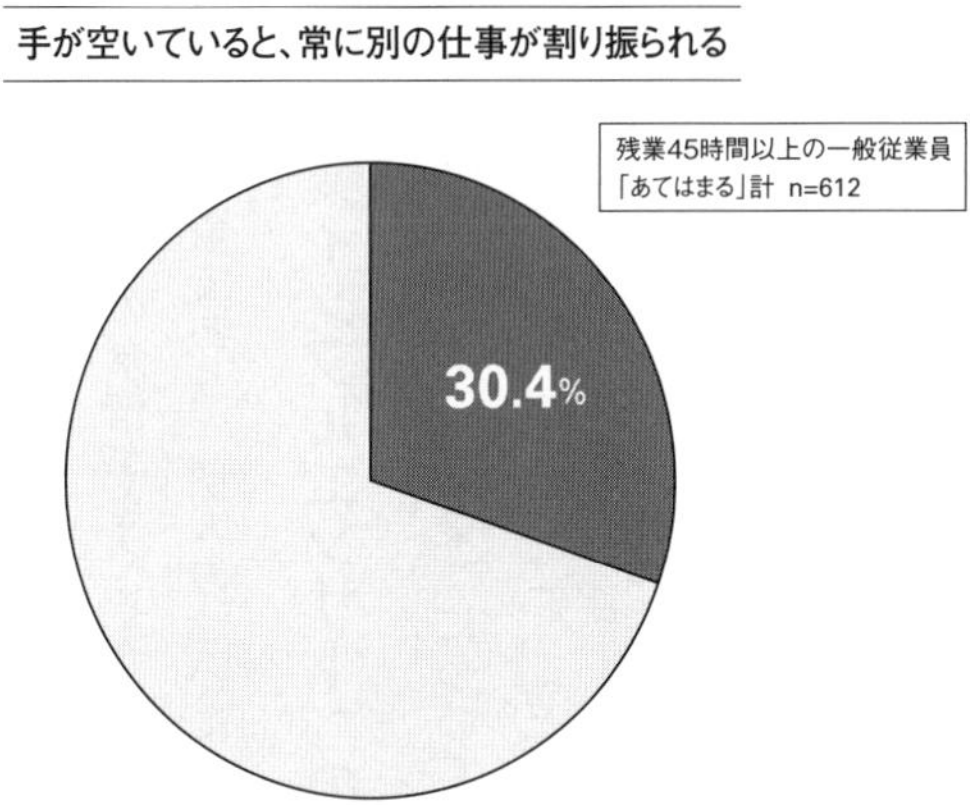

出所：「パーソル総合研究所・中原淳　長時間労働に関する実態調査」

階層関係によっても強化されているようです。

一般的に日本企業は「序列」を強く気にする組織です。伝統的に年功的な性格が強く、組織内の経験値がモノを言うところがあり、自分よりも先に組織にいる先輩、上司の顔を立てることへのプレッシャーもあります。

また、先述した通り、多くの職場では上司層のほうが長く残業をしているので、その上司が周囲のメンバーに帰りにくい雰囲気を「感染」させているのです。それ以外にも、帰りにくい職場の特徴があります。

それは、忙しさを演出する「フェイク残業」です。

図表4-6にある通り、週に45時間以上残業をしている層の30・4パーセントが「手が

空いていると、常に別の仕事が割り振られる」と回答しました。これは「集中」の考察で指摘した、上司による業務の割り振り、「アサインメント」に関わることです。「これ以上自分の担当業務を増やしたくない」と考える人にとっては、「適度に残業をして、ほどほどの忙しさを演出する」ことへのインセンティブが働きます。それによって生じるこの「フェイク残業」は、「ただの怠惰からくるサボり」とは性格が違うものです。日本型雇用に染み付いた構造的な現象であり、個人のせいにして叱責するだけでは解決しない問題なのです。

「残業インフルエンサー」の闇

先ほど、階層関係の「感染」について触れました。この「感染」が起きる可能性を強めるのが、「残業インフルエンサー」の存在です。

一般的に若手が憧れるのは、社内で活躍が目立ち、出世株とされている「できる上司」や「できる先輩」です。149ページで見てきた通り、上司層からの信頼が厚く、自信を持って仕事をしている有能な人のところに多くのタスクが集中する傾向にあります。

そうした社内でも目立つ存在であるエース社員、ロールモデル社員の働き方は、他の社員に大きな影響を与えます。もし、こうした社員が毎晩遅くまで働いていたら、どうでしょう

か。残業時間は長いが、非常に活躍する社員、つまり「残業インフルエンサー」がいる職場では、早く帰る社員は「仕事ができない」というレッテルを貼られることを恐れるでしょう。そして、「適度に残業をして、ほどほどの忙しさを演出する」ようになり、先ほどとは別の文脈の「フェイク残業」が増えます。次ページの**図表４・７**を見ると、上司や同僚の残業時間が多いほど、周囲が帰りにくさを感じていることがわかります。

そうなると、職場に「帰りにくい雰囲気」が生まれ、空気を読んだ若手社員が残業することになり、結果、全員が長時間残業をする「感染」状況に陥ります。これが

図表4-7　上司・同僚の残業時間と帰りにくさの関係

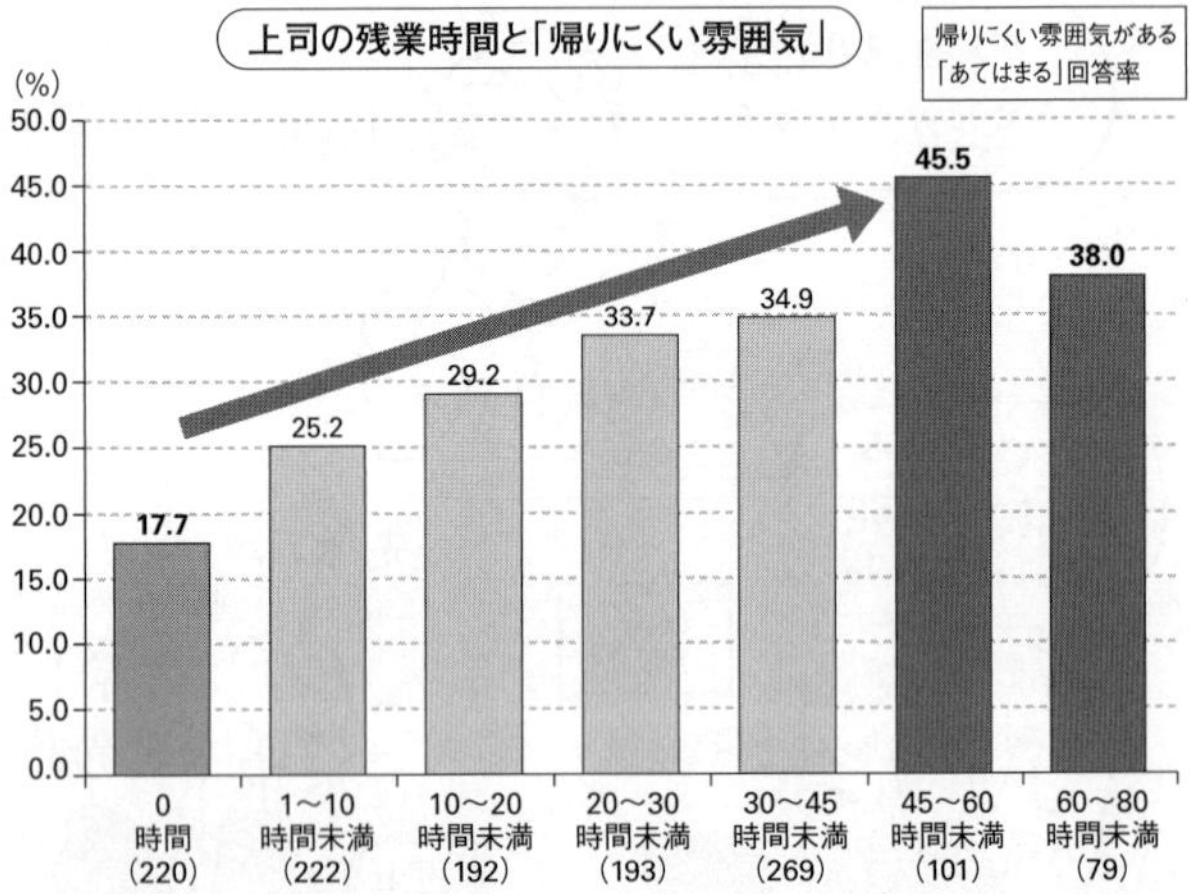

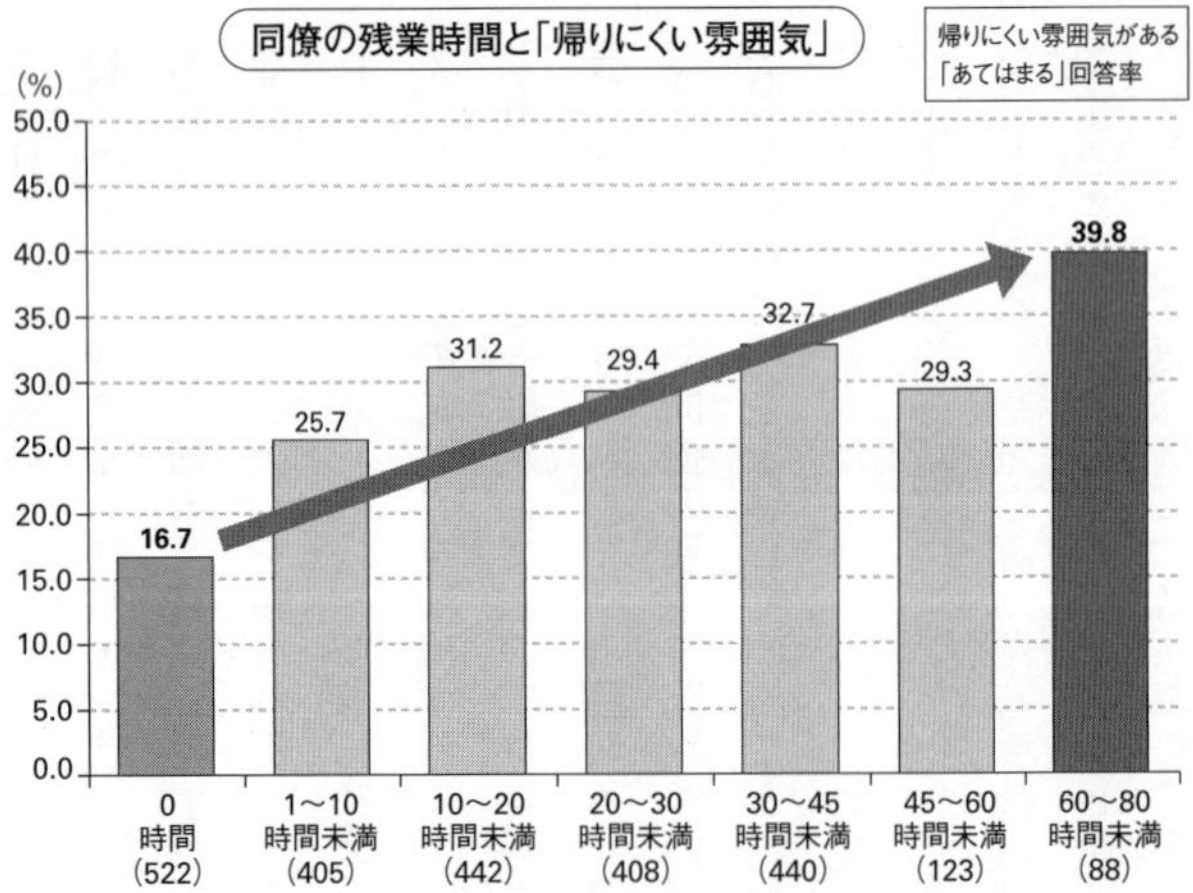

出所：「パーソル総合研究所・中原淳　長時間労働に関する実態調査」

常態化したのが、「ブラック職場」です。そうなってしまうと、社内でどれほど「働き方改革」や「長時間労働是正」を推進しようとしても、効果は期待できません。「残業インフルエンサー」には、注意が必要です。

「集中」「感染」が起こりやすい職業

お伝えしてきた通り、残業の発生には仕事、職場、制度、職務特性など様々な要因が絡み合っており、たった一つの要因によって起こるわけではありません。中でも「職務特性」は、仕事やビジネスモデルそのものから規定されるので、組織的に長時間残業が起きている場合、それを個人で是正していくのは非常に難しいものです。こうした職種の場合は、組織全体で意識的に削減に取り組まない限り、「残業」がどんどん増えていってしまいます。

では、どのような「職務特性」の仕事に、残業の「集中」「感染」が起こりやすいのでしょうか。次ページの**図表4-8**を見てください。

「職務特性」の中で「集中」「感染」をともに起こしやすくしていたのは、「突発的な業務が頻繁に発生する」というもの。また、「集中」は、「高い専門性・スキルが必要」「業務の繁閑差が大きい」こと、「感染」は「仕事の成果が数値で測りやすい」ことがそれぞれ影響を

図表4-8　職務特性と集中・感染の関係

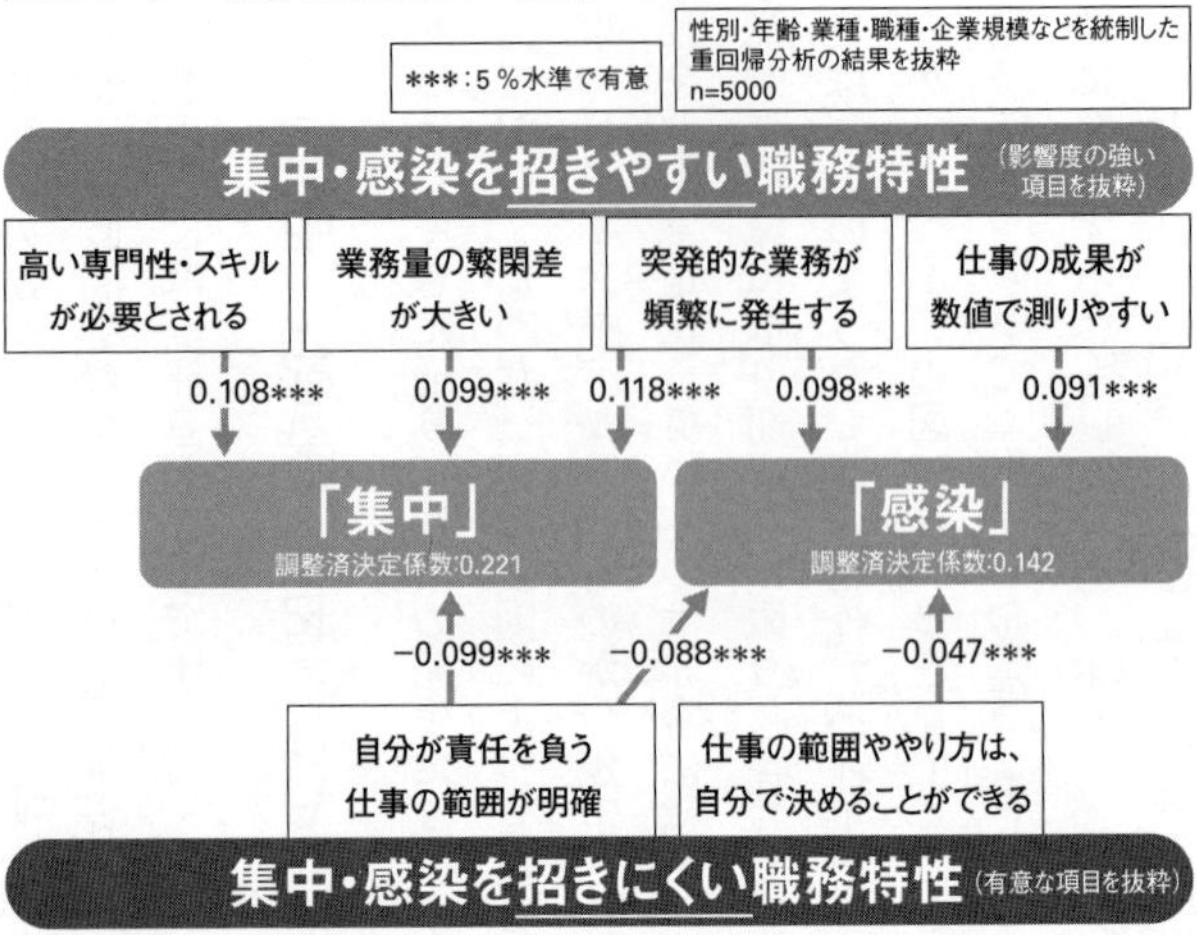

出所：「パーソル総合研究所・中原淳　長時間労働に関する実態調査」

与えていました。専門性が高い仕事だと誰が「できる人」なのかわかりやすいため、「集中」を招くことが考えられます。また、成果がわかりやすく目に見える仕事では、「こんな成果しか出していないのにもう帰るのか」という「暗黙」の空気が生まれやすく、「集中」を助長することが想像できます。「成果で測られるから、早く帰りやすい」のではないところが興味深いです。ここにも132ページで述べた「努力信仰」の影が落ちています。

優秀な社員への残業の「集中」が起きやすい「職種」の1位はまさに、「高い専門性・スキルが必要」なデザイナー、クリエイターです。また業種では対人の仕事ということで、「突発的な業務が頻繁に発生する」販売・サービス・接客系の職種となります。共通点としては、ともにスキル・経験が属人的な仕事であることでしょう。

一方、残業の「感染」は、特に「ＩＴ系技術職種」で多くなっていました。ここにはプログラマーやシステムエンジニアなどが含まれますが、チーム作業を分担しつつプロジェクト単位で仕事をすることが多いこうした職種は、「作業の進捗」のズレによって「感染」が起きやすいのかもしれません。「感染」の起きやすい「職種」の１位は、幼稚園教諭・保育士。「突発的な業務が頻繁に発生する」上に人手不足が重なっている職種です。仕事をどこまで行うかが個々人の「思い」「気遣い」といった曖昧なものに左右されることも多く、この結果になっていると思われます。「帰りにくい雰囲気」はサービス残業にもつながっており、残業時間のうちのサービス残業率が70パーセント以上と、こちらも最も高い数値です。

逆に、「集中」「感染」を招きにくい職務特性は、共に「自分が責任を負う仕事の範囲が明確」という特性が、「感染」には「仕事の範囲ややり方は自分で決めることができる」という特性が関わっていました。つまり、一人ひとりの仕事の範囲が明確で、自分のペースや方法で仕事を進められる場合は、残業の「集中」「感染」を招きにくいのです。残業が多い職務とあわせて考えると、「成果の明確化」よりも「役割と責任の明確化」が残業を抑制しそうです。

とはいえ、「突発的な業務が頻繁に発生する」「業務量の繁閑差が大きい」といった「職務特性」は、あくまでも仕事内容に紐づいたものです。これらを変えていくためには、大規模なIT化・システム化、業界を挙げた取り組みなど、ある程度の規模や時間が必要になります。

また、どうしても変えられない「職務特性」もあります。幼稚園教諭・保育士や介護職など人に関わる仕事の場合、「突発的な業務」に対応しないわけにはいかないでしょうし、IT技術者に対して「仕事の成果を数値で測らない」ようにすることも現実的ではありません。

残業の発生するメカニズムには、日本企業における顧客重視のビジネス慣行や、仕事の範囲が曖昧な雇用のあり方も深く関わっています。そのため、放っておくといつの間にか「残業職場」となりやすいのです。「職務特性」そのものをすぐ変えるのが難しいのであれば、まずは残業の「集中」「感染」がどのような職務特性において起こりやすいのかを認識し、そうならないように意識を向けていくことが大切です。


世の中には、そのメカニズムをわかっていても、変えられるものと変えられないものがあ

ります。そんな時、私たちは、アメリカの神学者ラインホルド・ニーバーの有名な言葉にあるように、

「変えられるもの」を「変える勇気」と
「変えられないもの」を受け容れる「心の静けさ」と
「両者を見分ける叡智」

（ラインホルド・ニーバーの祈り）

を持たなければなりません。

残業は「遺伝」する

Dさん「昔は上司より早く出社して遅く退社するのが当たり前でした。みんな強制されていたんです。だから上司になった今でも、その癖が抜けないんです。若手が定時にそそくさと帰るのを見ると、内心モヤモヤするんだよね……」

Dさんのご意見はもっともです。「三つ子の魂百まで」とはよく言いますが、働き始めて

図表4-9　残業の「遺伝」に影響する特徴

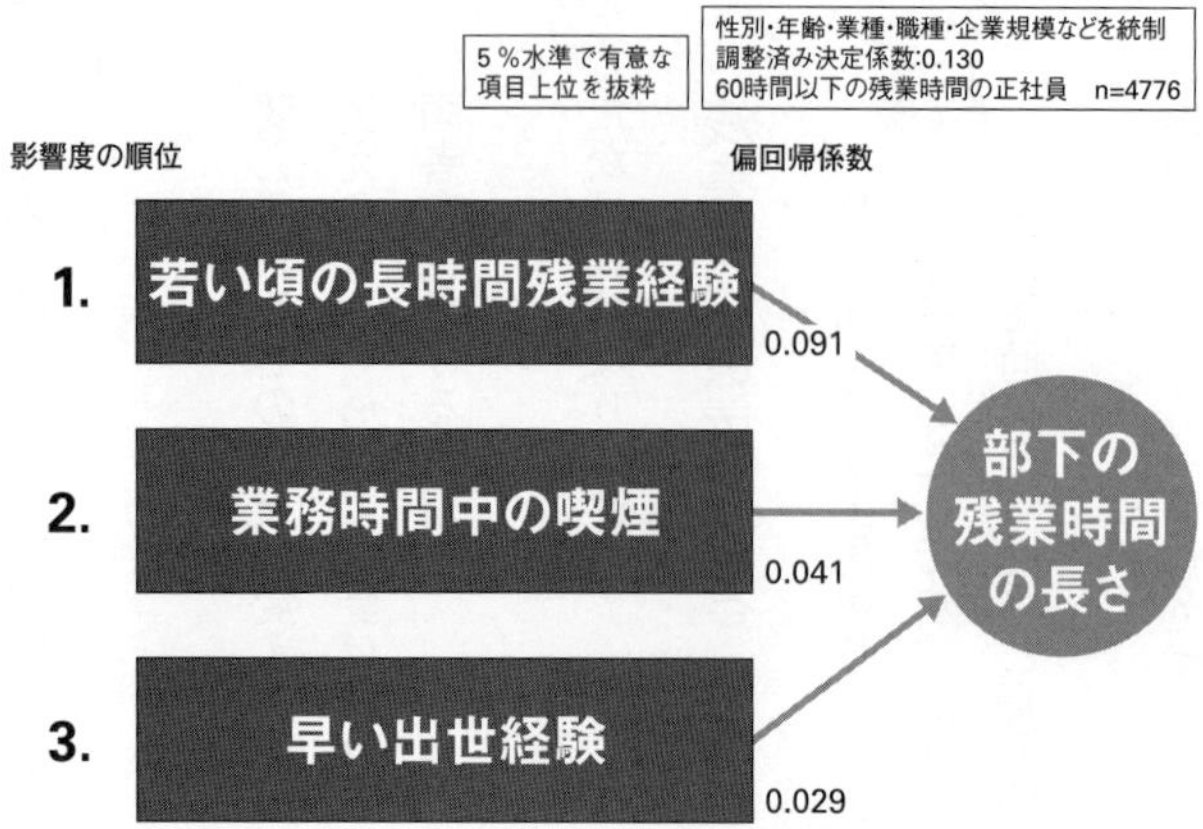

出所：「パーソル総合研究所・中原淳　長時間労働に関する実態調査」

から数年間の、いわゆる「初期キャリア」において どのような働き方をしたかは、その後の職業人生を大きく左右してしまいます。

本書ではこのことを強調するために、残業が「遺伝」するという言葉で表現します。「残業は遺伝する⁉　そんな馬鹿な！」と思われるでしょう。もちろん、決して実際に親から子へと遺伝するわけではありません。本書では、長時間労働の雇用慣行が、前の世代の上司から、現在の部下に世代間で引き継がれること（世代継承）を「遺伝」と呼ぶことにします。

図表4-9の通り、「若い頃に長時間残業をしていた経験がある上司」の下で働く部下は、残業時間が長くなる傾向にあります。

「長時間残業上司が、次世代の長時間残業部下を育てている」わけです。先ほどの「感染」のところで見てきた通り、「帰りにくい雰囲気」が上下関係や階層関係によって強化されることを考えれば、「遺伝」することも、驚きではありません。

興味深いのは、新卒入社した会社が「残業が当たり前の雰囲気だった」と答えた上司は、転職して会社が変わっても、やはり部下に残業を多くさせる傾向が強いところです。つまり、「遺伝」という言葉は「同じ組織内の世代間遺伝」だけでなく、「異なる組織間の世代間遺伝」も示しているのです。恐ろしいことに、「長時間残業体質」は世代だけでなく会社も越えて受け継がれてしまうようなのです。

なぜ「長時間残業体質」は転職し、組織が変わっても受け継がれてしまうのでしょう。次ページにある**図表4-10**の通り、新卒入社した会社が「残業が当たり前の雰囲気だった」と答えた上司は、転職後のマネジメント行動に下記のような特徴が見られました。

- **自分の仕事が終わっても職場に残る**
- **時間をかけて仕事をする部下を評価する**
- **優秀な部下に優先して仕事を割り振る**

図表4-10　転職経験のある上司の新卒入社時の環境と現在のマネジメント行動の関係

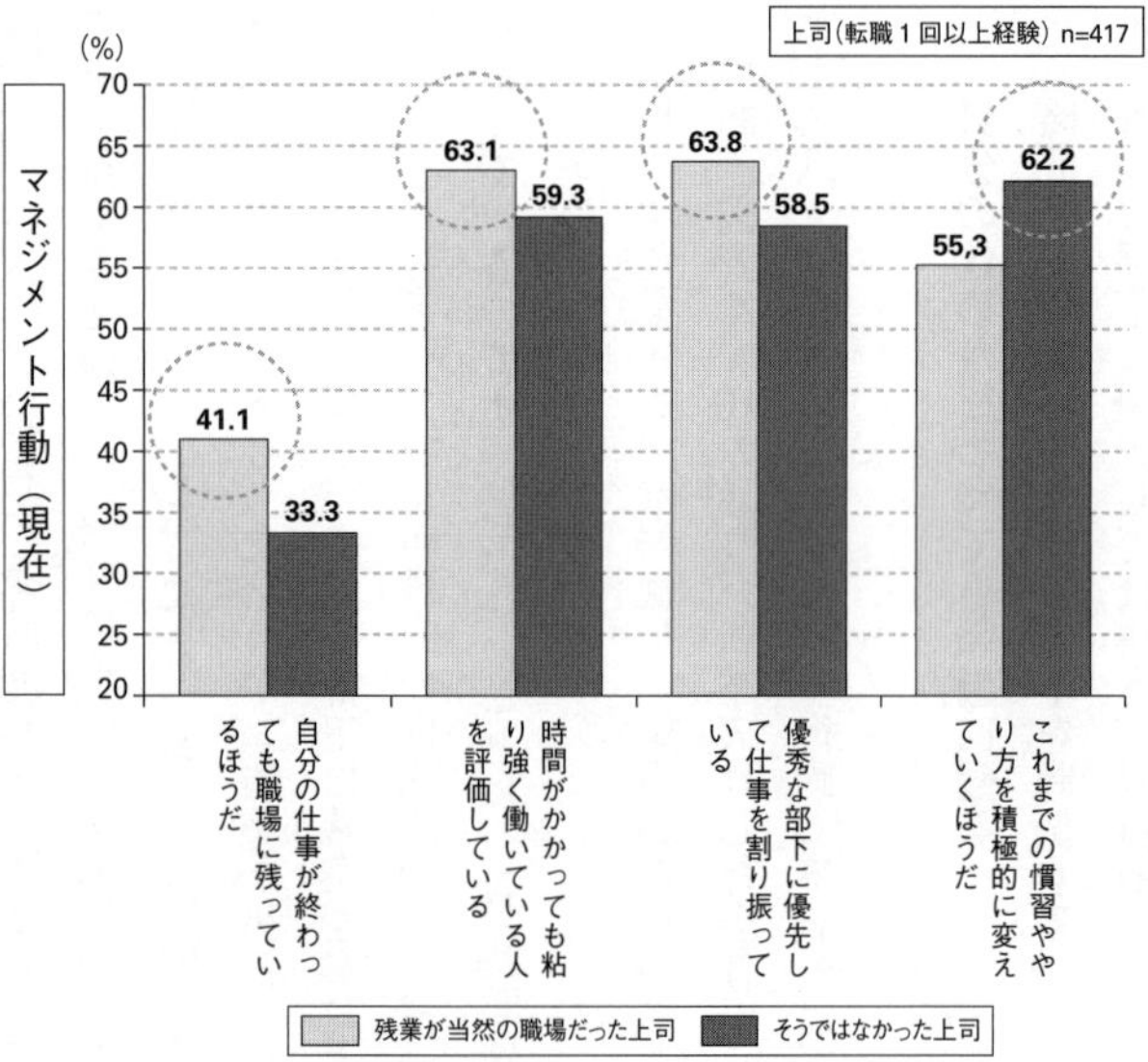

出所：「パーソル総合研究所・中原淳　長時間労働に関する実態調査」

・これまでの慣習ややり方に固執する

つまり、「新卒入社時に自分自身が受けていたマネジメント」と同じマネジメント行動を上司になってからもとる傾向が強いのです。バブル崩壊前後に新入社員時代を送った40代後半以降の「長時間残業体質」上司たちは、55ページで述べたような「ハレの残業」を経験していると考えられます。

インタビューで、若い頃の残業の経験を「武勇伝」のように嬉々として語る経営者やビジネスマンは枚挙《まいきょ》にいとまがありません。高度経済成長期に「残業が当たり前の働き方」をすることで強烈な成功体験を得た上司たちは、その後の低迷期「失われた20年」を経ても、その時代に獲得した経験や価値観をそのまま「世代継承」してしまっているわけです。

必要なのは「学習棄却」

ではなぜ、「長時間残業体質」上司たちは、「働き方改革」「長時間残業是正」が声高《こわだか》に叫ばれる中でも、マネジメント行動を変えられないのでしょうか。それは、環境や時代の変化に合わせた「アンラーニング（Unlearning：学習棄却）」ができていないからです。

私たちは日常の仕事や生活を通じて、その場に支配的な特定の価値や前提、信念、偏見などに否が応でも囚われてしまうものです。「学習棄却」とは、そのこびりついた自らの知識やスキル、信念などを「捨てていく」プロセスを指します。そして、このプロセスに必要となるのが、「他者からのフィードバック」です。上司や先輩などからのフィードバックを受け、経験を振り返ることとは、新たな学びを得るのと同時に、「このやり方はもう止めよう」などと一度「学習」した知識や価値観を捨てることにもつながるのです。

しかし、129ページで見たように、長時間残業はフィードバックや仕事を振り返る機会を奪います。そうすれば経験を振り返って学ぶこともできなくなります。それが当たり前となった上司たちは、ただただ忙しく、学習棄却によってマネジメント行動をアップデートすることができないまま、既存のやり方に固執してしまうようです。ここに、日本の長時間労働がゆがんだ「世代継承性」を持ってしまう構造があります。

調査を通して、残業習慣は、新卒時の残業経験に大きく影響されていることがわかりました。その残業習慣は世代や組織をも越えて受け継がれていくため、さらなる「遺伝」を断ち切るには、新卒入社時に時間と効率を意識する習慣を身につけさせることが鍵となります。

「集中」「感染」「麻痺」「遺伝」しやすい職種は?

なお、これらの「集中」「感染」「麻痺」「遺伝」という残業発生要因が、それぞれどの職種、職業に多いかも調査で明らかになっています(図表4-11、178ページ図表4-12)。前述したデザイナーや各種クリエイター、幼稚園教諭や保育士はやはり厳しい結果ですね。60時間以上残業する「麻痺」予備軍が多くいる職種は、やはり人手不足が深刻なドライバー、そして建築・土木系・技術職となっています。

図表4-11　「集中」「感染」「麻痺」「遺伝」しやすい職種

「集中」 優秀さに基づく仕事の振り分け

順位	職種(詳細)	サンプル数	(%)あてはまる計
1	デザイナー、各種クリエイター	(48)	66.7
2	資材、購買	(69)	65.2
3	製造(組立・加工)	(401)	58.4
4	営業推進・営業企画	(43)	58.1
5	財務・会計・経理	(343)	57.1

「感染」 帰りにくい雰囲気

順位	職種(詳細)	サンプル数	(%)あてはまる計
1	幼稚園教諭・保育士	(35)	34.3
2	商品開発・研究	(161)	33.5
3	建築・土木系・技術職	(114)	31.6
4	販売・サービス系(店舗内・事務所)	(268)	30.2
5	福祉系専門職(介護福祉士・ヘルパーなど)	(197)	28.9

「麻痺」 60時間以上残業率

順位	職種(詳細)	サンプル数	(%)あてはまる計
1	ドライバー	(156)	24.4
2	建築・土木系・技術職	(114)	15.8
3	デザイナー、各種クリエイター	(48)	14.6
4	教員・講師・インストラクター	(39)	10.3
5	営業推進・営業企画	(43)	9.3

「遺伝」 若い頃長時間労働していた上司

順位	職種(詳細)	サンプル数	(%)あてはまる計
1	デザイナー、各種クリエイター	(48)	33.3
2	営業推進・営業企画	(43)	32.6
3	商品開発・研究	(161)	24.8
4	建築・土木系・技術職	(114)	24.6
5	法務	(48)	23.5

出所：「パーソル総合研究所・中原淳　長時間労働に関する実態調査」

図表4-12　「集中」「感染」「麻痺」「遺伝」しやすい職種

ホワイトカラー系で「集中」が、IT系で「感染」が起こりやすい傾向にある

数値はあてはまる回答率を偏差値化して標準化したもの	「集中」	「感染」	「麻痺」	「遺伝」	
	優秀な部下への集中	帰りにくい雰囲気	長時間労働（60時間以上）	上司の長時間残業経験	残業時間平均
ホワイトカラー系職種（営業・事務・総務など）（n=2084）	58.3	39.0	41.8	52.3	17.1
現場系職種（建築・物流・生産など）（n=1064）	48.3	37.6	65.3	48.4	26.4
企画・クリエイティブ系職種（n=374）	57.8	33.6	57.9	65.0	26.6
販売・サービス・接客系職種（n=411）	58.6	53.2	49.7	41.3	21.0
IT系技術職種（n=343）	34.9	67.0	46.6	55.6	23.7
医療・福祉系職種（n=355）	42.0	47.7	38.8	23.3	23.3

出所：「パーソル総合研究所・中原淳　長時間労働に関する実態調査」

第4講のまとめ

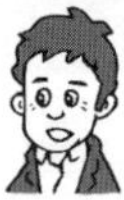

いかがでしたでしょうか。

第4講では、「集中」「感染」「遺伝」という職場に残業が発生するメカニズムについて詳しく学んできました。これらは単なる「個人の能力不足」によって引き起こされるのではなく、職場の雰囲気や人間関係の中で生まれていることを理解できたと思います。

次の第5講では、「残業」と「残業代」の関係について迫ります。

第5講

「残業代」がゼロでも生活できますか?

さて第4講では、職場に残業が発生する「集中」「感染」「遺伝」という3つの要因について学んできました。

残業が引き起こされる要因は、個人の能力不足というよりは、むしろ職場の雰囲気や人間関係の中にあることを理解できたかと思います。実際、私もこの研究をして初めて気がついたのですが、残業を減らすことに対して、個人の努力だけでできることはあまり多くありません。統計的な解析をしていますと、残業時間の長さの抑制に対して、個人の努力でできることの影響力を示す数値が想像以上に低いことに気づかされます。むしろ残業は「職場」で生まれている「集団／社会現象」であると言えます。

もちろんそうは言っても、残業には個人的な事情も関わりますよね。その最も大きなものがお金です。

――そう、「残業代」の問題です。

第5講では残業代を切り口に、長時間労働について考えていきましょう。

生活のための「残業代」

Bさん「中原先生、残業が良くないことはわかってるんです。でもね、今まで黙ってましたけど正直に言います。残業が減ったら困る人だっていっぱいいるんですよ！　我が家は夫の残業代が減った分、家計が厳しくなっていて……」

Bさん、言いにくいことを勇気を出して言ってくれてありがとうございます。そうですよね。おっしゃる通りだと思います。

私はここまで、経営や組織の観点から「残業を減らすこと」に焦点を当ててきました。

しかし、実際は「残業代」が生計の助けになっている方も少なくないですよね。

それでは、今回の講義は個人に焦点を当てて、「残業代」について取り上げましょう。

ここまで、組織の構造的な残業発生メカニズムを見てきましたが、皆さんの中には「うちの職場には、大して業務量も多くないのに残業している人がいる」「できない人に限って残業している気がする」といった感想を持たれた方はいませんか？

そこで、長時間残業と個人的な特性などの関係も調べてみました。「完璧主義の人は最後までやり遂げたいから残業になりがち」「専門性の高い人は自分のスキルを高めたいから残業になりがち」など、様々な仮説をもとに70項目の個人の志向性について分析を行いましたが、残業時間と決定的に紐づく特性は見つかりませんでした。

つまり、少なくとも私たちの調査結果では、「残業に決定的に影響する個人の志向性や仕事意識」は発見できなかったことになります。

しかし、本当に個人的要因は、残業時間の長さに影響しないのでしょうか。

分析をして最終的にわかったことは、

どんな個人特性よりも残業時間を増やしていたのは、個人が「残業代を前提として家計を組み立てている」意識を持っているかどうか

でした。すなわち、

「生活のために残業代が欠かせない」と思っている人のほうが、そうでない人よりもより長く残業をしている

図表5-1　個人の残業代に対する意識と残業時間の関係

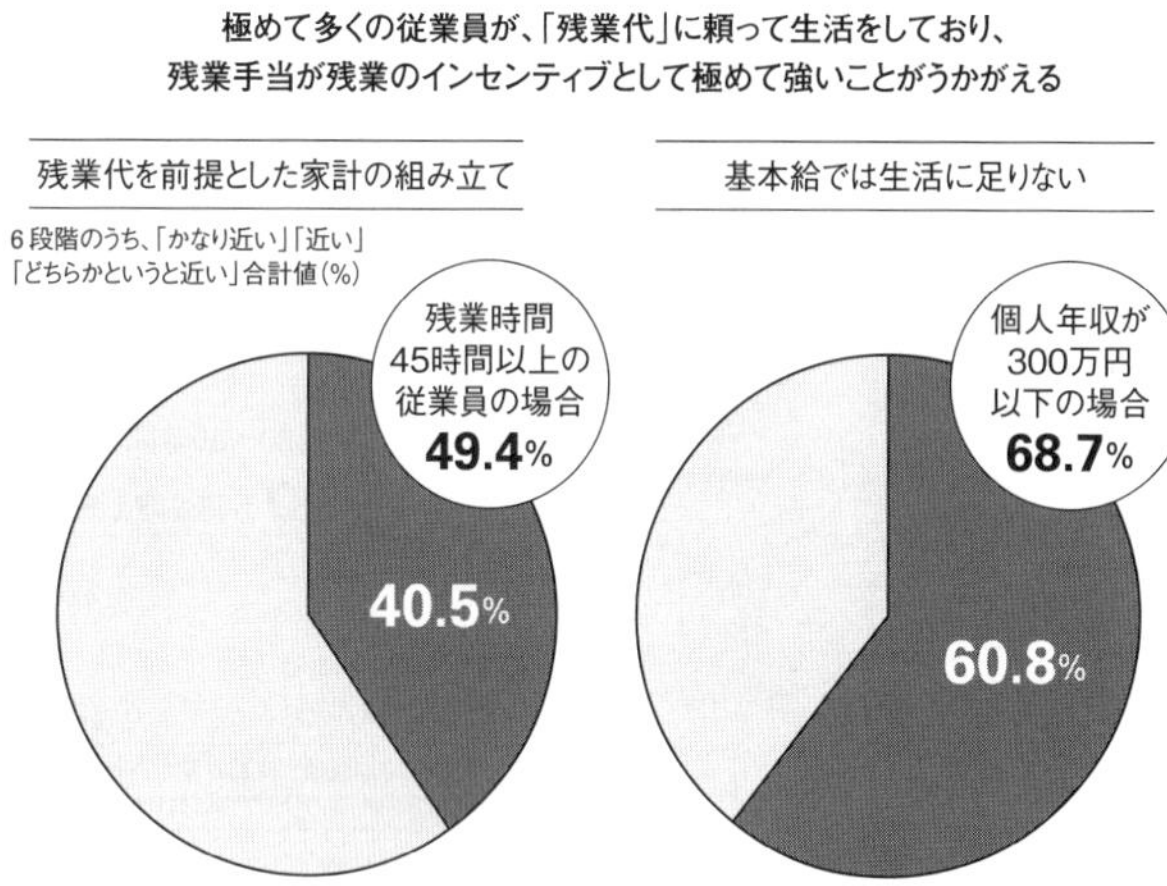

出所：「パーソル総合研究所・中原淳　長時間労働に関する実態調査」

ということです。

図表5-1を見ると、全体の40・5パーセント（残業時間が月に45時間以上の場合は49・4パーセント）が「残業代を前提として家計を組み立てて」おり、全体の60・8パーセント（個人年収が300万円以下の場合は68・7パーセント）が「基本給だけでは生活に足りない」そうです。現実的に「残業代のために残業する」人は少なくないのです。

残業代を家計に組み込んでしまうと……

では、私たちは毎月どのくらい残業代をもらっているのでしょうか？

図表5-2　月の手取り給料に占める残業代の比率

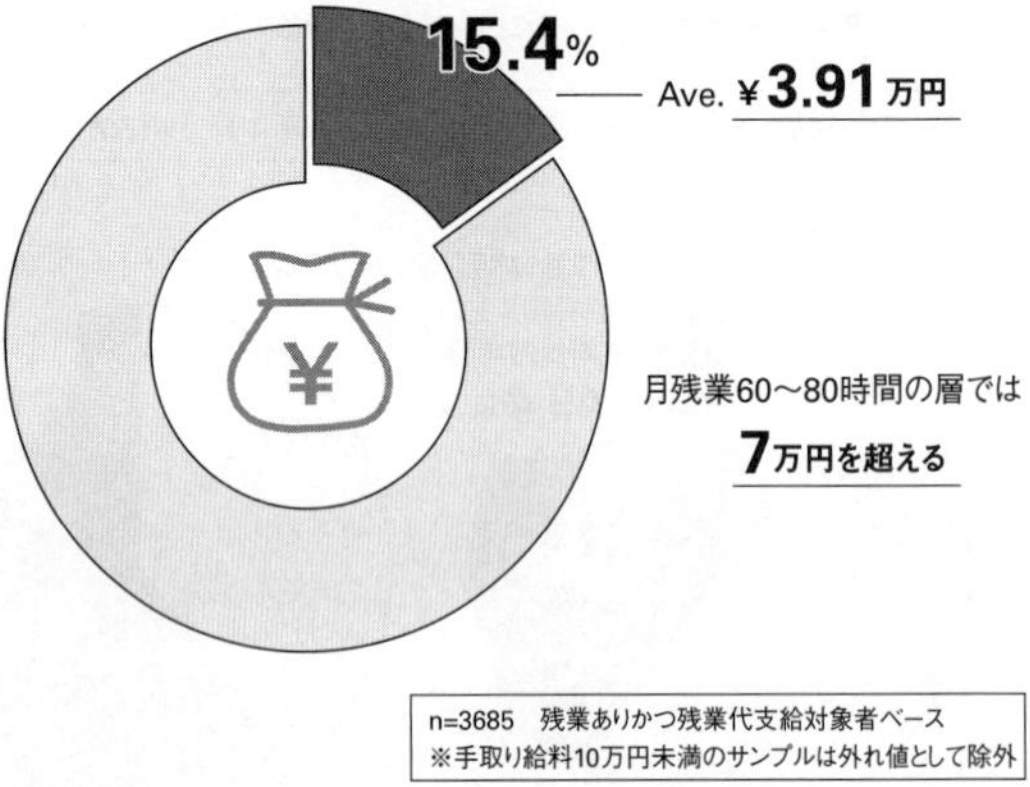

出所：「パーソル総合研究所・中原淳　長時間労働に関する実態調査」

もちろん人によって違いますが、調査結果では、手取り月給に占める残業代の比率は平均で15パーセントほどです。金額にすると3・91万円でした（図表5-2）。昨今の会社員のお小遣いが平均3万9836円[*30]ですので、残業代とお小遣いはほぼ同額です。いずれにせよ、かなり大きな額だと言えます。また、月の残業が60〜80時間の層の残業代が7万円を超えることを考えると、「残業代のために残業する」人がいても不思議ではありません。

特に「残業代を前提として家計を組み立てている」傾向が強かったのは、現場系職種で、「基本給では生活に足りない」と答える比率が特に高かったのは販売・サービス・接客系でした（図表5-3）。

図表5-3　職種による残業代に対する意識と残業時間の関係

職種別に見た特徴は以下。「残業代を前提にする」傾向が強いのは現場系職種とIT系技術職、「基本給への不足感」は販売・サービス・接客、医療福祉系で強い

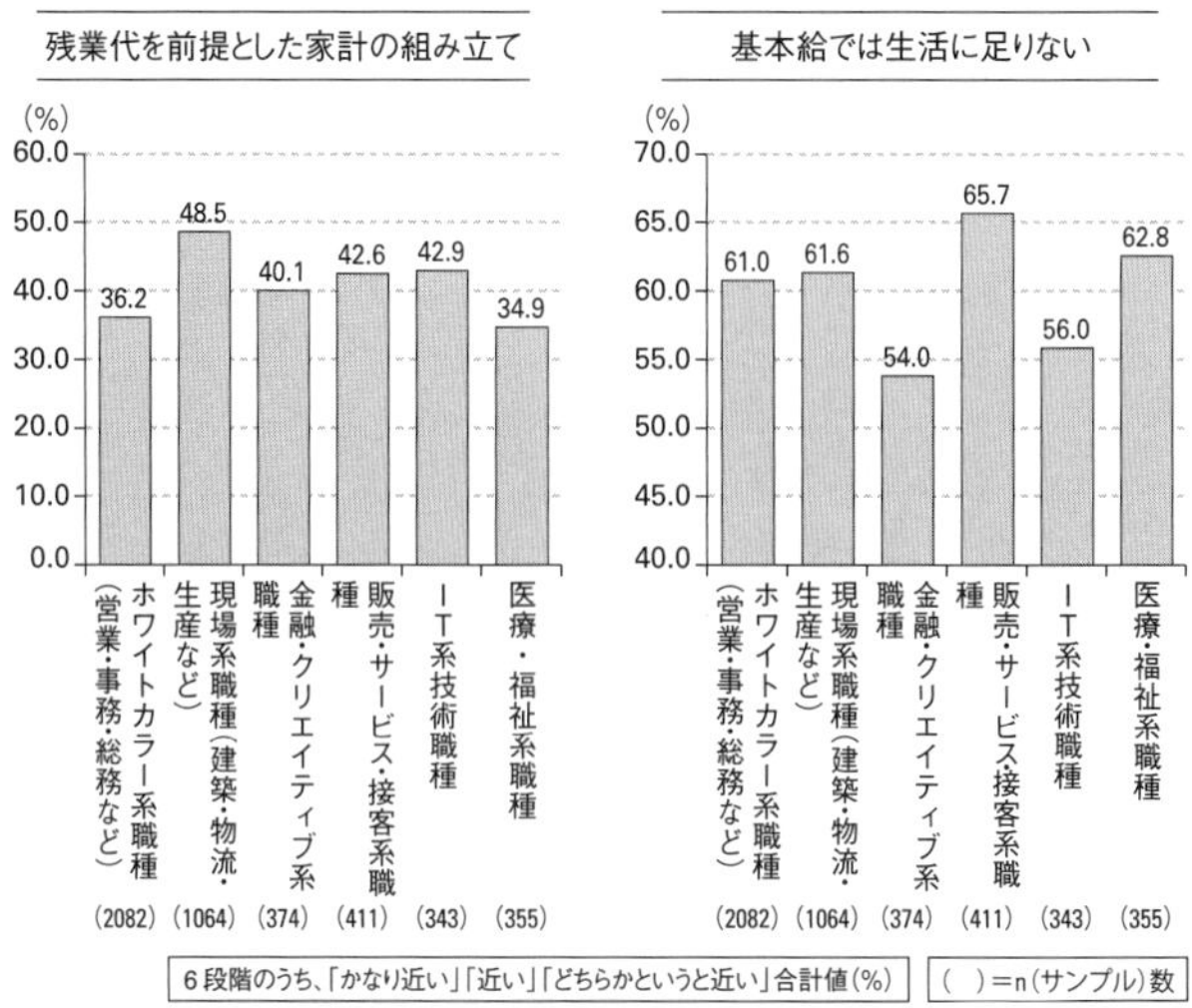

出所：「パーソル総合研究所・中原淳　長時間労働に関する実態調査」

調査の中で「働き方改革」と残業代の関係について、次のようなリアルな声がありました。

・一般職の自分は残業代を生活費に充てているのに、強制的に残業時間を減らされるとダメージが大きい。残業削減施策は大きなお世話。（44歳・製造業）

・仕事が遅い人ほど残業して残業代を稼いでいる風

＊30　http://www.shinseibank.com/corporate/news/pdf/pdf2018/180628okozukai_j.pdf

潮がある。（33歳・その他）

・残業代がないと生活できない人がいるので、減らすだけではダメ。企業の規模や給与体系、実態を鑑《かんが》み、個々に対応しなければならない。（50歳・製造業）

・もともと残業代でお給料をいただいていた部分があるので、手取り月収が3万から4万ほど減ってしまい、残業規制はいらないと感じました。（28歳・製造業）

「残業代を前提として家計を組み立てている」人にとって残業代は生活給の一部であり、「働き方改革」は家計に大きなダメージとなります。残業代含みで家計を組み立てることは、「どこの、どんな家に住むか」「子どもにどんな教育を受けさせるか」といった家族全体の「生活の質」をも、残業に依存していることになります。

これはある意味、家庭全体で「残業代を前提とした生活」を「学習」してしまっているため、残業代が減るとライフスタイルやライフプランを変える必要が生まれ、大きな痛みが伴います。

長時間残業について考える上で「残業代依存」の問題は避けて通ることができません。

残業代が減ると、損をしたような気持ちになる

Aさん「僕も残業代依存になっていた時期がありました。大きなプロジェクトで残業が続いて忙しかったけど、残業代の額を見た時はテンション上がりました！」

Aさん、そうでしたか……。確かに、誰もが普段の給与よりひとまわり大きなお金を一度手にすると、テンションが上がりますよね。それが自分の働いた時間に対する正当な対価だとしても、「どこか得した気分」になってしまうかもしれません。どうやら残業代には、一度もらい始めるとそれを前提としてしまう、依存的な性質があるようです。

残業代の依存的性質を読み解くには、行動経済学の「プロスペクト理論」が参考になります。

プロスペクト理論とは、人間の「満足／不満足（効用）」を決めるのは「変化」である、という仮説のもとに発展した理論です。人間は自分の周囲に引き起こされる「変化」に、敏感に反応する性質があります。とりわけ、人が敏感に反応してしまうのは、何かを得る場合よ

りも（心理的利得）、何かを失う場合（心理的損失）です。もう少し具体的に言うならば、人は「利益を得たい」という気持ちよりも、「今持っているものを失いたくない」という気持ちの方に、より強く突き動かされるということです。[*31]

Aさん、あなたは残業が続いたことで多額の残業代が当たり前になってしまい、残業代が支払われなくなることを「デメリット」だと感じるようになりませんでしたか？　残業を減らすことで空いた時間で勉強をして専門性を高めたり、プライベートを充実させたりするといった「メリット」があったとしても、今はまだ存在しない「架空」のメリットです。人はそれよりも、今もらっている残業代が「支払われなくなる」という、より現実的な「デメリット」を避けようとするのです。

手取り収入が減るのは誰しも嫌ですよね。そうなると、そもそもの問題は、残業代を生活給の一部として当てにせざるをえない構造にあります。

日本で働く人々はいつから、これほど残業代に依存するようになったのでしょうか。

電機労連が行っていた古いデータ（図表5-4）を見ると、70年代後半から、すでに残業収入がないと「暮らしていけない」「生活を切り詰めなければならない」人が合計で5割以上

図表５-４　残業依存度の推移

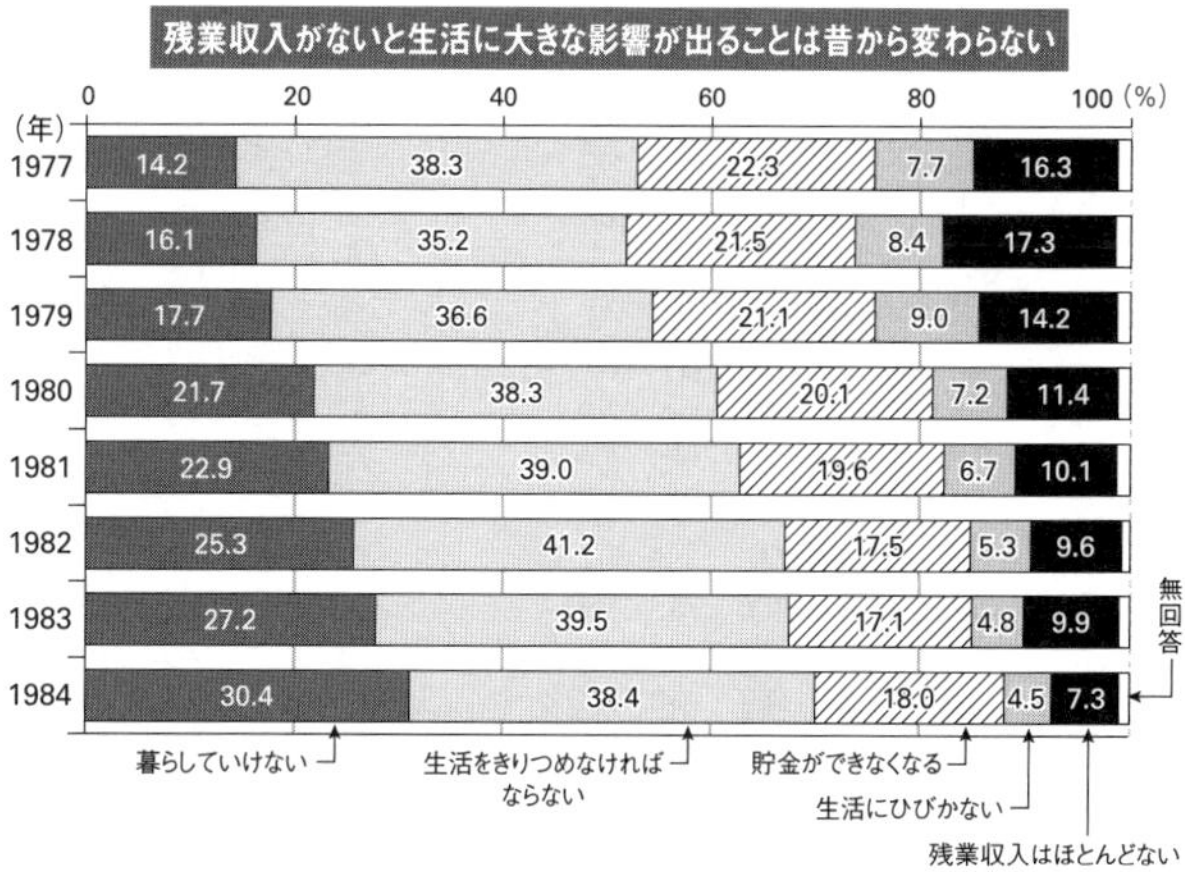

出所：電機労連「電機労働者の生活白書」、『調査時報』1984年12月号

おり、徐々に上昇していっています。今とは違い、経済が安定成長していた時期からすでに、残業代依存度の高い生活を送っていたことがうかがえます。

一方、生活費を残業代に依存する「残業代依存」のメリットは企業側にもありました。これは第１講で学んだ通りです。日本企業にとって人件費の中の残業代というコストは、景気が良くなれば上がり、悪くなれば下がる

＊31　ダニエル・カーネマン、友野典男監訳、山内あゆ子訳『ダニエル・カーネマン心理と経済を語る』楽工社、２０１１年　ダニエル・カーネマン、村井章子訳『ファスト&スロー　あなたの意思はどのように決まるか？（下）』早川書房、２０１２年

「景気変動に合わせた調整弁」として機能していました。日本企業は「人員解雇」をしないかわりに、「残業をさせないこと」で生産量を減らし、コストを削減していたのです。さらに時代を遡れば、労働争議が盛んだった50年代には、会社や経営に従順な労働者には残業させ、従順でない者や過激な思想を持った労働者に対しては残業をさせない、「ごほうび残業」なる言葉までありました。[*32] つまり、残業代は「ごほうび」だったのです。しかし、いったん手にしてしまうと、人はこの「ごほうび」を手放せなくなり、家族もそうした生活に最適化していきます。

長時間労働でなかなか家に帰ってこない夫の不在を前提に、専業主婦が家事や育児を1人で行います。第1講で先述した「夫は外で仕事、妻は家で家事」という性別役割分業です。それが当たり前になると、妻は残業代を生活費として認識し、手放せなくなります。かくして家族も「残業ありきのライフスタイル」を「学習」してしまうのです。

「生活給」という思想

Dさん「昔は職場全体で『残業代稼ぎ』を黙認しているような風潮もあったんだよね。上司も『早く帰れ』なんてあまり言わなかったし」

第1講で、「日本型雇用システム」についてお話ししました。ここでは「賃金」「給料」について掘り下げてみたいと思います。日本企業の典型的社員の賃金は、実は「仕事」に対して支払われていません。ではいったい、何に対して支払われているのでしょうか。スタンダードなのは、年次で給与が上がっていく「年功給」と、人の持つ職務遂行能力に対して支払う「職能給」の2つです。これらを合わせて「属人基準賃金」[*33]と呼ばれたりもします。なお、成果主義の流行後に多く導入された「コンピテンシー（仕事の遂行能力）」への評価も、職務に紐づかないという点で、根本的には「職能給」と同様とみなすこともできます。

「年功給」の背景にあったのは、戦後直後に電産型賃金体系として広まった「生活給」の思想です。電産型賃金体系とは、教育費や住宅ローンなど、年齢が高くなるほど大きくなる生活維持、家庭維持のコストを、男性が稼ぐ額を増やすことによって保障する考え方です。

一方、国際社会のスタンダードは「年功給」や「職能給」のような「人」に紐づいた賃金

＊32　電機労連「電機労働者の生活白書」『調査時報』1984年12月号
　　　猪瀬直樹、信州大学客員講師団『なぜ日本人は働きすぎるのか』平凡社、1988年
＊33　遠藤公嗣『これからの賃金』旬報社、2014年

ではなく、賃金が「職務＝仕事」に紐づく「職務給」の考え方です。業務の内容、その重要性と責任、そのために必要なスキルや経験などに基づき、職務を遂行したことに対して報酬が支払われます。しばしば「ジョブ型」雇用と呼ばれるもので、欧米諸国のみならずアジアでもスタンダードになっています。

「職能給」と「職務給」の違いは、少しわかりにくいですが、極めて重要です。職能給では「顧客とのコミュニケーション力」「チームをまとめる力」「粘り強く交渉する力」など、目に見えにくい、業務をまたいで影響する能力が給与に反映されます。同じ組織にいる期間が長くなるほど、そうした力は蓄積されるという前提があるため、実質的に年功的な性格を持ちます。そのため、直接的に年功賃金制をとっていない企業でも、賃金が所属年数によって上がっていきがちです。

逆に、日本で「職務給」が適用されているのは、パートやアルバイトの雇用形態です。スーパーのレジ打ち、カフェでの給仕、倉庫内作業といった個別具体的な職務に基づいて人が募集され、その内容によって給与の相場が決まっているというのは、職務給にほぼ則《のっと》った考え方と言えます。例えば日本にはコンビニがたくさんありますが、同じ地域のコンビニでは、およそ同じような時給設定になっていますよね。それは、その人が企業にいる期間や潜在的能力の高低ではなく、店舗における具体的な「業務」に給与が紐づいているからです。

上司の指示が曖昧だと、部下は残業代を当てにする

なぜ、日本企業では「職務給」が根付かなかったのでしょうか。実は、戦後しばらくは日本も職能給を捨てて職務給を目指す動きがありました。しかし、企業の実務上の難しさから頓挫《とんざ》した歴史があります。[*34]

「職務給」にした場合、例えば従業員が行っている膨大な職務を詳細にリスト化、序列化する「職務分析」や「職務評価」と呼ばれる作業が必要となりますし、異動や転勤などへの柔軟な対応も難しくなります。異動や転勤によって仕事内容が変わると、職務給制度の企業であれば、そのたびに給与も変わってしまうからです。事業と組織が急激に変わっていく経済拡大期には、とにかく様々な形で事業が展開され、組織は拡大していきました。それに伴い会社都合の異動や転勤が頻繁に行われたため、実務上、「職能給」のほうが対応しやすかっ

＊34　八代充史、梅崎修、島西智輝、南雲智映、牛島利明『能力主義管理研究会オーラルヒストリー日本的人事管理の基盤形成』慶應義塾大学出版会〈慶應義塾大学産業研究所選書〉、２０１０年

図表5-5　基本給における賃金項目の構成

○非管理職では、職能給が最も多く、次いで年齢・勤続給が多くなっている
○管理職では、職能給が最も多く、次いで役割給が多くなっている

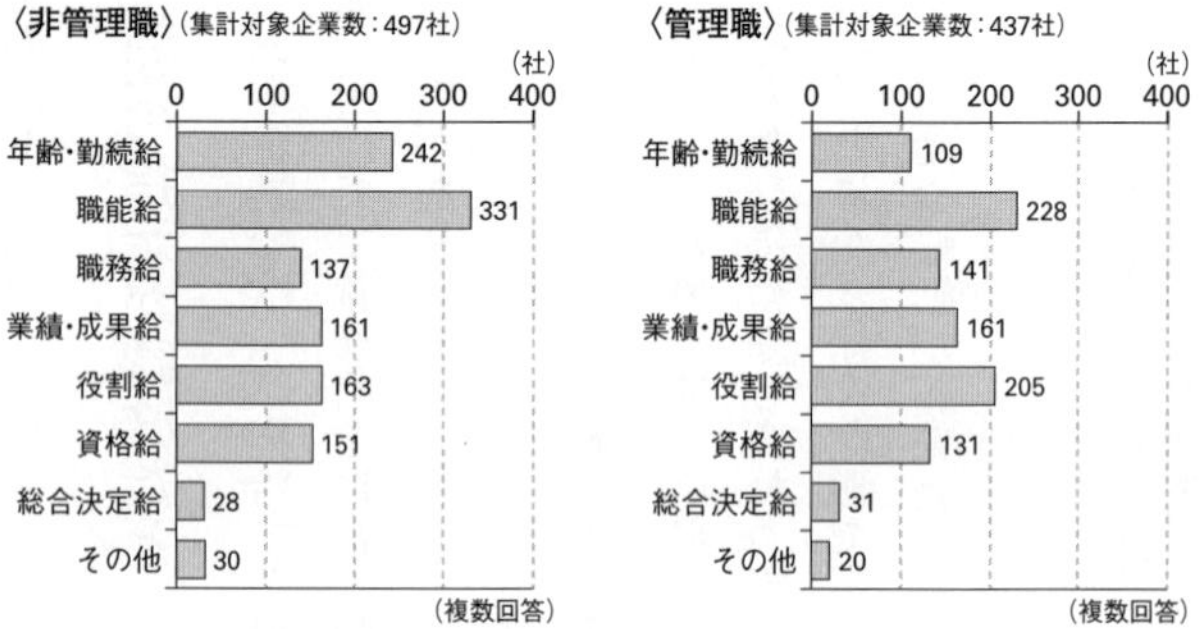

資料：一般社団法人日本経済団体連合会「2014年人事・労務に関するトップ・マネジメント調査結果」
　1）調査対象：経団連会員企業及び東京経営者協会会員企業（1,944社）の労務担当役員以上
　2）調査時期：2014年7月～8月
出所：厚生労働省「第4回 同一労働同一賃金の実現に向けた検討会」

たようです。

近年では、職務給に職能給を合わせたハイブリッド型や、上位職には両方の要素を取り入れた「役割給」を取り入れる企業も増えてはいますが、やはり主流は「職能給」であることが、**図表5-5**からもわかります。

では、この「職能給」と残業代にはどんな関係があるのでしょうか。まとめると、日本企業に独特の「職能給」には次のような特徴があります。

日本型給与（職能給）の仕組み

①能力は「積み重なっていく」と考えられるため、年功的な賃金の上昇を引き起こす。「年功制賃金」を銘打たなくとも、実質的に年功的に推移しがち

②年功的に賃金が上昇するため、長期間の定着を促進する

③職務が変わっても賃金変動を抑えられるため、専門的スペシャリストよりも組織内ジェネラリストを育てる方針にフィットする

④職務が限定されていないため、意欲的な従業員には、常に与えられた以上の業務を行うインセンティブが作用する

成果より年功が重視され、職務範囲が曖昧な「職能給」は、安心して長く勤められる良さはありますが、人事評価もわかりにくくなりがちなので、働く人の不満がたまりやすくなります。具体的職務が評価に直接紐づいていない上、職務同士の序列化もされておらず、「能力」「勤続年数」といった目に見えないもので評価されるので、上司や人事が下した評価に納得いかない人も出てきます。実際、日本企業では多くの人が「もっと自分は高く評価されるべきだ」と評価に不満を感じており、人事評価の公平性や不透明性、基準のなさに不満を

抱えていることが、多くの調査で明らかになっています。[*35]

職能給に対する不信感を理解した上で、「残業代」が持つ性格に注目してみます。サービス残業の問題がクリアになっている企業であれば、残業代は会社に申告すればきちんと支払われます。曖昧な上司の査定よりも、「働いた時間」という客観的かつ明確な基準で、しかも「翌月、翌々月」といった短期間で手に入る給与です。働く側にとってこれほど公平感、透明性の高い賃金はありません。要するに働いた分だけもらえるからです。

今回の調査でも、「上司の指示・判断が曖昧であること」や「上司が粘り強く働いている人を評価している」場合、その部下は残業代を当てにする傾向が強まることがわかりました（図表5-6）。つまり、「上司が評価判断する報酬の曖昧さ」という当てにならなさを、「残業代という客観的で確実な報酬」で補填《ほてん》している、と言えます。

2000年代初め、成果主義の導入によって、多くの企業が住宅手当や年功賃金を廃止しました。しかし実際は、30代、40代という家庭を持つような年齢になるほど、生活維持にかかる費用は増えていきます。その中で「残業手当」は、実質的な生活保障として維持されてきた面があるのです。

日本企業では、評価に対して多くの不満を抱えているとしても、労使問題に発展すること

図表５-６　上司のマネジメントと部下の「残業代依存」の関係

残業代を当てにする傾向は、マネジャーが「判断基準が曖昧／よく変わる」傾向に加え、「粘り強く働いている人を評価する」傾向によって強化されている

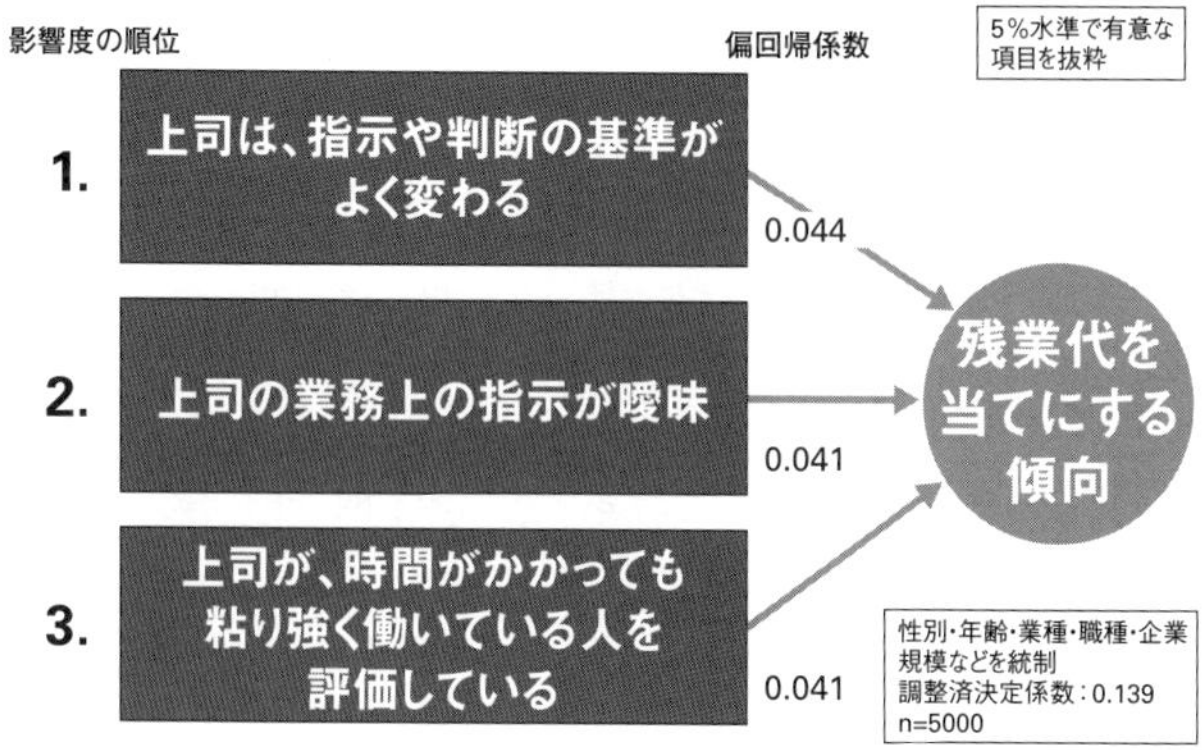

出所：「パーソル総合研究所・中原淳　長時間労働に関する実態調査」

はおろか、人事部や上司に直訴する人もあまりいません。離職率も多くの先進国より低く、ストライキなどの労働争議も減少しました。会社員たちの不満が、居酒屋での愚痴やたまの旅行といったガス抜き程度で済んでいるのは、もしかすると「残業代」という確実な報酬を自分でコントロールできるからなのかもしれません。

　ここまで見てきたように、「残業代依存」は、長時間残業につながる個人側の大きな要

＊35　ＮＴＴコムリサーチ・日本経済新聞社（２０１５年）「人事評価に関する調査」リクルートマネジメントソリューションズ（２０１６年）「人事評価制度に対する意識調査」など

因です。ただし「残業代を稼ぐために働くなんてけしからん」などと、モラルの問題として一蹴するわけにはいきません。なぜなら、残業代依存の状態は、働く個人が一方的に引き起こしているのではなく、日本型雇用制度の中で組織的かつ構造的に生まれているものだからです。つまり、日本型雇用の「負の側面」なのです。

「長時間労働是正」に本気で取り組むのならば、「残業代」問題にメスを入れることは不可避です。働き方を改善し、残業時間を減らそうと本気で考えるなら、減らした分の「残業代還元」をセットで考える必要があるのです。これはより多くの日本企業が本腰をいれて、取り組むべき課題だと私は思います。そして、経営陣の一人ひとりが向きあわなければならない問題だとも思います。

残業は「かけ声」だけでは減りません。組織内のインセンティブシステムを見直す必要があるのです。

解き明かされた残業発生のメカニズム

Aさん「先生、『集中』『感染』『遺伝』『麻痺』そして『残業代依存』について、よくわかりました。どうやら残業問題の根っこにあるのは、決して個人の能力不足ではなく、職場全体、組織全体の構造なんですね！」

Aさん、まさにそうなんです。一般に、残業の問題は「従業員個人の能力やスキル」だけに原因が帰属されがちです。「個人の能力が低いから長時間労働が発生する」といった意見は、その代表例です。もちろん、そういう問題を抱えている人もゼロではないですし、無視できない側面ではあります。

しかし私は、この常識は「事実とは違う」と思います。

実際、調査で見えてきたのは、「長時間労働を生み出す要因」の多くが、個人ではなく「職場」や「組織」であることでした。それぞれの要因が密接に絡み合いながら、長時間労働という現象を生み出しているのです。

私たちは第3講から第4講にかけて、「麻痺」「集中」「感染」「遺伝」という残業の4つの

図表5-7　残業における「個人」「ヨコ」「タテ」の学習メカニズム

日本企業は、「麻痺」「集中」「感染」「遺伝」「残業代依存」といったメカニズムを通じ、残業を「組織学習」「世代継承」してきており、必要なのはこの学習メカニズムの解除

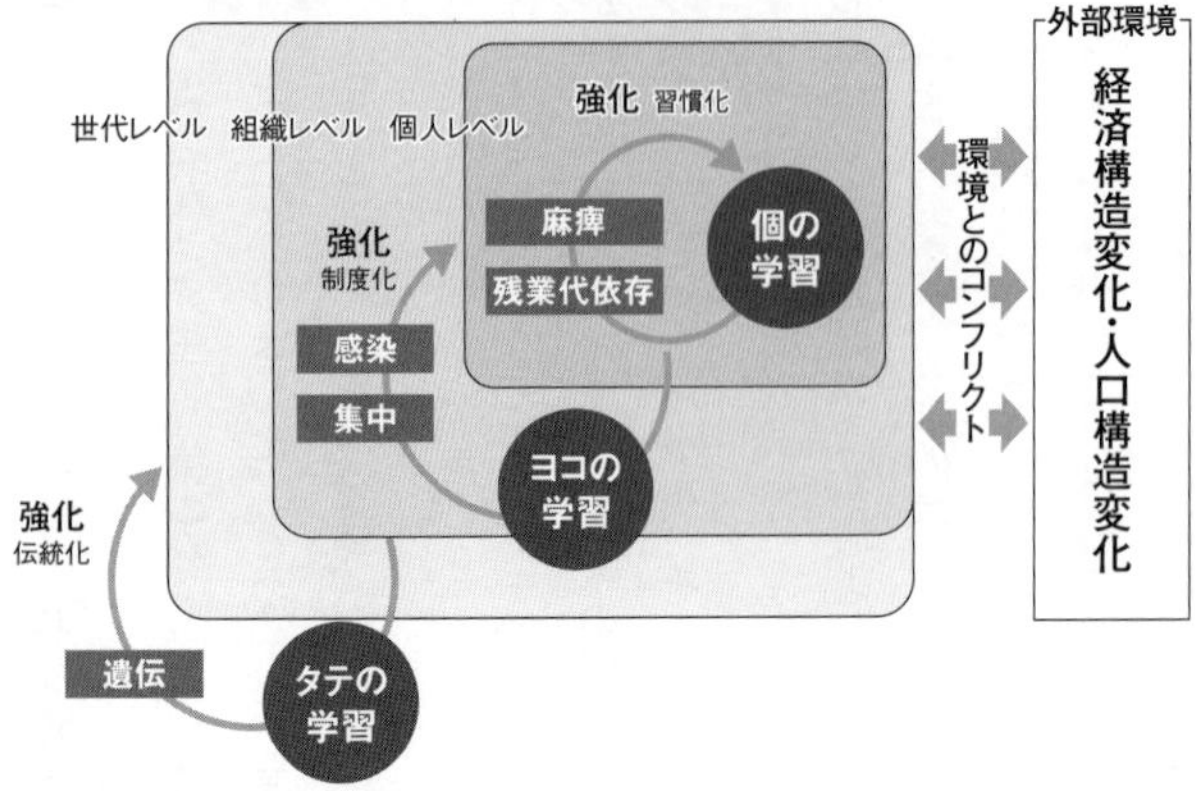

特徴について詳しく見てきました。また、第5講では長時間残業につながる個人的要因として「残業代依存」の問題を掘り下げました。これらの特徴はそれぞれどのような形で長時間残業につながっているのか、全体のメカニズムを表したものが**図表5-7**になります。

まず個人のレベルでは、勤務時間内にはこなせない量の業務があり、そのために残業をするわけですが、いくらやっても終わらず、日々残業を繰り返すうち、それが当たり前になります。残業が習慣化し、残業代が支払われることも当然になってくると、「残業代を前提として家計を組み立て」始め、もはや生活給の一部となります。そうなると、残業代が支払われなくなることは大きな「損失」

「デメリット」と感じられるようになります。

また、残業によって生み出された成果が組織内で評価されると、人によっては、過剰な長時間残業を続けていながら幸福感が高まる「麻痺」の状態になり、これがさらに残業習慣を強めていきます。

組織のレベルで長時間残業を強化してしまうのが、「集中」と「感染」です。習慣的な残業によって多くの業務をこなしている人は、組織内で「できる人」とみなされ、「できる部下に仕事を振る」マネジメントにより、さらに多くの業務を任されます。その人に業務が集中するわけです。

そして、その職場に「周りの人がまだ働いていると帰りにくい雰囲気」があると、長時間残業は職場全体に「感染」します。職場全体に残業習慣が広がり、不文律《ふぶんりつ》となっていきます。多くの場合、長時間残業をしているのは上司や活躍している先輩であるため、若い世代はその顔色をうかがって残業するようになります。特に新人時代はこうした「上司」や「先輩」からの影響を受けやすく、残業習慣が世代間で伝わる「遺伝」現象につながっていきます。

これらのメカニズムのポイントは、「互いが互いを強化する」方向に作用することです。残業の「集中」が進めば、その職場への「感染」力は増し、そのために残業時間が増えれば

「麻痺」や「残業代依存」が起こりやすくなり、若い頃にそうした環境に染まれば「遺伝」を引き起こします。

長時間残業とは、個人に起きる麻痺と残業代依存、組織内で起きる集中・感染、世代間で起きる遺伝といった現象がクルクルと数えきれないほど繰り返される中で、広まり、強化され、定着してしまうものなのです。日本企業の「長時間残業」体質は、この循環構造によって職場で温存されている、とみなすことができます。

日本全体で残業を「組織学習」してきた

このように、ある仕事のやり方、ルーティン（仕事の定型）が組織内に「定着」し、いわば「制度」のように機能していくことを、組織論の言葉で「組織学習（Organizational learning）」と呼んでいます。

「組織学習」とは、70年代から、ハーバート・サイモン、レヴィット・マーチら組織論研究者の中で生まれた考え方です。組織とは人の集合体なので、集合体自身が「学習する」のは一見するとおかしな話ですが、組織があたかも「学習」したかのように、決まり切った仕事のやり方を「覚えていく」様子を「学習」というメタファーで表現したのです。

組織の中の個人は退職、採用を繰り返して、どんどん入れ替わっていきます。また、個人が出す成果はその人の意欲や能力などに左右されます。ですが、個人の中に蓄積された学習の成果が組織に共有され、広がり、定着し、仕組み化されることで、なぜか「人が入れ替わった」としても組織の能力、学習効果として組織内に残り続けるものがあります。それが「組織学習の成果」に他なりません。

私は「長時間残業」のメカニズムも、この「組織学習」によって説明ができると思います。大事なことなので繰り返しますが、個人レベルでは、「麻痺」「残業代依存」が起こり、個人の「習慣」として定着します（個の学習）。そこに、組織レベルで「集中」「感染」が起こり、組織内の非公式な「制度」として定着します（ヨコの学習）。これらの異なるレイヤーのメカニズムが互いに強化しあい、単なる「個人の意識」レベルを越えて残業習慣を「組織全体」に根付かせる「負の組織学習」が起きるわけです。さらに、その学習効果は「遺伝」というプロセスで世代間に継承されます（タテの学習）。ここに、生活費を残業代に依存する「家庭」という要素も加わります。残業代を家計に組み込んだ生活を続けてきたことで、家庭という組織内でも「負の組織学習」が起きます。

このように見ていくと、数十年変わらない長時間労働習慣は、長い年月にわたって日本企業全体で行われた「組織学習」の「成果の蓄積」と捉えられます。このメカニズムを知ると、長時間残業は、個人がひとりで解決できる問題ではなく、組織ぐるみで解決しなければならない問題であることが見てとれます。

しかし今、蓄積されてきた「負の組織学習効果」に対して、人手不足、産業構造の変化、労務管理のリスク、新たな価値観といった、変化する外部環境とのコンフリクト（考えや利害の衝突）が起きているのです。

長時間残業は、「効率的に仕事を進める」「的確なタイムマネジメントをする」といった個別の取り組みだけでは解決できない、構造的な問題です。組織全体で「学習」してしまった残業だからこそ、組織全体で「学習棄却」（アンラーニング）するための「働き方改革」が求められているのです。[*36]

第5講のまとめ

さて第5講は、生活費を残業代に依存する「残業代依存」の問題について、その実態と背景について考察しました。そろそろ皆さんの脳裏には、残業問題をめぐる大きな地図が生まれてきた頃ではないでしょうか。

第6講からは、長時間労働をいかに是正し、改善するかについて考えていきたいと思います。

＊36　中原淳「組織ルーティンとしての長時間労働――組織学習の頑健性と、そのアンラーニング」組織学会（小樽商科大学）発表、２０１８年9月22日

第6講

働き方改革は、なぜ「効かない」のか？

前回の第5講では、「残業代依存」の問題をお話ししました。ここまでは長時間労働がなぜ起こるのか、すなわち「Why」を主に問うてきたことになります。

ここからは、いよいよ「How」の問いです。仕事の現場では長時間労働をいかに是正、改善できるのか。具体的に残業をいかに減らすことができるのか、についてその「方法」を一緒に考えていきましょう。

第6講では、長時間労働是正のために企業が行う様々な取り組みの効果を検証するとともに、そこにどのような問題が生じているかを考えます。

皆さんの会社では、いったいどのような「働き方改革」が行われていますか？

企業の「働き方改革」は本当に効果が出ているのか？

Cさん「中原先生、おはようございます。今日はいよいよ、残業をいかに減らすのかというお話に入るのですね。もちろんうちの会社もやっていますよ、『働き方改革』。夜9時にパソコンが自動でシャットダウンされます。ですが、実は裏技がありましてね。会社の共有パソコンなら使えるんです。仕事が終わらない連中で、毎晩取り合いですよ（笑）」

図表6-1　企業で行われている残業削減施策

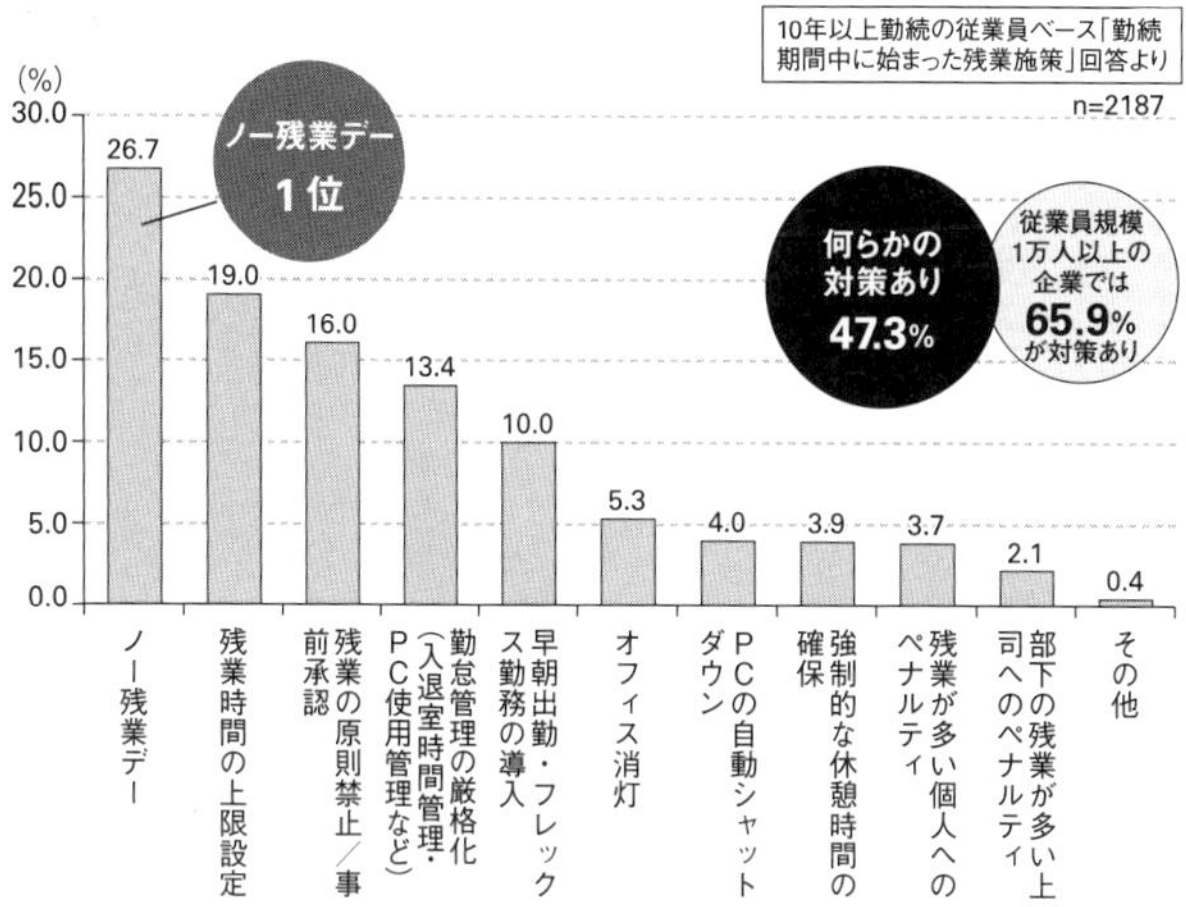

出所：「パーソル総合研究所・中原淳　長時間労働に関する実態調査」

Cさん、おはようございます。さっそく口火を切ってくださいましたね。長時間労働の是正策はいまや多くの企業で行われていますが、そこには様々な「抵抗」があり、問題が生じています。今日の講義は、そのあたりから考えてみましょう。

「長時間労働」は多くの日本企業に染みついていますが、企業側も手をこまねいていたわけではありません。政府が「働き方改革」の旗を振り始めた2017年以降はもちろん、それ以前からも企業は残業時間削減を目的とした施策を行っています。

図表6・1を見てください。調査では、全体の47・3パーセント、従業員1万人以

上の企業に勤務している人では65・9パーセントが、勤務先で何らかの対策がとられていると答えています。

最も多いのは、残業禁止の日を設ける「ノー残業デー」です。続いて「残業時間の上限設定」「残業の原則禁止／事前承認」「勤怠管理の厳格化」となっており、強制的に残業をさせない施策が並びます。

もちろん、無理やり早く帰らせる施策にも一定の効果はあるでしょう。「なんとなく帰りづらくて残業をしていた」人が、これをきっかけに帰りやすくなり、家族と過ごしたり、リフレッシュ、自己研鑽《けんさん》をしたりできれば、それに越したことはありません。実際、47・8パーセントの人は「効果を実感している」と答えています。

しかし、施策が導入されたにもかかわらず、半数の人が効果を感じていない、という事実は無視できません。次に述べていく通り、施策実施中の企業では多くの人が、

・ノー残業デーでも残業する
・残業時間の上限設定を超えて残業する
・事前承認なく残業する

・厳格化された勤怠管理をごまかして残業する（例えばパソコン強制シャットダウン後に再起動するなど）
・自宅に仕事を持ち帰る

といった状態に陥っています。この場合、残業削減施策はむしろ施策を行う前よりも労働環境にマイナスの影響をもたらします。

なぜなら、いくつかの部署がこうした理不尽な状況に陥ってしまうと、組織全体に「働き方改革」自体への諦めムードが蔓延し、もはやどのような施策を打っても意味のない、末期的な状態になってしまうからです。つまり、中途半端な残業削減策は従業員に「無気力」を学習させてしまうのですね。

残業施策の失敗による職場のブラック化への道

隠れて残業している人がいることは、良かれと思って実施した残業対策が、組織のコンディションを元の状況よりも悪化させている危険を示しています。残業施策が失敗することで引き起こされる現象には、３つの段階があります。

①　残業のブラックボックス化
従業員の正確な労働時間が見えなくなり、残業量が本人にしかわからなくなる

②　組織コンディションの悪化
「会社は現場をわかってない」感が立ち込め、組織への信頼感が低下する

③　施策の形骸化
施策が次々と自然消滅し、何をしても効果が出ない「改革ゾンビ」状態になる

それでは、これらを順に見ていきましょう。

段階①　残業のブラックボックス化

残業施策の失敗で一番懸念すべきことは、残業実態が見えなくなってしまうことです。要するに、表向きは残業時間が削減されているように見せかけて、実際は誰かがサービス残業

図表６-２　残業施策の有無とここ、1、2年の仕事の変化

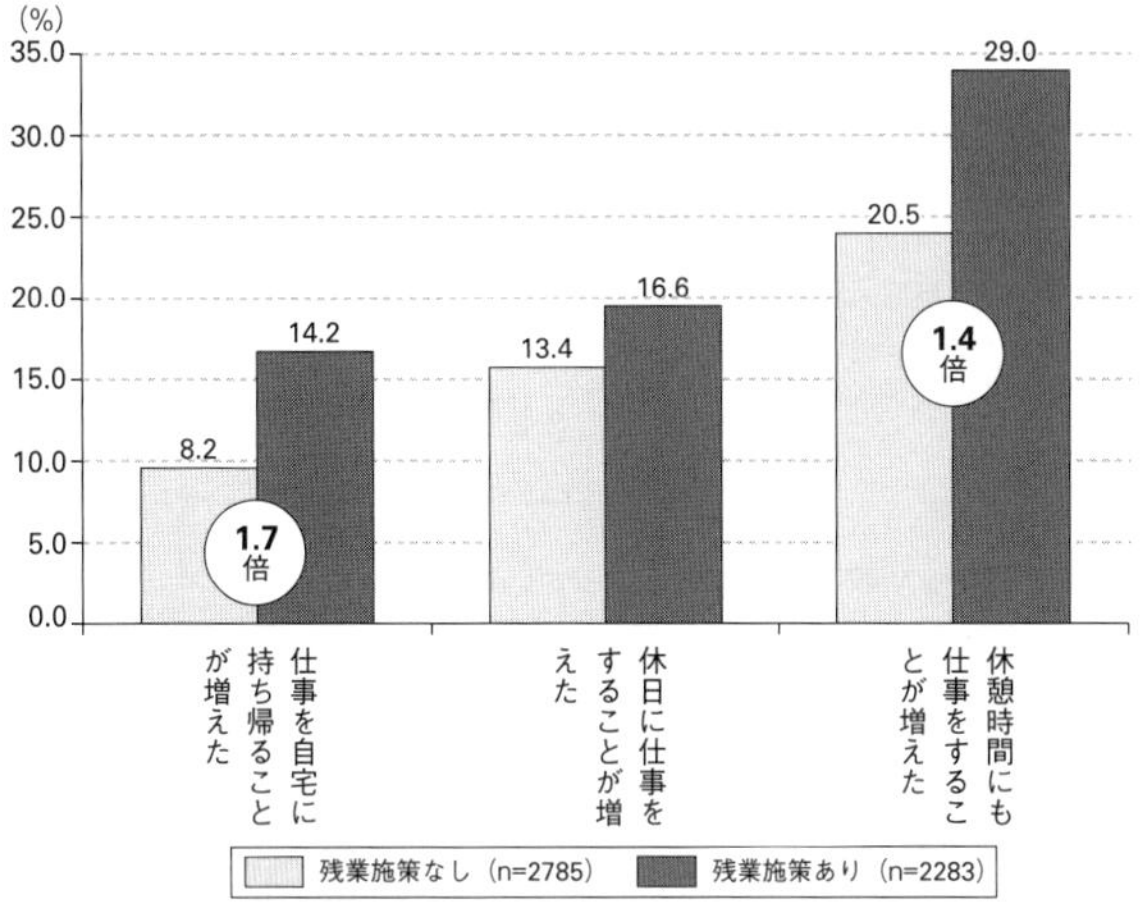

出所：「パーソル総合研究所・中原淳　長時間労働に関する実態調査」

をしている状況です。このブラックボックス化には、大きく分けて２つのパターンがあります。

ひとつめは、メンバーによる「隠れ残業」です。**図表６-２**を見ると、残業施策を実施している企業ほど、一般従業員の休憩時間残業・休日残業・自宅残業が増加しています。ランチを早めに切り上げる、持ち出し禁止のノートパソコンを持ち帰る、オフィスの消灯後も暗い中で仕事をする……。「働き方改革」と言われ始めてから、こうした話をよく聞くようになりましたが、これは全国的にもかなりの規模で起きています。次ページの**図表６-３**は施策別に影響を詳しく見たデータですが、「残業原則

図表6-3　残業施策ごとの残業の「ブラックボックス化」

順位	申告しない残業時間が増えた	「あてはまる」計（%）
1	残業の原則禁止／事前承認	**26.3**
2	残業が多い個人へのペナルティ	**22.1**
3	残業時間の上限設定	**19.5**

順位	昼休みや休憩時間に仕事をすることが増えた	「あてはまる」計（%）
1	残業が多い個人へのペナルティ	**21.6**
2	残業の原則禁止／事前承認	**19.8**
3	残業時間の上限設定	**17.6**

残業あり・施策実施ありベース　合計 n=4424（重複あり）

出所：「パーソル総合研究所・中原淳　長時間労働に関する実態調査」

禁止」や「ペナルティ」など強制力のある残業施策は20パーセント前後の確率で、サービス残業が起きる「ブラックボックス化」につながっています。働き方や業務量を変えないまま上から押さえつければ、どこかで隠れて残業せざるをえないことがよくわかります。

ふたつめは、「上司への残業集中」です。

残業のメカニズムを説明した第4講の中で、残業は優秀な人に「集中」してしまうこと、その傾向が一番強いのは上司層であることを述べました。

これには、企業施策の多くが「残業時間の削減」を目的としていることに関わっています。厳密には、「残業時間の削減」と「長時間労働是正」、「残業時間の削減」と「働き方変革」はイコールではありません。しかし、働き方改革の「成果」

を測るとなると、最もわかりやすいKPI（Key Performance Indicator：目標の達成度を評価するための主要な指標）として「残業時間」が使われがちです。ただし、「残業時間」には、

- **残業手当が支払われる非管理職＝一般従業員の残業時間**
- **残業手当の対象外となる管理職扱い＝管理職層の残業時間**

の2つがあります。

人件費を抑制したい経営側からすると、一般従業員の残業時間を減らして管理職層の残業時間を増やす方が、残業代を支払わない分、コスト面での効果は高い。つまり、積極的に働き方改革を推進している企業においては、一般従業員の残業を管理職層が肩代わりして残業手当を少なくしているチームこそ、より高い「成果」を残していることになります。

このように「働き方の変革」が「残業時間削減」に、さらにそれが「一般従業員の残業手当の削減量」に矮小化される二重のプロセスを経ることで、チームや管理職層に「上司への残業集中」のインセンティブを与え、悲惨な実態が「見えない化」されてしまうわけです（次ページ**図表6－4**）。しかも多くの企業では、管理職の残業は一般従業員の残業よりも記録

図表6-4　残業の2つの「見えない化」

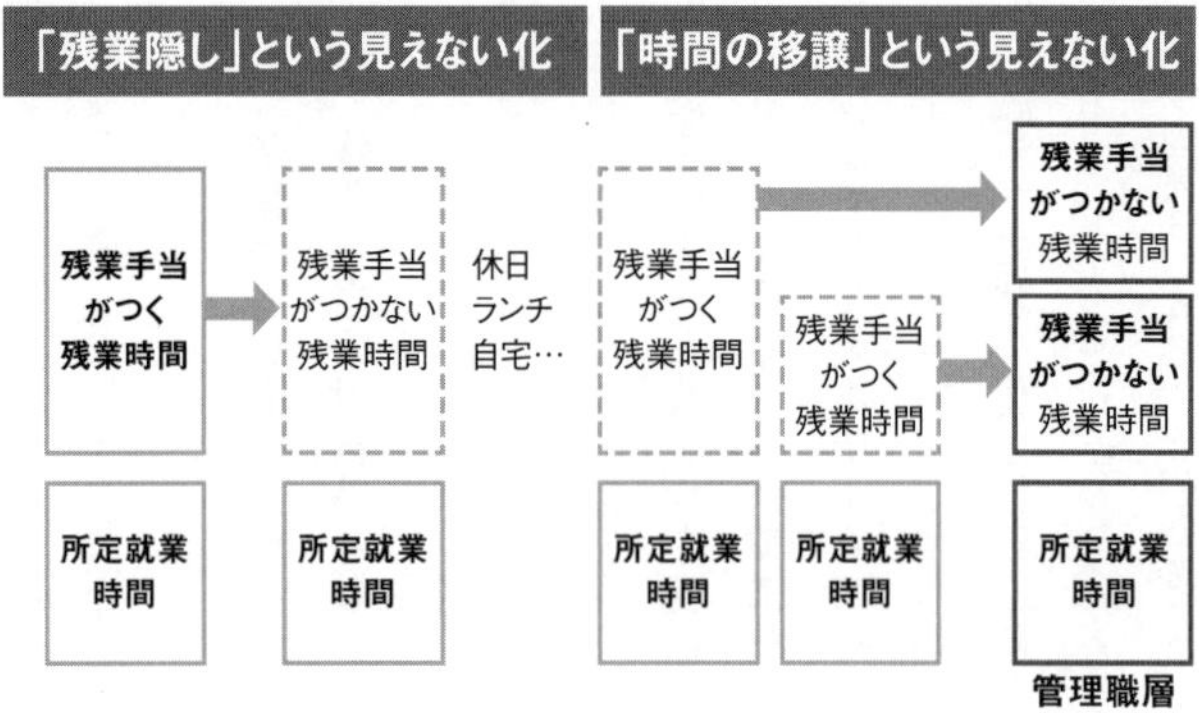

や管理が甘くなる傾向にあるため、「経営」や「上位層」に報告されず、ブラックボックスになります。

これでは残業施策を実施することで、かえって新たなコンプライアンス違反のリスクを生み出していると言えます。また、管理職層のモチベーションは下がり、組織に対して失望感を抱くでしょう。会社は、社会や行政から指導を受けるリスクを日に日に増していきます。

段階②　組織コンディションの悪化

残業施策の導入にもかかわらず、施策が無視されたりブラックボックス化したり、効果のない状態が続くと、現場には「経営陣、上層部は現場の状況をわかっていない」という不信感が醸成《じょうせい》され、一気に「しらけムード」が漂い始めます。長時間労働の是正策をい

図表6-5　残業施策による会社への不信感

順位	会社は職場の状況を理解していない、と感じた	「あてはまる」計(%)
1	残業の原則禁止／事前承認	**22.4**
2	残業が多い個人へのペナルティ	**20.6**
3	残業時間の上限設定	**19.0**

出所：「パーソル総合研究所・中原淳　長時間労働に関する実態調査」

ち早く導入したもののなかなか効果が現れず、すでに組織内に「しらけムード」が生まれている企業もあるでしょう。もしくは、

人事担当役員「社長！　わが社ではこんなに残業時間を減らすことができました！」

社長「よっしゃよっしゃ！　わっはっは！」

現場「……」

というように、施策の「効果」を表面的な「残業時間」だけで測り、知らず知らずのうちに職場をしらけさせている可能性もあります。

図表6-5を見ると、とりわけ強制力の強い残業対策の導入に対して、20パーセント前後の人が「会社は職場の状況を理解していない」と不満に感じています。調査でも、下記のような回答が寄せられました。

・人員を増やすこともなく、売上などの目標は従来通り、もしくはそれ以上。労働量を減らす仕組みはないまま、残業時間を減らそうとしているので、現場はむしろ困っている。（43歳　卸・小売業）

・労働基準局が入り、営業停止の一歩手前まで規制されたのが、施策導入のきっかけ。結局はその場しのぎだと感じた。（29歳　不動産業）

・以前より早く帰れるようになったが、その分残業時間を短くしなくてはいけない。お昼ご飯を早く済ませないと仕事が溜まってしまう。（34歳　その他業種）

・パソコン上で管理する数字だけを減らそうとしている。周りは仕事を家に持ち帰ったり、消灯後にモニターの明かりだけでやったりしている。（29歳　製造業）

特に残業が「ブラックボックス化」している場合、状況は深刻です。記録される残業時間は順調に減っていくため、経営層は良い方向に進んでいると勘違いしてしまうからです。現場には会社への不信感が増し、「会社」VS.「現場」の対立構図がより深まってしまいます。皆さんの中に経営者や経営層の方がいらしたら、ぜひ自社に「しらけムード」が生じていないか、今一度チェックをしてみてください。

段階③　施策の形骸化

残念なことに、社内にしっかりと定着する残業施策はそう多くありません。ほとんどが形骸化、無効化し、やがて忘れ去られます。今回の調査結果に、興味深いデータがありました。残業施策はその半数程度しか効果を実感されていないにもかかわらず、「廃止」された施策はほとんどなかったのです。過去を含めて、「廃止されている」残業施策は、平均でわずか2・4パーセントでした。

つまり、残業施策は効果がなくても明示的に廃止されることはほぼなく、「死に体でゾンビのようにさまよっている」のです。そのうち人知れず「自然消滅」する運命をたどり、いつのまにか「結局、ノー残業デーってなんだったの？」となってしまうわけです。

このように「すでに形骸化しているものの廃止されない改革施策」のことを、私は「改革ゾンビ」と呼んでいます。「改革ゾンビ」は、ただ職場をさまようだけではなく、「働き方改革」を進めていく上で、組織により強い「負の効果」を与えます。

221ページにある**図表6‐6**は、施策を実施した回数と「施策への抵抗感」の関係をまとめたものです。過去を含め、施策実施回数が多いほど「手間がかかる」「何のために行う

改革ゾンビ
PC強制シャットダウン
ドヨーン…
22時以降消灯
ノー残業デー
残業申請書
ゾロ…
ゾロ…

図表６-６　残業削減施策の実施回数と施策への抵抗感の関係

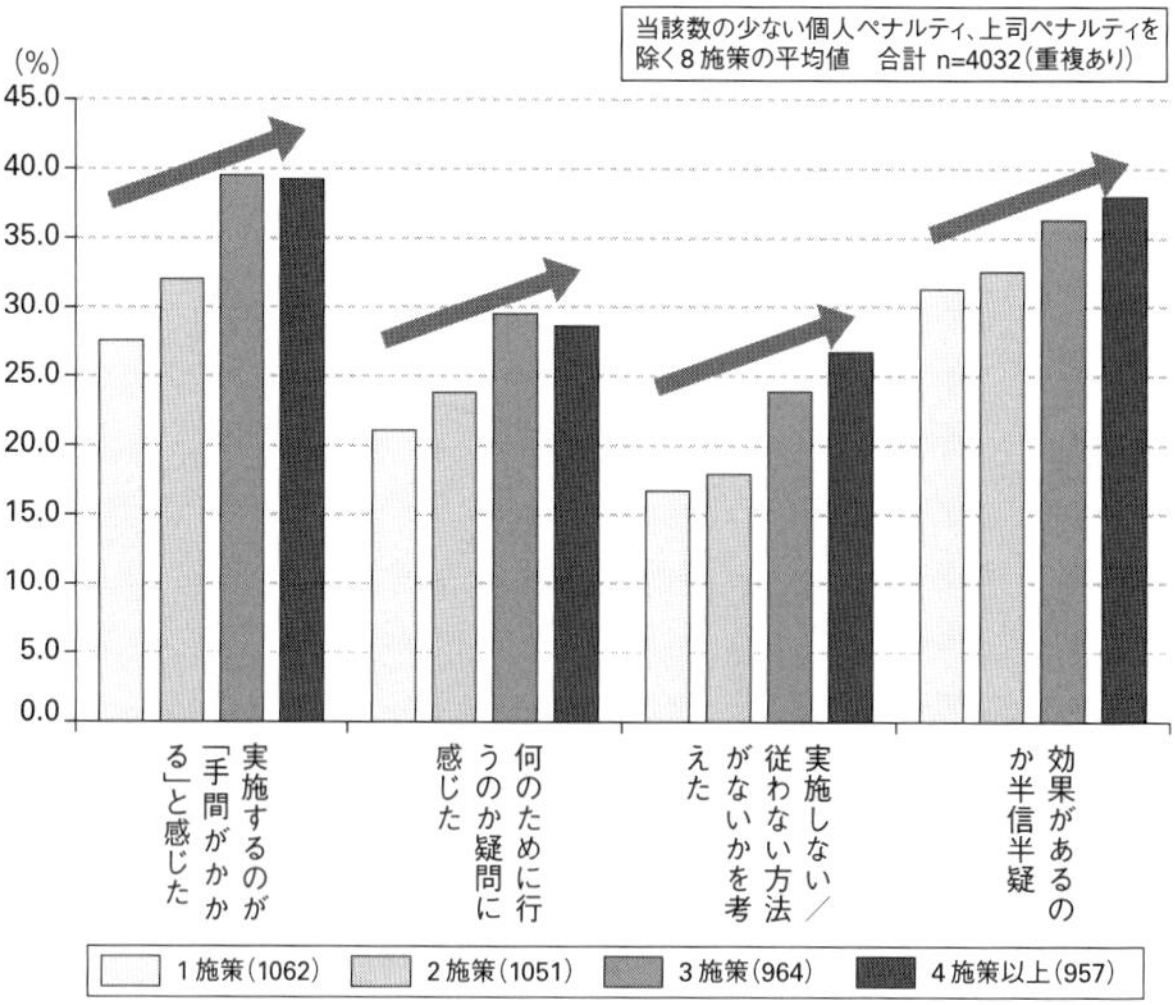

出所：「パーソル総合研究所・中原淳　長時間労働に関する実態調査」

のか疑問」といった抵抗感が顕著に増大しています。つまり残業対策を繰り返すことで、組織に施策への「耐性」がついてしまうのです。従業員の気持ちとしては、

「また現場を知らない上層部がなんか考えてきたな」

「どうせそのうち消えていくんだろう」

「適当につきあっているふりをしよう」

といったところでしょうか。このような状態に陥ると、新たな施策導入によって効果を得ることは難しくなります。

いったいこの「改革ゾンビ」は、どのようにして生まれるのでしょうか。

図表6-7　残業削減施策を指示・実施しなくなるプロセス

実施から時期別に見ると、2～3カ月後にまず「同僚」が実施しなくなり、「上司からの指示がなくなる」「上司が実施しなくなる」が少し遅れて上昇

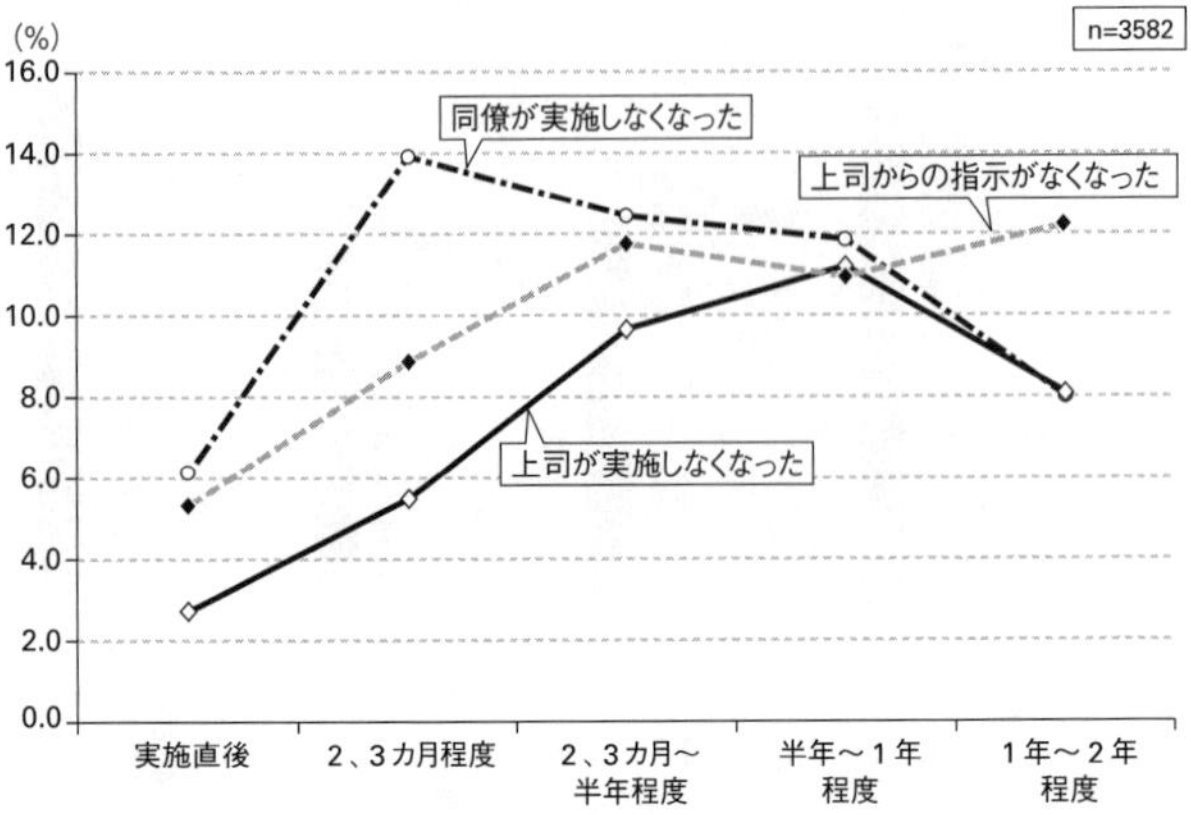

出所：「パーソル総合研究所・中原淳　長時間労働に関する実態調査」

施策の効果が消えていった職場の状況を尋ねると、「上司・同僚が実施しなくなる」ないし「多忙で施策の余裕がなくなる」が半分以上を占めました。人と時期について見ると、施策導入の2～3カ月後頃から「同僚」が実施しなくなり、半年後には「上司」が実施、指示しなくなるようです（図表6-7）。施策の「死」という職場内での「負の学習」は、「半径1メートル（同僚）」から「半径3メートル（上司）」へと同心円状に広がっていきます。まさに、近くにいる人から手当たり次第襲いかかるゾンビのようです。

　組織とは生き物です。良かれと思って様々な施策を打っても、中途半端な形では

「耐性」が増し、やればやるほど効果を得にくくなってしまいます。残業施策を定着させるためには、しっかりと練られた的確な案を、時間をかけて地道に、かつ徹底的にやり抜く必要があるといえそうです。

施策失敗の「3つの落とし穴」

Dさん「弊社では『ノー残業デー』も『残業の事前承認制』も導入しました。最初はみんなやっていたのですが、すぐに形骸化してしまって……定着しないんですよ」

ここまで、残業施策の失敗によって引き起こされる職場の「ブラック化」について述べてきました。では、なぜ残業施策の多くは失敗するのでしょうか。原因として、次の3つの「落とし穴」が考えられます。

①「施策のコピペ」の落とし穴
②「鶴の一声」の落とし穴

こちらも、ひとつずつ見ていきましょう。

原因①「施策のコピペ」の落とし穴

「働き方改革」は今、多くの企業経営者、働く人たちの関心を集めています。そのため、先進的な取り組みを行い、改革に「成功」した企業は注目を集めます。働きやすい企業というイメージが広まれば採用活動にも有利となるので、「成功」した企業は、ブランディングのためにメディア露出へ積極的になります。また、「働きやすい職場」や「ワーク・ライフ・バランスを優先する会社」などのお墨付きを行政やその外部団体から得るため、そうしたコンテストなどへも活発に応募するようになります。

一方、「働き方改革」施策の導入を考える企業は、そうした成功事例をこぞって自社に取り入れようとします。「あの大企業が取り入れてうまくいった」という「前例」があれば、社内でも施策の導入がスムーズになるからです。

その結果、自社の構造に合っているのか、自組織の課題解決につながっているのか検討されないまま施策が「コピペ（コピー&ペーストの略）」され、各社で同じような取り組みが実施されてしまいます。「成功事例」ばかりが報道されることの功罪とも言えます。

残業時間や総労働時間自体は客観的な「単位」なので、どの組織でも同じですが、それを生み出している「要因」は組織によって違います。私たちは定量調査を通して、これをある程度一般化して理論化・抽象化しましたが、その細部は組織によって異なります。例えば残業メカニズムについても、「感染」しやすいのは「幼稚園教諭、保育士」、「集中」しやすいのはデザイナーや各種クリエイターなど、職種ごとに異なっていましたよね（第4講参照）。「成功事例」を拾い集め、自組織にフィットするのか検討せず「良さそうなもの」を実施してしまう「施策のコピペ」は、極めて危険です。安易にコピペした施策が現場のニーズとかけ離れていた場合、すぐに施策は形骸化し、「改革ゾンビ」になりはててしまうのです。

原因② 「鶴の一声」の落とし穴

今、長時間労働問題は「経営のリスク」として立ち現れています。慧眼《けいがん》な経営者ほど、このリスクを重く見て、「鶴の一声」的に改革の音頭をとりがちです。実際に働き方を改善できた企業の多くは、トップの強い意思のもと施策を実施しています。それ自体は何ら悪いことではありません。むしろ、経営者の強いコミットメント（積極的な関わり）は残業削減策に「必要」なものです。どんな施策を行うにしても、経営の強いコミットがなければ奏功しないからです。

ですが、施策を組織全体に根付かせるためには、実際に推進する人たちの強いコミットも必要です。「経営から求められたから」と、言われるがままに強制的に残業を禁じる施策を導入しても、トップへの「忖度」で残業時間が減ったように見せかけ、ブラックボックス化を招く可能性もあります。

トップダウンは必要ですが、

「よーし、うちも働き方改革をやるぞ！」

と号令をかけ、

「後は人事部長ヨロシク！」

では、一過性のブームで終わってしまいます。施策を具体化し、組織に広げる役割を任されるのは、人事部や現場マネジャー、あるいは部署横断的なクロス・ファンクショナルチームであったりします。こうした人たちの間で施策の意義が共有され、自組織にあった推進方法が検討され、組織全体に根付くまで活動が続くよう、トップに求められるのはその意義を粘り強く訴えかけ、見守り続ける姿勢です。

決して威勢の良い号令「だけ」で終わらないようにしたいものです。

原因③「御触書モデル」の落とし穴

空前の「働き方改革」ブームに乗り遅れてはまずいと、様々な施策を矢継ぎ早に導入している企業もあるようです。もちろん、企業経営においては「機を見る」「時流に乗る」スピーディな意思決定も大切です。しかし、そもそもその迅速な意思決定が社員全体に周知されない限り、施策を導入したといっても現場は何も変わりません。良かれと思って次々と新しい施策を打ち出しても、きちんと伝わらなければ意味はないわけですが、こうした施策の周知すらできていないケースも多いようです。

具体的に、残業施策の「告知」について見てみましょう。

調査結果によると、施策の約2割が、イントラネットでの告知や一斉メールの送信だけにとどまっています。当たり前ですが、残業施策は働き方に大きな影響を与えることが狙いです。その重要な事柄が、当の従業員にとっては「降って湧いたような施策」になってしまっているのです。

後に詳述しますが、この「告知」の仕方によって、従業員の施策に対するコミットメント、つまり、施策を理解し、本気でやってみようとする意気込みは大きく変わります。

これは、すべてのコミュニケーションに当てはまることですが、「伝えたこと」と、「伝わったこと」は違います。一度言ったから「伝わった」とは限らないのです。しかし、どうも一般に企業・人事は、「一度伝えたこと」を「伝わったこと」だと思いたがる傾向があるように思います。

国際的に見た時の日本企業の特徴は、中央の「人事」機能が極めて強い権限を持っていることです。掲示板やイントラに張り出された辞令一つで、異動や転勤、その後の出世見込みが閉ざされる左遷《させん》の告知までもが当たり前のように行われます。

仕事内容はもとより、勤務地や住む場所など、その人と家族の人生までも左右するような事柄を、決定プロセスを透明にしないまま実質的な命令として会社が指示できるのは、国際的に見ると異色です。

そしてその伝え方も、多くの企業において、まるで江戸時代の「御触書《おふれがき》」のようなスタイルがまかり通っているのです。「御触書モデル」とは、江戸時代よろしく、

幕府（権力のある側＝この場合は人事）が橋のたもとに「御触書＝人事制度」を示し、そこに町民（権力のない側＝この場合は一般従業員）がワサワサ集まり、ザワザワと噂しあって、理不尽な幕府の命令に一言もの申したいが、逆らうと怖いので、とりあえずは面従腹背する

といったものです。

こうした「御触書モデル」は、高度経済成長期のような右肩上がりの経済拡大と定年までの雇用保障への期待、安定的な給与上昇と表裏一体でした。長期雇用を前提に、強い人事権を行使する人事部が社員を監視しているような企業ほど、このモデルに毒されている傾向があります。

しかしながら、今は江戸時代でも高度成長期でもありません。御触書一枚では、環境が大きく変化した21世紀を生きる従業員たちの心は引きつけることはできないでしょう。

第6講のまとめ

ここまで第6講では、残業施策の失敗につながる3つの落とし穴を見てきました。

まとめると、残業施策の失敗は、

「何が自分の組織にとって適切な施策なのか」

「効果が表面的な『時間』だけで測られていないか」

「施策の目的やヴィジョンをきちんとコミュニケーションできているか」

といった点がクリアできていないことが原因だといえそうです。また、これらの原因は「働き方改革ブーム」による「性急な実施」によって助長されていると考えられます。

ネガティブな話が続きますが、私たちはいったい、どうすればいいのでしょうか？

次の第7講で見ていきたいと思います。

第7講

鍵は、「見える化」と「残業代還元」

前回の第6講では、長時間労働是正策として企業によって行われている様々な取り組みの効果を検証し、施策が失敗する3つの要因（段階）について考察しました。

第7講では、どうすれば施策の効果を高め、長時間労働を是正できるのか、分析結果から導き出された成功へのポイントをお伝えしたいと思います。

「外科手術」の4ステップ

Cさん「いよいよ、残業の削減策ですか。私の会社でも最近、残業時間の削減目標ができましたが、あまりにも現場の状況とかけ離れた数字で、どうにもなりません。はっきり言って全く達成できていません……」

Cさん、まさに現場のリアルな声ですね。今日の講義では、長時間労働を是正していく方法を具体的に考えましょう。

「働き方改革」の方法には大きく分けて2つあります。たとえるならば「外科手術」と「漢方治療」です。

「外科手術」的な方法とは、第6講で取り上げた「ノー残業デー」「残業時間の上限設定」「残業の原則禁止／事前承認」「勤怠管理の厳格化」など、労働時間に「境界」を設け、とにかく強制的に残業をさせないタイプの対策です。これは悪性の腫瘍を切除する「外科手術」にも似て、痛みは伴うものの即効性があります。労働時間に対する法規制が弱い日本で、まずは企業内でこうした制限を設けることが近道なのは確かです。

この「外科手術」は、失敗すると「残業のブラックボックス化」「組織コンディションの悪化」「施策の形骸化」を招きますが、半分近くの人に効果を実感されていることも事実です。第6講で触れたように、これまでの施策失敗の反省を活かした形で導入を図《はか》れば、さらに効果を高めることができます。

では、「外科手術」を成功させる上で押さえるべきポイントを、4つのステップにわけて見ていきましょう。

ステップ①　残業時間を「見える化」する

昨今、「週休3日制の導入」「夜型勤務を朝型に変えることを促すための朝食サービス」など、今まで考えもしなかった大胆でユニークな「働き方改革」施策が次々と発明されています。こうした他社の新しいアイデアに触れると、「あれもこれもやってみたい」という思いに駆られますが、まず見るべきは「他社」ではなく「自社」です。まずは、自社でどの程度残業が発生しているのかを「見える化」していきましょう。社内の状況は、わかっているようで実はわかっていないものだからです。残業施策を検討する前に、しっかりと現状を把握することが「働き方改革」の第一歩となります。

くどいようですが、繰り返します。第一にやるべきは、施策をたてることではありません。まずは、残業時間をきちんと「見える化」していきましょう。

労務管理システムやタイムカードの導入、入退室管理などで、雇用者や上司が直接確認する、あるいは客観的に管理することが原則です。ただ、これだけでは「サービス残業」を把握できません。もしもサービス残業が横行しているようなら、そちらの実態把握と管理体制の改善に力を入れる必要があります。

第6講でも触れたように、企業が労働時間を管理する裏で、見えない残業が発生している可能性があります。「ブラックボックス」の放置はモチベーションや組織への忠誠心を低下させると同時に、コンプライアンス上のリスクにもなります。表面的な残業時間削減に「ぬか喜び」しないためにも、正確な労働時間の把握は最初のステップとして必須です。どの職場でいつ、どのように残業あるいはサービス残業が起きているのか、具体的に探っていきましょう。サービス残業の把握は、全員が主体になってやるのは難しいのですが、管理職を集めて匿名でアンケートやヒアリングをすることで明らかになります。また、パソコンのログイン時間と退社時間のズレなども、サービス残業の兆候《ちょうこう》として見ておく必要があります。

なおこの時、「平均残業時間」だけを見てはいけません。「集中」「感染」といった現象は「平均」すると見えなくなってしまうからです。職場、事務所、チームごとに分けて数値の凸凹を見ても良いですし、それが面倒なら標準偏差や分散といった数値のバラツキを計算する基礎的な統計処理を行っても良いでしょう。グループ内で何が起きているかを可視化できるサーベイ（組織調査）などを利用するのも一計です。

その時、特定の個人やチームだけが飛び抜けて残業しているなら「集中」が起こっているそうです。また逆に、「どの職場もおしなべて同じような残業時間である」のなら「感染」が疑われます。

ステップ②　「コミットメント」を高める

自社ないしは職場ごとの残業時間を「見える化」したら、「いつまでにどの程度の残業時

図表7-1　残業施策の実施と本人・職場コミットメントの関係

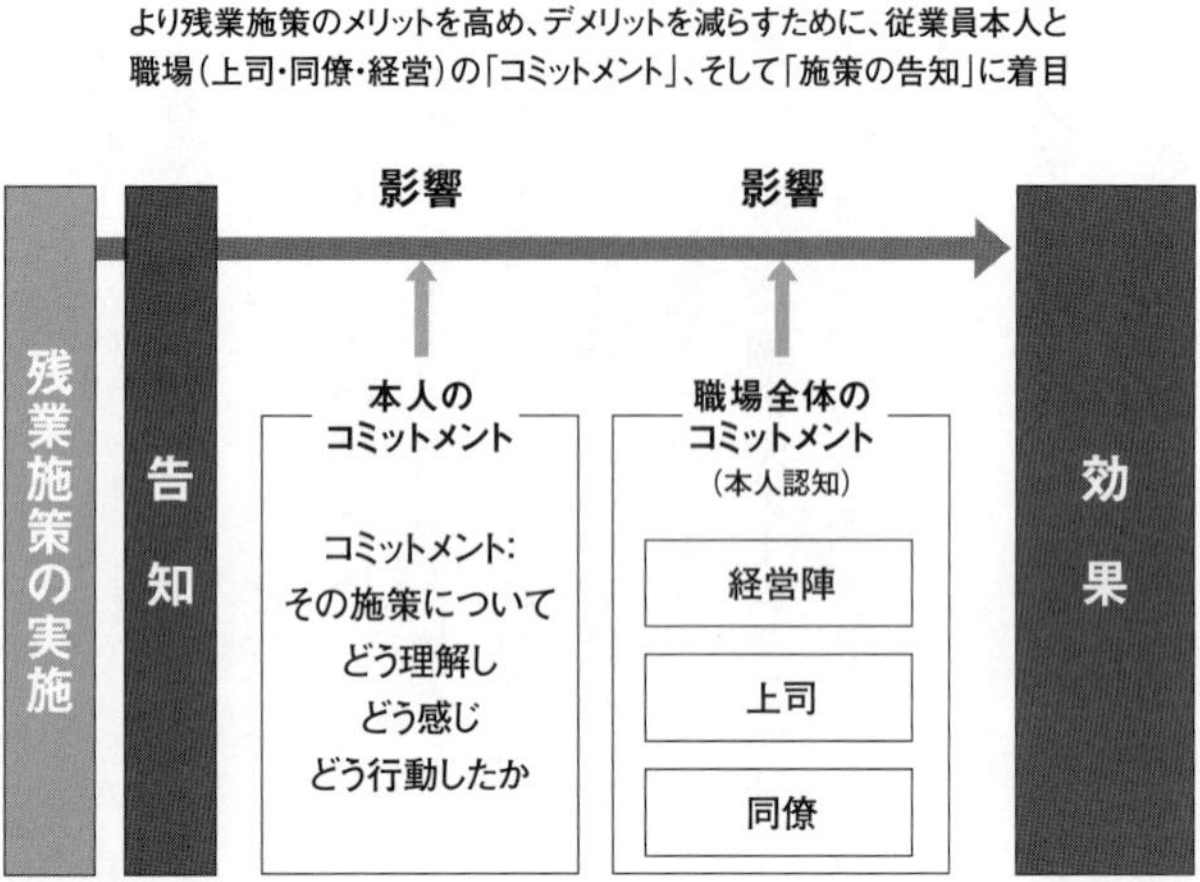

より残業施策のメリットを高め、デメリットを減らすために、従業員本人と
職場（上司・同僚・経営）の「コミットメント」、そして「施策の告知」に着目

間削減を行う」といった目標を立て、自社にあった施策を決定します。その後は、全社員に周知することはもちろんのこと、施策を「流行らせる」努力が必要です。人事施策は「作ること」や「伝えること」がゴールではありません。人事施策は社内で「流行らせ」、定着させ、成果を出してこそゴールなのです。残業施策の流れをイメージ化したものが上の**図表7-1**になります。

では、どのようにして「流行らせる」のか。

そのための近道は残念ながらありません。地道にあの手、この手を重ねていく他はないのです。とにかく様々な手段で施策の重要性を丁寧に訴えかけ、「あ、この施策はやったほうがいいな」「会社は本気なんだな」と、

図表７-２　コミットメントの高低と残業施策効果の関係

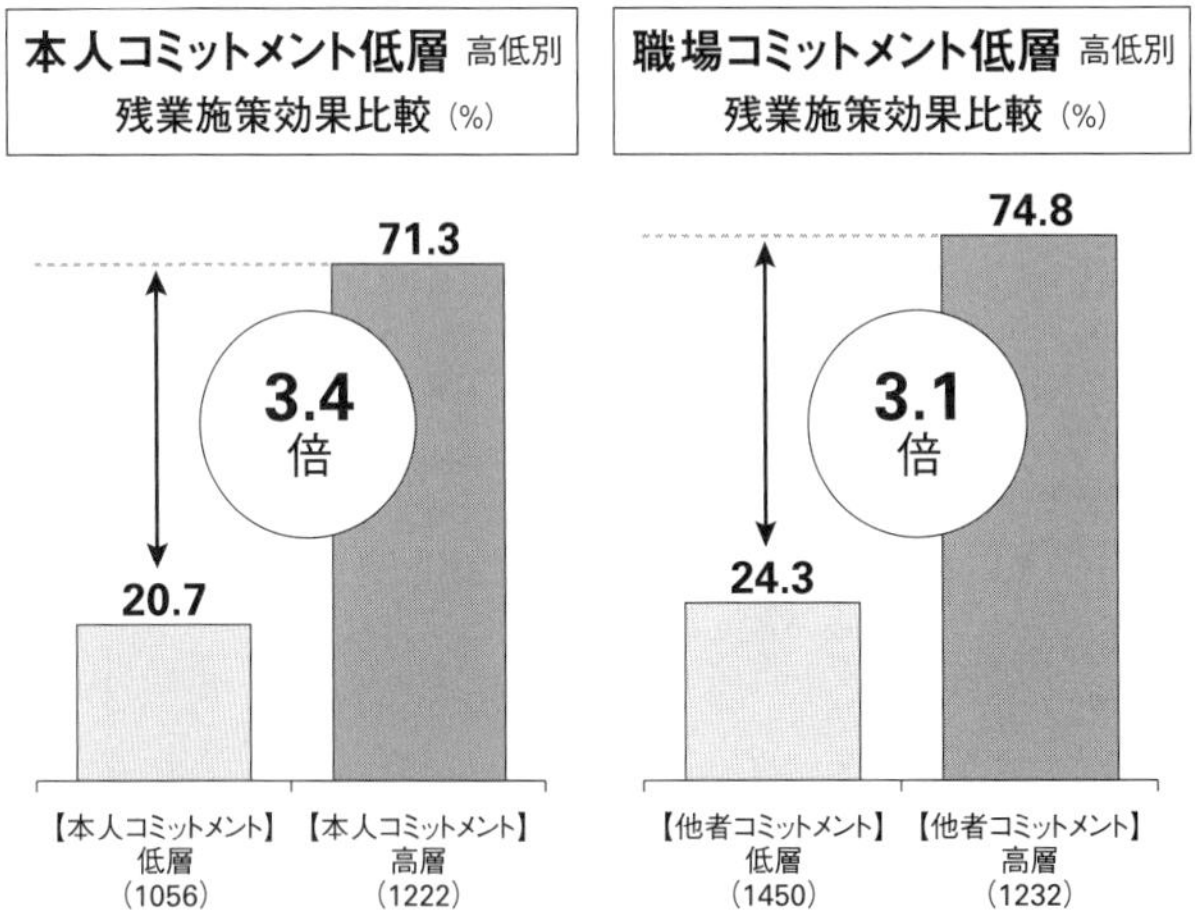

出所：「パーソル総合研究所・中原淳　長時間労働に関する実態調査」

腹落ちしてもらうしかありません。

前にも出てきた言葉ですが、専門用語ではこれを「コミットメント」と呼んでいます。人々が施策に対してどれだけ賛意を示し、自分事として捉えているか、ということです。

上の**図表７-２**を見ると、施策へのコミットメントの高低によって、残業施策の効果に大きな差がついていることがわかります。低層と高層にわけて施策効果を見てみると、同じ施策を行っていても「低」層に比べて「高」層では効果が３倍にもなっています。

特に、ノー残業デーのように自己裁量になりがちな施策は、コミットメントがないとあっという間にやらされ感が漂《ただよ》い、形骸化します。さらに重要なのは、個人だけでなく「職場全体」のコミットメントも効果に大きく影響していることです。職場やチームとして残業削減策を自分事と捉え、取り組むことが必要なのです。残業施策を成功へ導くには、本人と職場、2つの「コミットメント」を高めることが鍵となります。

① 告知を「オムニチャネル化」せよ

では、コミットメントはどうすれば高められるのでしょうか。むろん、組織によって現状や課題は異なるため、「唯一の正解」はありません。ただ、今回の分析結果から効果を期待できる方法を2つ挙げるとすれば、ひとつは「告知のオムニチャネル化」です。

「オムニチャネル」とはマーケティング領域でよく用いられる言葉で、店舗やネット、モバイルなど、経路を問わず多様な形で顧客との接点を持つ戦略を指します。新しい残業施策を広める際にも、同じメッセージを一斉メールで流すだけでなく、複数のチャネルを適切に組み合わせて告知していくほうが、効果は高まります。

現場の目線で考えると、よりリアルにわかるでしょう。

ある日出勤するとITシステム部門から「今月からパソコンのログ（利用記録）を管理し

ます」と1通メールが飛んで来ただけで、それ以降は何の知らせもない。

これで、本気で残業を減らしていく気になるでしょうか？

社内の掲示板に「ノー残業デーの実施について」といった文書がポンと貼られただけで、真面目に取り組むでしょうか？

このような告知方法は、まさに第6講で名付けた「御触書モデル」そのものです。これでは従業員のコミットメントが高まるはずもなく、看板の周りに集まった町人のように一瞬だけ「ザワザワ」して終わってしまうでしょう。御触書だけでは、残業を減らすことはできません。第5講で見てきたように、残業という労働慣行は、長期間のルーティンの蓄積により学習された結果なのです。

告知のチャネルはメール、説明会、社内のイントラネットや掲示板、社内ポスターだけでなく、一部でのテスト導入とその成果公表などもあげられます。伝達のチャネル数が増えるほどコミットメントが顕著に高まることは、次ページの**図表7-3**を見ればはっきりとわかります。「特に告知をしない場合」と「6チャネル以上での告知を行った場合」を比較すると、チャネル増によってコミットメントが高い人の割合は3・1倍に上がり、逆にコミットメントが低い人の割合は6分の1近くまで下がっていました。

図表7-3　告知のチャネル数とコミットメント量の関係

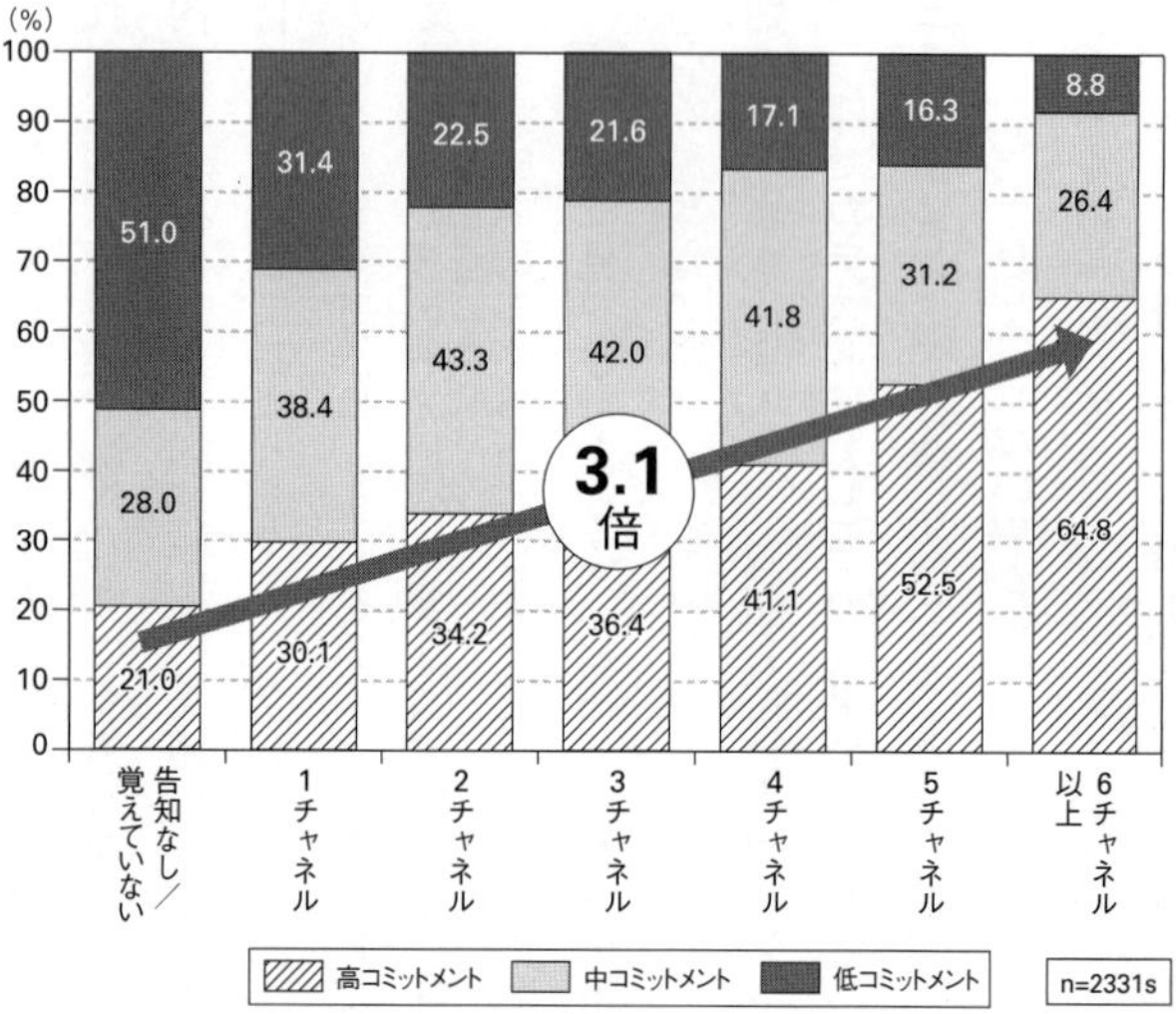

出所：「パーソル総合研究所・中原淳　長時間労働に関する実態調査」

また、単に複数のチャネルを用いるだけでなく、それを「誰から」伝えるかもポイントです。人事部・経営・上司層など、複数の主体から、先にあげたメディアを通じて施策目的・ヴィジョン・業務への影響などについての一貫したメッセージを伝えていくことで、コミットメントが上昇すると思われます。

すでに述べた通り、現状では多くの残業施策が十分に告知されないまま実施されています。施策の2割はイントラネット・メール・掲示板といった1チャネルのみでの告知に留まっており、コミットメントを高めるためにも「オムニチャネル化」する必要があります。

現在、企業には様々なコミュニケーションツールがあります。特設サイトや社内ＳＮＳの活用、オンライン社内報や動画配信、チャットルームなど、チャネルを増やすツールがどんどん出てきています。

また、リーダーシップの強い経営者はマスコミなどの外部メディアをうまく使うことで、メッセージを社外だけでなく「社内にも」積極的に浸透させています。いずれにせよ、社内外の広報機能をうまく巻き込むことが「オムニチャネル化」推進の鍵でしょう。

②　キーパーソンを味方にせよ

もうひとつの方法は「キーパーソンを味方にする」ことです。

残業施策の効果を高める上では、個人だけでなく職場全体のコミットメントも大きく影響します。職場のコミットメントが高まると、「皆がやるから、自分もやらなくては」「経営陣・上司が本気だから自分も本気を出す」などと、結果として個人のコミットメントも高まるからです。

ここで鍵となるのが、上司層、現場の管理職です。残業施策の導入には現場からの「抵

図表７-４　上司層と一般従業員の残業削減施策に対する抵抗感の割合

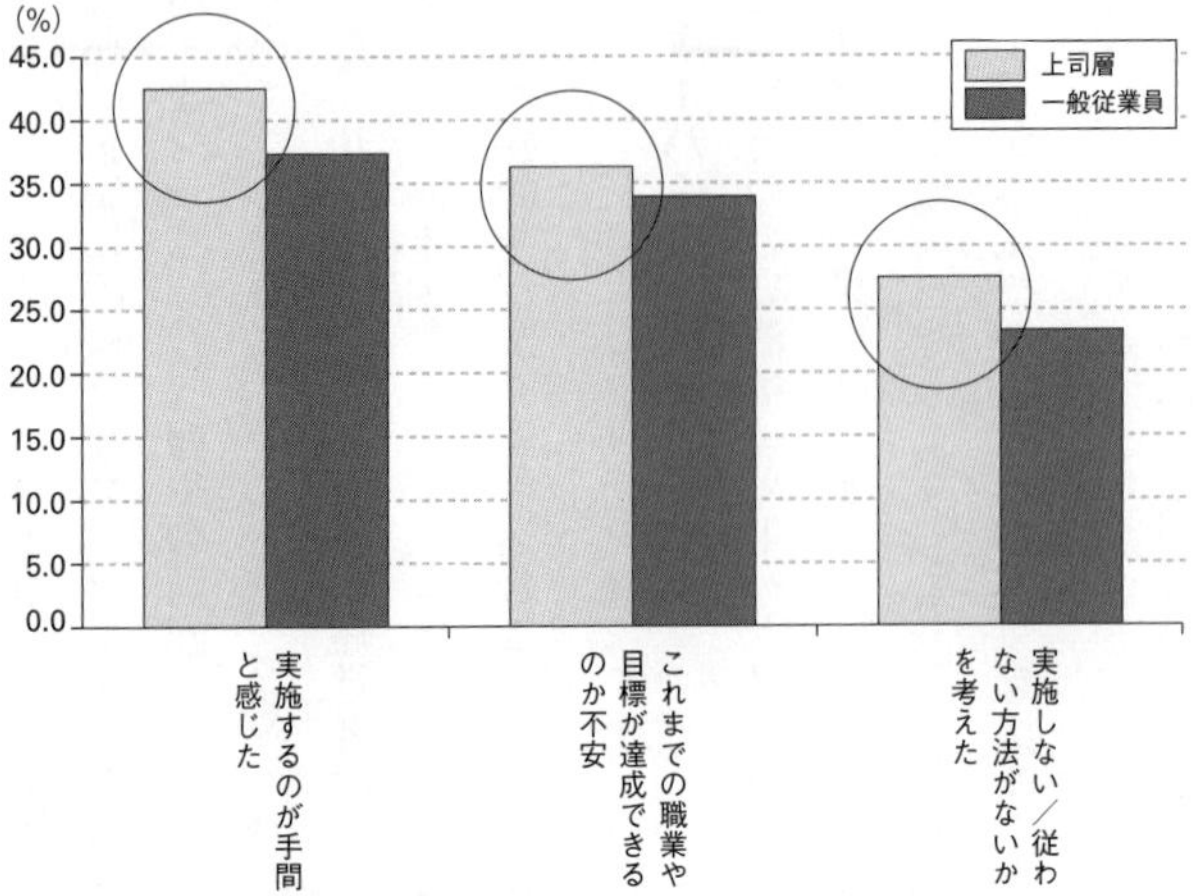

出所：「パーソル総合研究所・中原淳　長時間労働に関する実態調査」

抗」がつきものですが、**図表７-４**を見るとわかるように、最大の抵抗勢力は「現場の管理職」たちなのです。

なぜ、管理職たちなのでしょうか。心理背景を分析すると、「家庭よりも仕事優先」の生活観、「自分がやらなきゃ誰がやる」の仕事観がありました（**図表７-５**）。

このような価値観で生きてきた管理職たちの中には、家庭を顧みず会社優先で長時間残業をこなし、見返りとして出世してきた人もいるでしょう。そういう人は当然、残業施策への強烈な抵抗感を示します。これまで家庭生活を犠牲にすることで出してきた成果や、自分のポジションを否定されたように感じてしまうのは、容易に想像で

図表７-５　残業削減施策への抵抗感と関係する生活観・仕事観

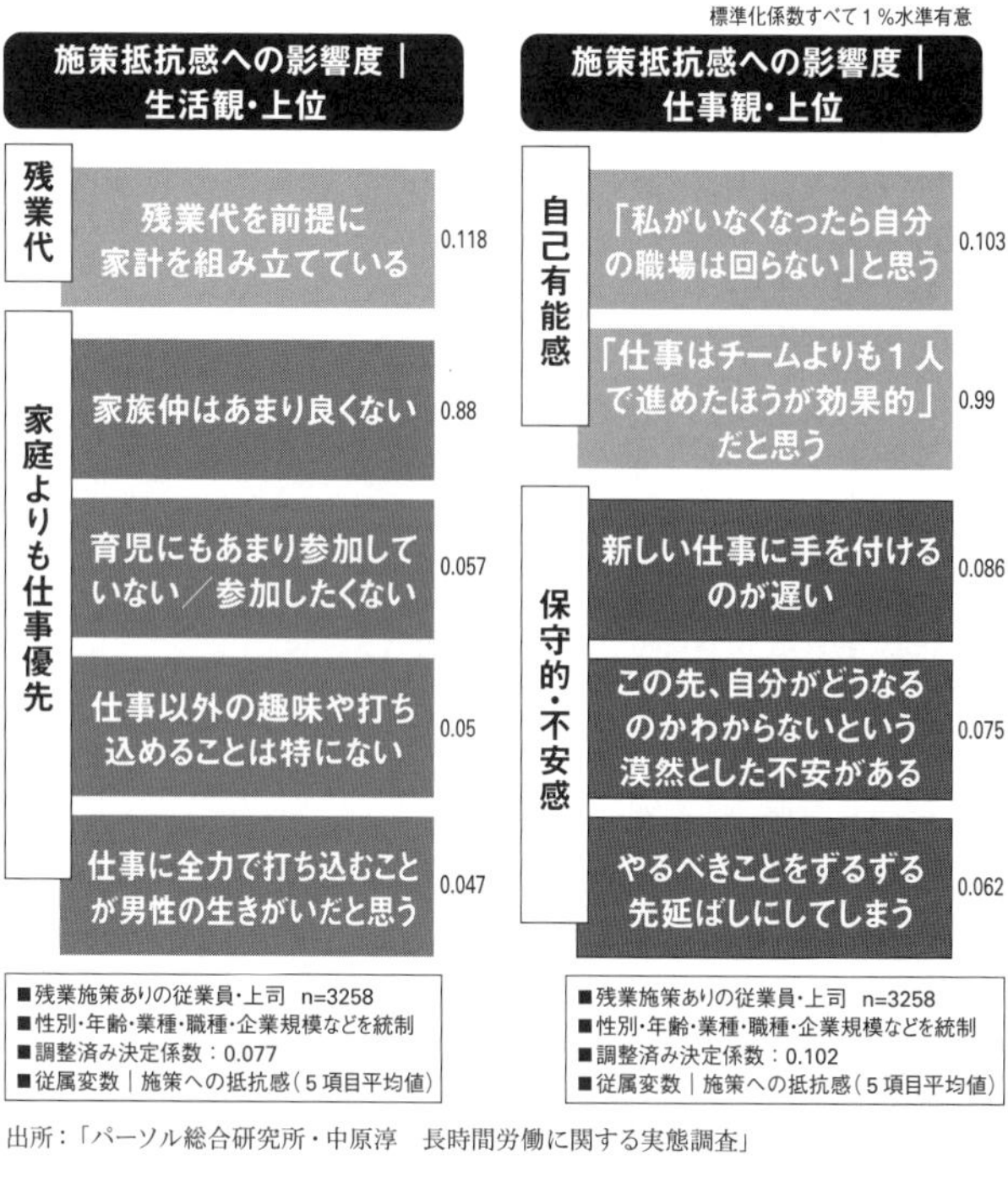

出所：「パーソル総合研究所・中原淳　長時間労働に関する実態調査」

きます。こうした抵抗感を個々の人間性に帰属させるのではなく、今までの働き方がこうした心理を招いていることをまずは理解しましょう。制度を「無理やり押しつける」ことは、避けるのが賢明です。

残業施策導入にあたっては、まず上司層、現場の管理職向けに丁寧な説明を行い、彼らのコミットメントを高めるところから始めるべきです。単に「施策・制度の説明」だけではなく、「時代や環境が以前とは変わったこと」「その中で自社がどう変わろうとしているか」「実務や組織の成果への現実的な影響」などを踏まえたコミュニケーションが肝要です。

私は、これまで様々な企業で残業にまつわる管理職研修をしてきましたが、研修をうまく進めるためにはひとつコツがあります。

それは、管理職の皆さんに「長時間労働を是正してください」とは最初に言わないことです。ましてや「政府が言っているから、長時間労働の是正に取り組みましょう」などといったメッセージングは、絶対にしてはいけません。私はそう思います。

むしろ、最初になすべきは「市場・環境が変化している中、このままだと自社がどのように推移していくか、経営の数字をもって語ること」です。

その上で「経営のために、会社のために、長時間労働是正に取り組みませんか?」と語りかけます。「長時間労働の是正」は「手段」であって、「目的」ではありません。自社が力強く成果を残すためにこそ、この課題に取り組むべきであることを、私ならば強調します。長時間労働は「経営のため」に是正するのだというメッセージが、管理職には最も抵抗感なく受けとられる気がします。

ちなみに、残業施策をどのように伝えているか調査したところ「上司からの呼びかけ・号令」「上司への説明会・研修」が上位に入っていましたが、これは最も抵抗感の強い上司層から施策実施に巻き込んでいく、という意味では効果的なやり方といえるでしょう。

ステップ③「死の谷」を乗り越える

せっかく導入した施策も、時間とともに形骸化してしまうこともあるかもしれません。残業施策をしっかりと職場に根付かせるには、どうすればいいのでしょうか？

注目したいのは「実施期間」と「効果」の関係です。施策開始からの期間と効果の実感度合について分析したところ、意外なことがわかりました。その結果が次ページの**図表7‐6**になります。

私たちは当初、施策の効果は「導入してすぐ」が一番高く、その後は「徐々に減っていく」と予想していました。ですが、実際には施策の効果実感は1カ月で最も薄まり、その後上昇するという動きを見せています。図表の通り、残業削減施策にはいわば「1カ月の谷（死の谷）」があるのです。

図表7-6　残業削減施策の実施期間と効果実感の関係

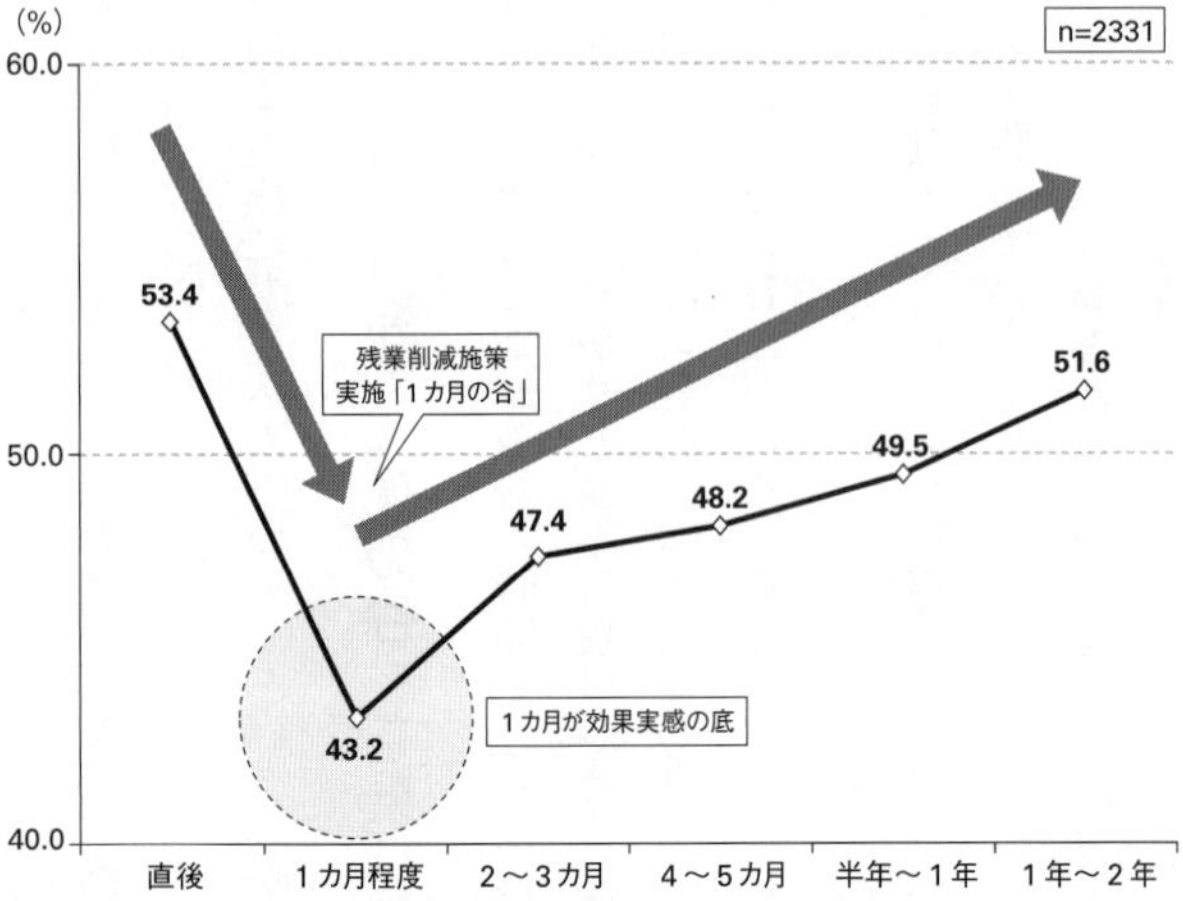

出所：「パーソル総合研究所・中原淳　長時間労働に関する実態調査」

おそらく、施策の導入直後は会社からの説明を受けたばかりということもあり、ある程度職場のコミットメントが高い状態で始まります。ただ、働き方を変えるストレスの割に変化が見えにくく、しばらくして「やってみたけれども、かえって大変」という失望が生まれると考えられます。1カ月ほどで、「これ意味あるの?」「ほら、効果ないじゃないか」といった声が最も上がりやすくなるのです。

ところが、この「1カ月の谷」を越えて施策を継続していくと、徐々にオペレーションの変更にも慣れ、「やって良かった」「効果があるな」という実感が伸びてくるのでしょう。

これまで積み上げてきた働き方の習慣を変えることには「痛み」が伴いますが、「痛み」のない変革はありえません。それは組織が長時間かけて「学習」してきたルーティンですから、解除（アンラーニング）するには時間も痛みも必要なのです。施策実施から1カ月の間は、やり方を変えるため混乱したり困惑したりと、苦しい場面に直面するかもしれませんが、「やりきる」という強い意思を持って臨みたいものです。

とはいえ、なんの「見返り」もないただの痛みには、誰も耐えられません。最初の1カ月が定着への山場だとすれば、そこで何らかの手を打ち、現場の痛みを和らげる必要があります。

現場の声を拾い、効果を「見える化」し、施策を続けていく動機づけをするためのコミュニケーションをとるタイミングが、施策開始の1カ月後になります。

ステップ④　効果を「見える化」し、残業代を「還元」する

では、その「見返り」とは何でしょうか。

まず考えられるのは、「残業時間が実際にどのくらい変化したのか」という効果を定期的に再び「見える化」することです。施策導入の告知だけではなく、定期的に「施策を継続し

ていること」「効果が出始めていること」を実感させながら進めることが重要です。社員が頑張った「結果」が目に見える形で示されなければ、モチベーションを保つことは難しく、すぐに慣れ親しんだ「以前と同じ働き方」に戻ってしまいます。とりわけ重要なのは、これも職場やチームといった現場レベルで調査をすることです。

本講の冒頭に述べた「残業時間の見える化」をきちんと行っていれば、「効果の見える化」は容易です。しかし、もしも「残業のブラックボックス化」が起きていたら、「残業時間削減」という成果を示すことは逆効果になりかねません。

「残業時間削減」と「働き方が変わること」は必ずしもイコールではありません。仕事を毎日持ち帰っているのに、経営陣から「残業時間が○○時間削減されました！」とメッセージングされたらどうでしょうか。上層部への不信感が焚《た》きつけられるだけです。「残業時間の見える化」を正しく行うことは、残業施策を「働き方改革」につなげ、組織への信頼感を醸成する上でも重要です。

もう一つ、より実質的な「見返り」があります。それは「残業代の還元」です。「残業代の還元」は今回の調査結果からも、最も有効かつ、もっと多くの企業が検討すべきだと私たちが考えている施策の一つです。

特に、残業そのものを止めさせたり制限をかけたりする「外科手術」的な残業対策においては、この「残業代還元」が有効だと考えます。

第5講で述べたように、多くの日本企業は歴史的に、残業代を「景気変動に合わせたコスト調整」のバッファとしてきた経緯があり、従業員側も日々の暮らしを残業代へ大きく依存しています。

全社的に強制力の強い残業施策が実施され、残業時間が削減された分の「残業代還元」がなければ、従業員にとっては実質的に給与の不利益変更でしかありません。

調査では、全体の60・8パーセントが「基本給だけでは生活に足りない」と答えている以上、「残業代還元」がない限り「残業施策」へのコミットメントを高めることは難しいでしょう。「そもそも残業代を稼ぐという発想がおかしい」「お金で釣るような真似はしたくない」という考えもあるでしょうが、これは個人の意思や意欲を越えた、歴史的で構造的な問題と捉えるべきです。給与が現在の形になっているのは、従業員のせいではありません。

残業代還元は、単に「支払っていた残業代分を埋め合わせる」以上の、例えば、

図表7-7　残業代還元を実施している企業の例

方法	企　業　名
1. 賞与還元	アルプス電気株式会社 株式会社フレスタ SCSK株式会社 日本電産株式会社
2. 基本給ベースアップ	株式会社武蔵野……1万円のベア 味の素株式会社……1万円のベア 株式会社メンバーズ……三期計：10%のベア
3. 特別手当	株式会社はるやまホールディングス……月間の残業時間がゼロの正社員に対して、月ごとに15,000円を一律支給 ワークスイッチ・コンサルティング※……残業ゼロの社員に対して、生産性高く働いたという貢献観点で20時間の残業代相当のインセンティブを支給
4. その他	株式会社ディスコ……残業時間が少ない程、手当の割増率を増やす　45時間→40%　45時間以上→減少 トヨタ自動車株式会社……残業時間にかかわらず、月45時間分の残業代を支払う

※パーソルプロセス&テクノロジー株式会社のコーポレートベンチャー
これらの事例は、近年の一時点の施策であり、継続して実施していることを保証するものではありません

①「働けば働くほど確実な報酬上昇になる」という残業へのインセンティブをなくす

②「働き方は変わって良いが、残業代が減りすぎても困る」という不安を払拭する

③「ダラダラ仕事している人の給料が高いのは納得いかない」という不満を解消する

といった効果が期待でき、残業施策と残業代を巡る多くのモヤモヤをポジティブに転換させられます。

しかも、残業代還元はそれまでの残業代の減少を前提としていますから、

原資も確保できており、各種調整コストを除けば実施費用もかかりません。「残業代還元」はそれ自体が、長時間労働を減らすための「積極的」な施策だと言えます。こうした一石三鳥の効果を狙って、すでに数年前から取り組んでいる企業もあります（図表7‐7）。

　福利厚生を充実させるといった間接的な還元も行われていますが、「残業代を前提として家計を組み立てている」人が少なくない現状では、やはり「お金で還元」するのが最も明快で効果が高いと思われます。

第7講のまとめ

　第7講では、残業削減施策を成功させる上で押さえたいポイントとして、

① 残業時間の「見える化」によって、自社の残業実態を把握し、施策を社内に広める
② 本気度を示すことで「『コミットメント』を高める」ことに努める
③ 導入後1カ月を越えても継続することで「退路」を断って、やりきる
④ 効果の「見える化」と「残業代還元」という見返りを用意することで、続けるモチ

ベーションを維持してもらう

という4つを学びました。

しかし、短期的に残業時間の削減目標を達成できたとしても、組織や個人に根付いた長時間労働をベースとした「働き方」そのものはすぐには変わりません。

次の第8講では、根源的に残業を抑制し、生産性の高い組織に変えていくために何ができるかを考えていきます。

第8講

組織の生産性を根本から高める

第7講では、「外科手術」的な残業施策を成功させるためのステップを学びました。

しかし、こうしたトップダウン型の施策によって「組織」そのものの「働き方」まで変革していくことは、残念ながらあまり期待できません。

第8講では、残業を根本から抑制し、「生産性の高い組織」にするためにできることを考えてみましょう。

「外科手術」の限界

Dさん「中原先生、質問です。『働き方改革』をする経営側の意図は、『長時間労働を止めさせること』ではなく『生産性の高い職場にすること』だと思うんですよ。抜本的に組織風土から変えていく手段はないんでしょうか？」

Dさん、冒頭から本質的な質問をありがとうございます。確かに、働き方改革の本丸は「生産性が高い職場を生み出すこと」です。それは「人事の流行」だからではなく「経営のために」やるべきことです。

図表８-１　残業削減施策による質的な変化

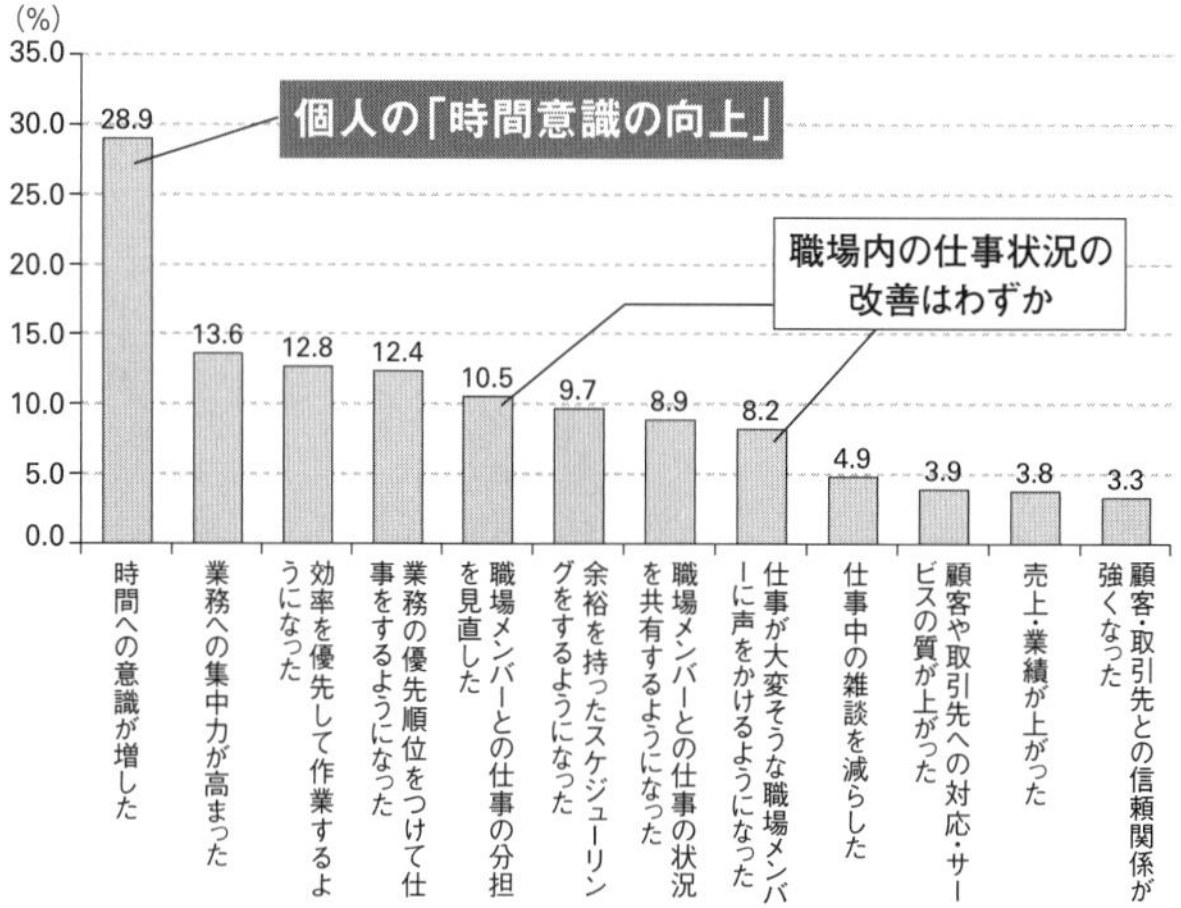

出所：「パーソル総合研究所・中原淳　長時間労働に関する実態調査」

第７講では、「外科手術」的な方法で残業を削減させるためのステップを見てきました。しかし、こうしたトップダウン型の施策で「組織」そのものの生産性や「働き方」まで変わることは期待しにくいのも、また事実です。

図表８-１は、「外科手術」的な残業施策による、質的な変化をたずねた調査結果です。これを見ると「時間への意識が増した」人が28・９パーセントおり、残業施策の最大の効果は、個人のタイムマネジメント意識の改善だということがわかります。

一方で気になるのは、仕事の分担の見直しや声かけなど、職場内での仕事の進め方については、10パーセント程度とほとんど

図表８-２　残業施策の有無と「集中」「感染」状況

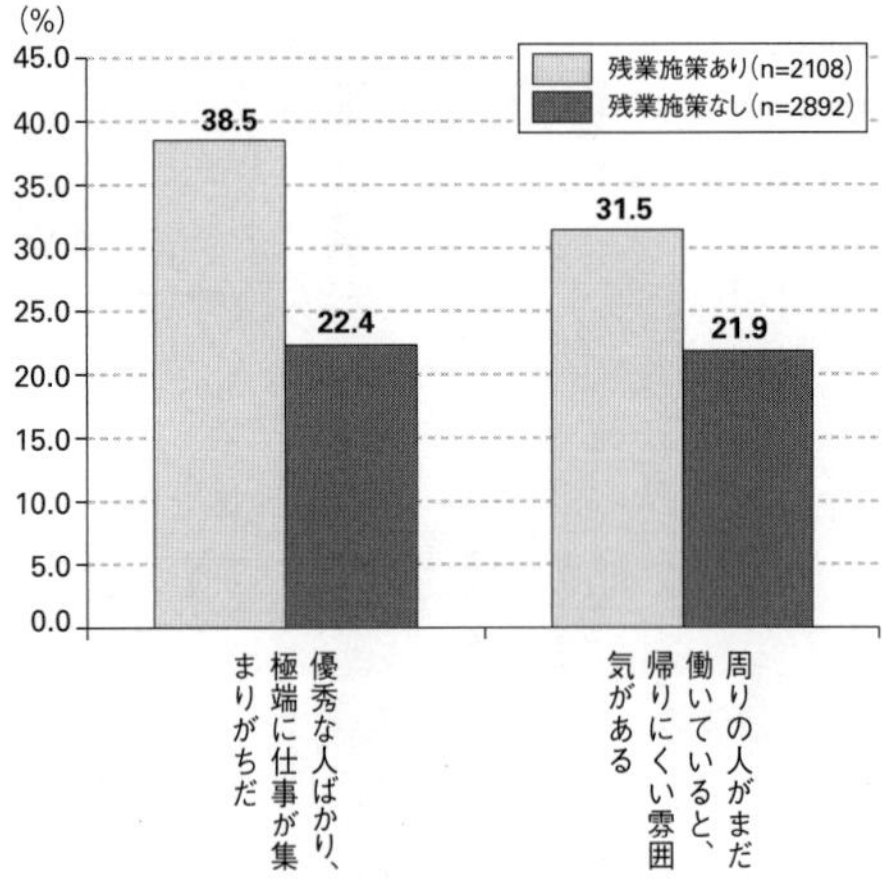

出所：「パーソル総合研究所・中原淳　長時間労働に関する実態調査」

改善されていない点です。一律的に行われる残業施策だけでは、組織単位での仕事状況そのものを変えるには至らないようです。

このことを別のデータでも確かめてみました。**図表８-２**は、残業施策の有無と残業の状況を比べたものです。これを見ると、施策「あり」のほうが、残業発生メカニズムで着目した「優秀者への業務集中」（集中）、「帰りにくい雰囲気」（感染）ともに高いのです。

残業習慣の強い企業が対策として残業施策を実施した可能性もあり、これらの傾向が「施策によって」かえって強まっているのかどうかは、このデータからは確かめられません。ただ、より細かな分析を行ったところ、ごくわずかですが残業施策「あり」のほうが、集中・感染の程度は高くなる傾向が見られました。

これらが示唆しているのは、「残業をさせない」施策は「残業麻痺」や「残業代依存」に対処療法的な効果がある一方、「感染」「集中」といった「ヨコの学習」、「遺伝」という「タテの学習」には効果がない、ということです。残業にタテとヨコの学習構造があることは、第5講の**図表5-7**（200ページ）で見た通りです。

複雑化した残業問題の本質的な解決策は、骨太で生産性の高い「職場」を作ることです。私の専門領域は「職場における人材育成」ですが、「職場」とは「生産性革新の本丸」かつ「長時間労働の温床」という、良い面と悪い面をあわせもったものです。勇気を持ってこの「パンドラの箱」を開けて根本的な問題解決を図らない限り、事態は好転しません。

長い期間をかけて組織学習されてしまった長時間労働の慣行を解除するには、残業時間削減という「外科手術」的な方法に加えて、より中長期的な効果を狙った「漢方治療」のような施策が必要になります。

ではいったい、どのような「漢方」を用いれば良いのでしょうか。これから第8講では「マネジメント編」「組織開発編」の2つにわけて見ていきます。長時間労働という難治性の慣行には、私の専門である「人材開発のナレッジ（知識・情報）」と「組織開発の知恵」を総動員する必要があります。

人材開発とは「学習というレバレッジ（てこ）をもとに、個人の能力・スキル・信念などを、組織の目標や時代と同期させること」です。この講義における人材開発とは、マネジメント層の育成になります。また、組織開発とは「組織を機能させるために、職場ぐるみで変化を引き起こすこと」です。

まずは、マネジメントについて考えていきます。

マネジメントの変革編①　「罰ゲーム化」したマネジャーを救え！

残業が「感染」「集中」「遺伝」している職場で解決の鍵となるのは、なんといっても現場の管理職、マネジャーたちです。彼らに対する支援こそが重要なのは、言うまでもありません。マネジャーが職場に与える影響は良くも悪くも絶大なので、日々のマネジメントひとつで職場は大きく変わります。

しかし、現代のマネジャーをとりまく環境は非常に厳しいものがあります。プレイングマネジャー化、コンプライアンスの強化などに加え、突如として降ってわいた「働き方改革」。マネジメント層に強い負荷がかかっていることは、様々なデータで見てきた通りです。

　また、部下となる若年層の仕事意識の変化も、マネジメントを難しくしています。

　若年層のワーク・ライフ・バランス意識は高まっており、以前と比べて長い残業は嫌がられます。そういう部下に対して無理な残業を指示すると、「パワハラ」と言われかねません。そこまでいかずとも、人手不足で売り手市場が続く中、大事な若手に無茶をさせて離職されると大変です。だから自分が残業するしかない、といった現場マネジャーたちの悲鳴に似た声も耳にします。

　今、マネジャーたちには、

①　コンプライアンスを守り
②　多様な部下を扱い
③　部下に残業をさせず
④　自分も残業をせず
⑤　組織のパフォーマンスを高め
⑥　個人としての成果も上げ続ける

という高難度な課題が与えられています。これはほとんど「無理ゲーム（クリアが不可能なゲーム）」でしょう。

さらに、残業代に強く依存する日本企業では、管理職になると残業代が出なくなる分、以前よりも月の手取りが減る「逆転現象」もしばしば起きます。まさに、日本でマネジャーになることは「罰ゲーム」と化しているのです。今、「管理職になりたい」と希望する若手の正社員が少ないことは、157ページで紹介した厚生労働省の調査の通りであり、かつてサラリーマンの憧れだった「課長の椅子」は、完全にその輝きを失っています。

かつて日本企業のマネジメントの基本は、給料の上昇と出世の可能性を与え続けることでした。前に述べたように、長期雇用を前提としているからです。しかし、マネジャーの「罰ゲーム化」が進むと、昇格は全く魅力的なものではなくなります。組織内で昇格していくことがインセンティブにならない事態は、日本企業の組織運営を根本から覆《くつがえ》しかねません。多様な人材の活躍や企業の中長期的な運営のためにも絶対に避けるべき事態ですし、「働き方改革」がそれを助長してしまうのは本末転倒です。マネジャーを地位向上、待遇改善、給与アップ、役割のシェアなどで再び魅力的なポジションにすることは、日本企業がただちに取り組むべき「喫緊《きっきん》の課題」です。

マネジャーの仕事の一つでもある、部下の「残業時間を減らす」「ワーク・ライフ・バランスを実現する」マネジメントは、これまでにも研究されてきました。しかし、なかなか実務上のヒントにはなっていません。

なぜなら、部下の残業削減やワーク・ライフ・バランスの実現は、マネジャーの本質的な役割ではないからです。

マネジャーの役割は「組織のパフォーマンスの最大化」です。部下たちの残業を減らしたことで組織のパフォーマンスが落ちてしまうのは、当のマネジャー自身が最も嫌がることなのです。

そのため、単に長時間労働を是正するマネジメントにフォーカスしても、現場マネジャーの役には立ちません。必要となるのは、本書のオリエンテーションで説明した「３層分析モデル」の考え方です。残業時間を減らした「先に」目指すものを予《あらかじ》め示さなければならないのです。

現場で汗をかくマネジャーにとって必要な知見はただ一つ、「残業を減らして、かつ、パフォーマンスを上げるマネジメント」です。この前提に立ち、残業に対するマネジメントの課題を俯瞰的に整理しましょう。

今後の日本社会が、昭和のような働き方に戻ることはありえません。これからのマネジャーに求められるのは、長時間残業によってパフォーマンスを上げる「旧来型マネジメント」ではなく、残業をせずパフォーマンスを上げる生産性の高い「希望のマネジメント」です。

マネジメントの変革編②　「希望のマネジメント」に必要な3つの力

「希望のマネジメント」にまず求められるのは、ムダなマネジメント行動を廃し、やることをぐっと絞り込むことです。これまで通り勘と経験に基づいて生産性を高めようとしても、結局は部下ができなかった仕事をマネジャーが抱え込み、潰れてしまいます。
図表8-3は残業時間と組織パフォーマンスを4象限で区分したものです。最悪なのは右下の、残業が多くてパフォーマンスも低い「絶望のマネジメント」です。そして、今後私たちが追求していかなくてはならないのは左上の象限、残業が少なく高パフォーマンスの「希望のマネジメント」です。両者には組織パフォーマンスでおよそ2倍、残業時間は14・7倍もの差がついています。また、上司本人の残業時間も13・4時間と47・8時間と大きな差があり、「希望のマネジメント」がなされている組織では、上司による仕事の巻き取りもなさ

図表８-３　残業時間と組織パフォーマンスの関係

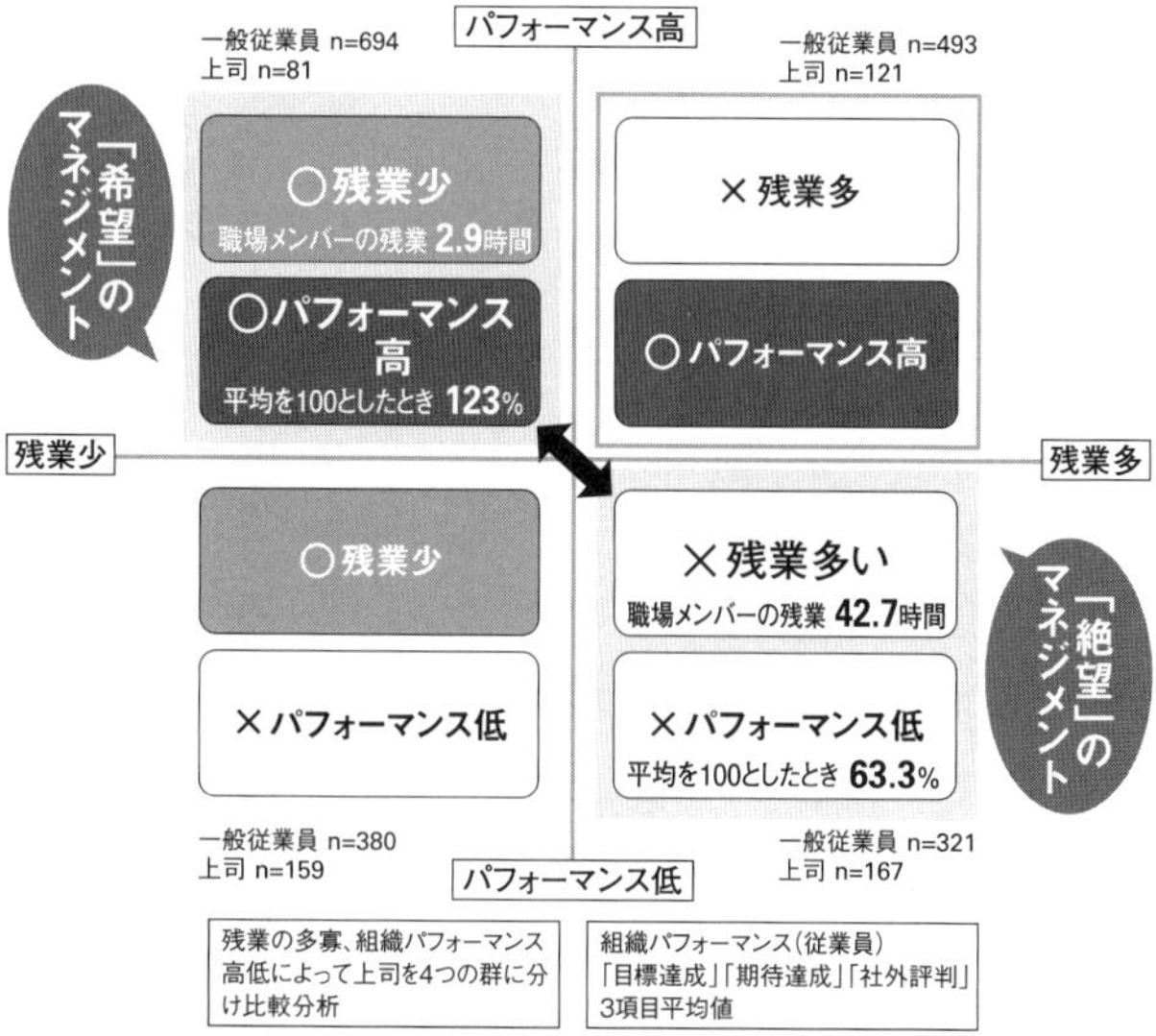

出所：「パーソル総合研究所・中原淳　長時間労働に関する実態調査」

そうです。ちなみに、部下の平均人数には差がありませんでした。いわゆる「スパン・オブ・コントロール」（マネジャーが直接に管理している部下の人数や業務の領域）は、残業時間やパフォーマンスと直接は関連していないのです。

ではいったい、何が違うのでしょうか。絶望のマネジメントと希望のマネジメント行動を比べると、いくつかの傾向が見えてきました。その結果が２６５ページの**図表８‐４**ですが、明らかに違いが出たのは次の３点です。

①ジャッジ力……不確実な状況でも一貫した軸を持って迅速に状況判断・指示する能力
②グリップ力……現場の状況や進捗を把握する能力
③チーム・アップ力……オープンで風通し良く、活発にコミュニケーションをする能力

まず、絶望のマネジメントです。こちらのマネジャーはジャッジ力、グリップ力、チーム・アップ力のいずれも低い傾向にあります。「ジャッジ力」の低いマネジャーは曖昧な指示、場当たり的な仕事の割り振りをします。

「グリップ力」の低いマネジャーは、上層部や経営からの指示を丸飲みし、部に伝達するだけになっています。

「チーム・アップ力」が低いマネジャーは部下と上司、あるいは部下同士での情報連携、フォロー体制の構築ができません。

残業が多くパフォーマンスも低い組織では、こうした絶望的なマネジメントがなされてい

図表８-４　希望のマネジメントと絶望のマネジメントにおける上司行動の特徴

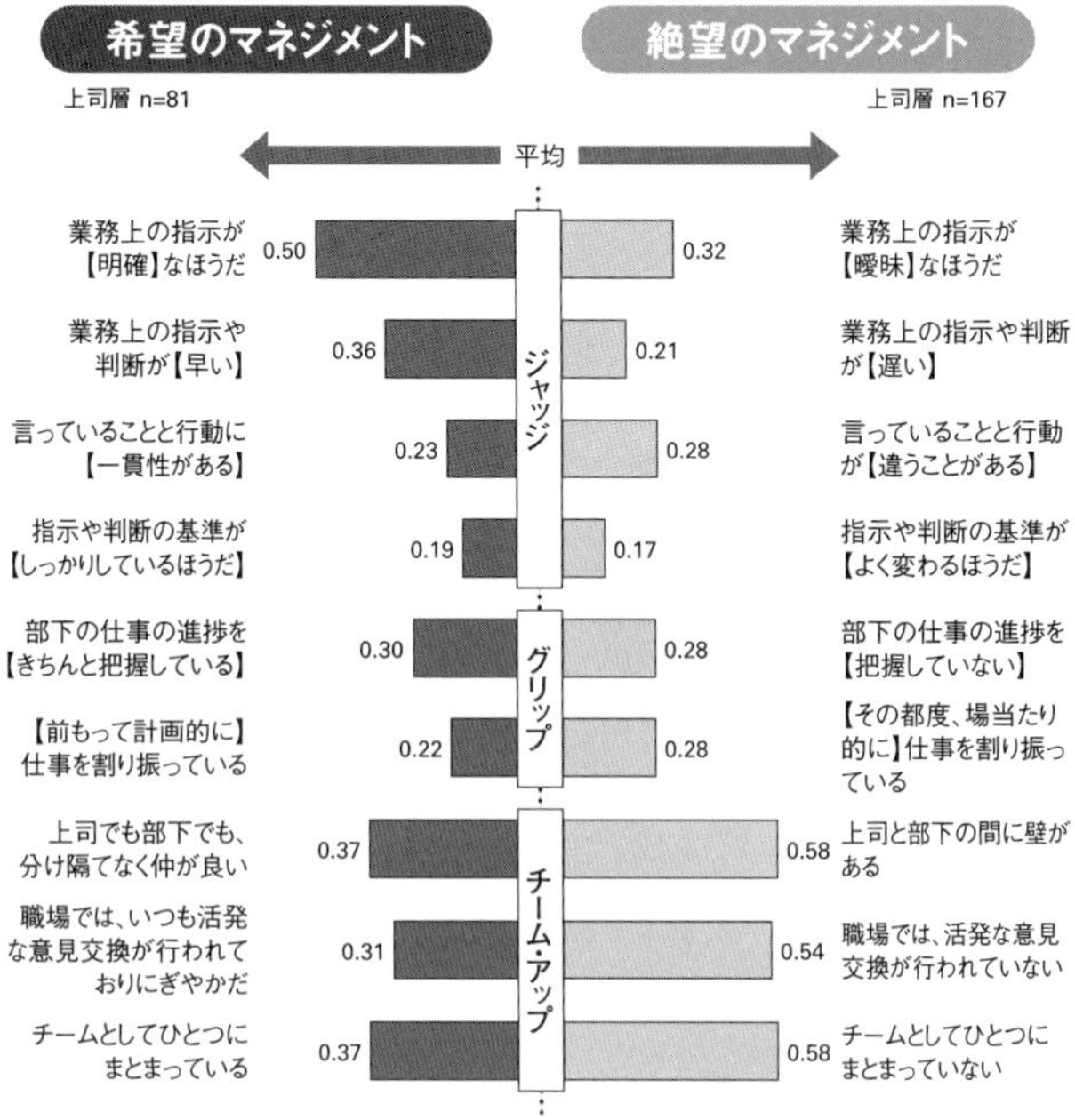

※ジャッジ、グリップは６段階、チーム・アップは５段階尺度の平均値からの差分
出所：「パーソル総合研究所・中原淳　長時間労働に関する実態調査」

るようです。

一方、希望のマネジメントは「ジャッジ力」「グリップ力」「チーム・アップ力」が高い傾向にあります。しかし、これらをバラバラに意識する必要はありません。なぜなら、3つの力は密接に関連しているからです。オープンなコミュニケーションが行える「チーム・アップ力」が高まることで、コミュニケ

図表8-5　希望のマネジメントに必要な3つの力

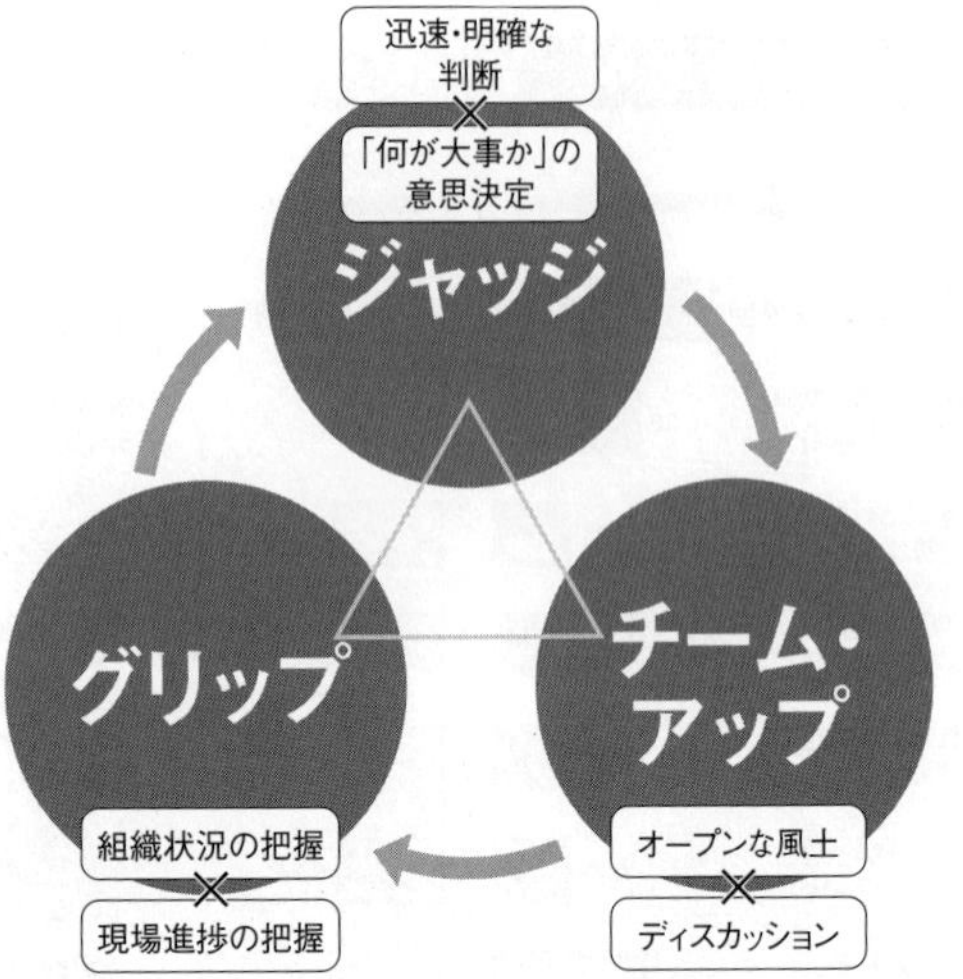

ーションの総量が上がります。すると様々な情報が入ってくるため、職場の状況を把握する「グリップ力」も自然に高まります。「グリップ力」が高まると、例えば上層部からの「無茶振り」に対しても論理的に対処できるため、迅速かつ明確な判断を行う「ジャッジ力」も高まるわけです。3つの力は**図表8-5**のように、「トライアングル」の構成となっています。

逆に言えば、どれか1つでも欠けると「負のスパイラル」に陥る危険性もあります。例えば、オープンなコミュニケーションがない組織では都合の悪い情報や知っておくべきことが上司の耳に入らず、グリップ力が落ちます。上司が職場をグリップできないと適格なジャッジができず、上層部の言いなりになってしまいます。そうなると信頼を失い、メンバー間のオープンなコミュニケーションは成立しにくくなるでしょう。

マネジメントの変革編③「やることはいくらでもある」わけがない

「希望のマネジメント」を実現する上でとりわけ重要なのが「ジャッジ力」、それも「やらない」ことをジャッジする力です。

働き方を変えるには「職場業務のダイエット」が必要ですが、これは単に業務を効率化すれば済む話ではありません。

ヒントにしたいのは、日本の会社員がしばしば口にする「やることはいくらでもある」という言葉です。仕事の後の飲み会などで「おつかれさま。仕事終わったの？」といった声かけに、「うん、一応。まあ、やることはいくらでもあるんだけどね～」と返されたことはありませんか？

忙しさをアピールするための言い訳かもしれませんが、私はこの言葉を非常に日本的だなと感じます。

日本型雇用のスタンダード「職能給」では業務の範囲が不明確なため、眼の前にある担当業務以上の「プラスアルファの仕事」が評価されがちです。第1講で述べた「仕事の無限性」ですね。これをもう少し踏みこんで考えてみましょう。

業務範囲の曖昧さは、チーム内で仕事が終わっていない人を手伝うなど、良い方向に働く側面もあります。ですが「やるべきか否か、誰がやるかも決まっていない、でもやっておいたほうが良いこと」をいくらでも見つけられるため、「いつまでも仕事が終わらない」のです。

今後の仕事をスムーズに進めるため、評価されるため、組織に貢献するため……。様々な理由があるにせよ、日本の職場では地下から噴き出すマグマのように次々と新しい仕事が生み出されています。

このような職場に慣れきっている人は、今日のタスクが終わっても、来週の企画提案の下準備をしたり、後輩の世話を焼いたり、資料を整えたり、とにかく「なにかできること」を探します。それは、その人の意思の強さや勤勉さによるものではなく、日本型雇用にビルトインされているただの「慣習」です。だから「仕事は無限にある」とは、日本的な言葉なのです。職場の働き方を変えるには、こうした背景を理解しつつ、「それでもなお、やらない」

というジャッジが必要です。

「そうはいっても、クライアントワーク（お客様がいる仕事）では難しい」と思う人もいるでしょう。日本では「おもてなし」の言葉に象徴されるように、多くの企業が突発的で頻繁な顧客のリクエストにも丁寧に対応することで、他社との差別化を図っています。

この状況に対して、経営サイドからは「過剰な品質、サービスを改めよ」という声も多く挙がっています。しかし、クライアントの要望に速やかに対応することを良しとしてきた現場にとって、これほど「言うは易《やす》く、行うは難《かた》し」なことはないでしょう。単なるかけ声ではなく本当に実行するためには、もう少し踏み込む必要があります。

繰り返しますが重要なのは、こうした「ジャッジ」は「グリップ」や「チーム・アップ」とも密接に関わっているということです。

職場の仕事状況をグリップできていないと、「やらない」「受けない」というジャッジはできませんし、「大切な仕事とそうでないもの」についてコミュニケーションできていなければ、メンバーは来た仕事をすべて受けることが貢献だと思うでしょう。

「何が大事なのか」×「職場がどうなっているのか」×「それらを職場でどうコミュニケーションするか」という掛け算で、「やるべきこと」と「やらないこと」を見極め、ジャッジする。

これは、曖昧さの中で働く一般従業員に求めるのは難しく、マネジメント層にしかできないことです。そのためにも、マネジャー自身が「自分の判断の軸」をブレずに持つことが極めて重要です。

「やらないこと」を決められるのは、「やるべきこと」が明確である時だけです。「やるべきこと」が不明瞭で無限化してしまうマネジャーに「やらなくていいこと」は決められません。「ジャッジ」「グリップ」「チーム・アップ」によって「やらないこと」をジャッジし、仕事を無限に生み出すのを止めることが「希望のマネジメント」の向かう先です。

マネジメントの変革編④　部下への声かけは「2割増し」で

ではいったい、どの程度「ジャッジ」「グリップ」「チーム・アップ」ができればいいのでしょうか。多くのマネジャーは「自分はできている」「精一杯やっている」と考えているようですが、私たちの調査の結果、思いのほかできていないマネジャーが多いことがわかりました。

図表8－6は、こうした生産性を左右する重要なマネジメント行動について、上司と部下

図表8-6　マネジメント行動における部下と上司の認知ギャップ

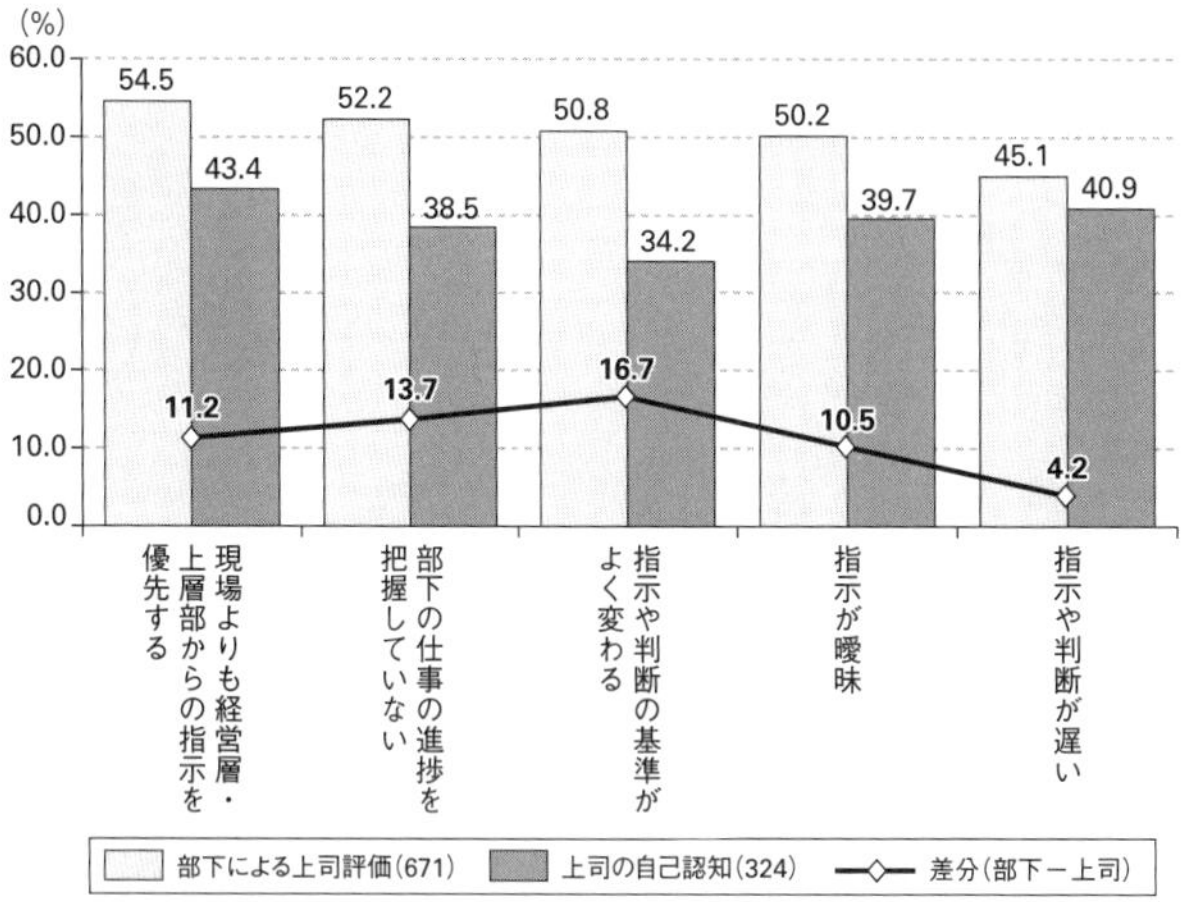

出所：「パーソル総合研究所・中原淳　長時間労働に関する実態調査」

の間で見られた意識のギャップを表しています。上司たちは多くの行動について「自分はできているはずだ」と認知する傾向にありますが、部下から見るとそうではないのです。

さらに興味深いのは、「職場のムダ」についてのデータ（次ページ**図表8－7**）です。

メンバーが思う職場のムダな部分と、それについて「自分の上司が理解していると思うかどうか」を聞きました。すると、ほぼすべての項目で大きなギャップが見られ、さらに28・3パーセントの部下が「上司はどれも理解していない」と感じていたのです。

マネジメントを抜本的に改革するには、

図表8-7　一般従業員と上司の職場のムダの認知ギャップ

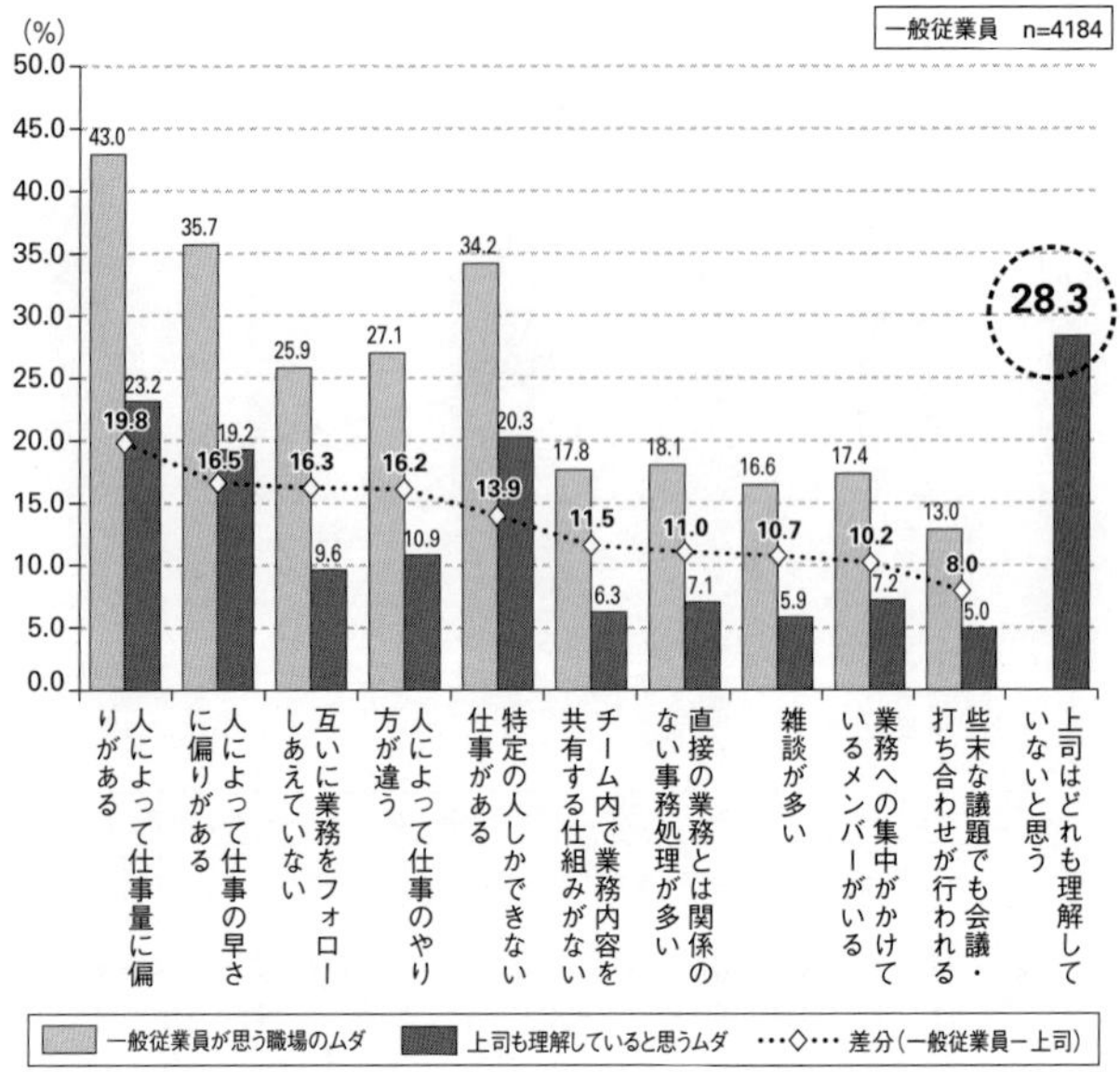

出所：「パーソル総合研究所・中原淳　長時間労働に関する実態調査」

「自分はしっかりマネジメントできているはず」「部下はわかってくれているはず」といった意識を変える必要があります。

現在、一定規模以上の企業では360度フィードバック（マネジャーの行動を上司・部下などが評定して本人にフィードバックする多面評価の仕組み）などが行われている場合もありますが、中にはそれ自体が目的化していたり、運用が形骸化してしまいマネジャーへフィードバックされていなかったりします。仕組みのあり方を見直すことも、また一計でしょう。調査データが示すように、「自分はわかっている、知っている」ことがメンバーに伝わっている度合いは、「自分が思う2割引き」程度なのです。

伝えたいこと、共有すべきことは、しつこく何度も言葉にする。

伝わっている度合いが「2割引き」ならば、コミュニケーション量は「2割増し」くらいでちょうどいいでしょう。試しにいつもの「2割増し」で「職場のムダ」について話し合ってみてください。部下との認知ギャップを埋めていく会話ができるだけで、改善点がいくつも出てくるかと思います。

マネジメントの変革編⑤ 「抱え込み上司」にならないために

第４講で述べたように、残業の「集中」という傾向が一番強いのはマネジャー層です。マネジャーたちの多くは、チームだけでなく個人としての目標数字も背負わされた「プレイングマネジャー」で、部下たちに時間を割く余裕もない中、残業時間削減という新たな目標を課されています。責任感が強く仕事のできるマネジャーたちは、チームに貢献するべく部下たちから「仕事を巻き取って」しまうため、残業が「集中」します。

この課題について、「残業」の観点からは何が言えるでしょうか。

上司と部下のどちらが長く働いているかは、図表8‐8を見るとほぼ半々に分かれていま す。ここでは、部下よりも残業時間が長い上司を「抱え込み上司」と呼ぶことにします。「抱え込み上司」は、そうでない上司と何が違うのでしょうか。大きな差が出たのは、仕事観でした。図表8‐9を見るとわかるように、「抱え込み上司」は「仕事が男の生きがい」という、性別役割分業（家庭における夫婦それぞれの責務や役割について明確に区分すること）に基づいた仕事観を強く持っていました。そのためか、「自分の仕事が終わっても職場に残る」傾向があります。こうした仕事観が、マネジメント行動にも影響しているようです。

「抱え込み上司」は、276ページの図表8‐10を見てもわかるように、上司本人のワークエンゲージメント、成長志向、成長実感ともに平均を大きく上回っています。つまり、残業時間は長いがモチベーションは高い「残業麻痺」に近い状態にあることが示唆されます。ところが興味深いことに、「組織のジョブパフォーマンス」では、「抱え込まない上司」との間に差は見られませんでした。「抱え込み上司」がサービス残業で部下の仕事を巻き取ったとしても、残念ながら、そうでない上司のいる部署よりも成果を上げているわけではないのです。

経営学において、マネジメントの最も有名な定義は、「他者を通じて、事を成し遂げる

図表8-8　部下より残業が多い「抱え込み上司」の割合

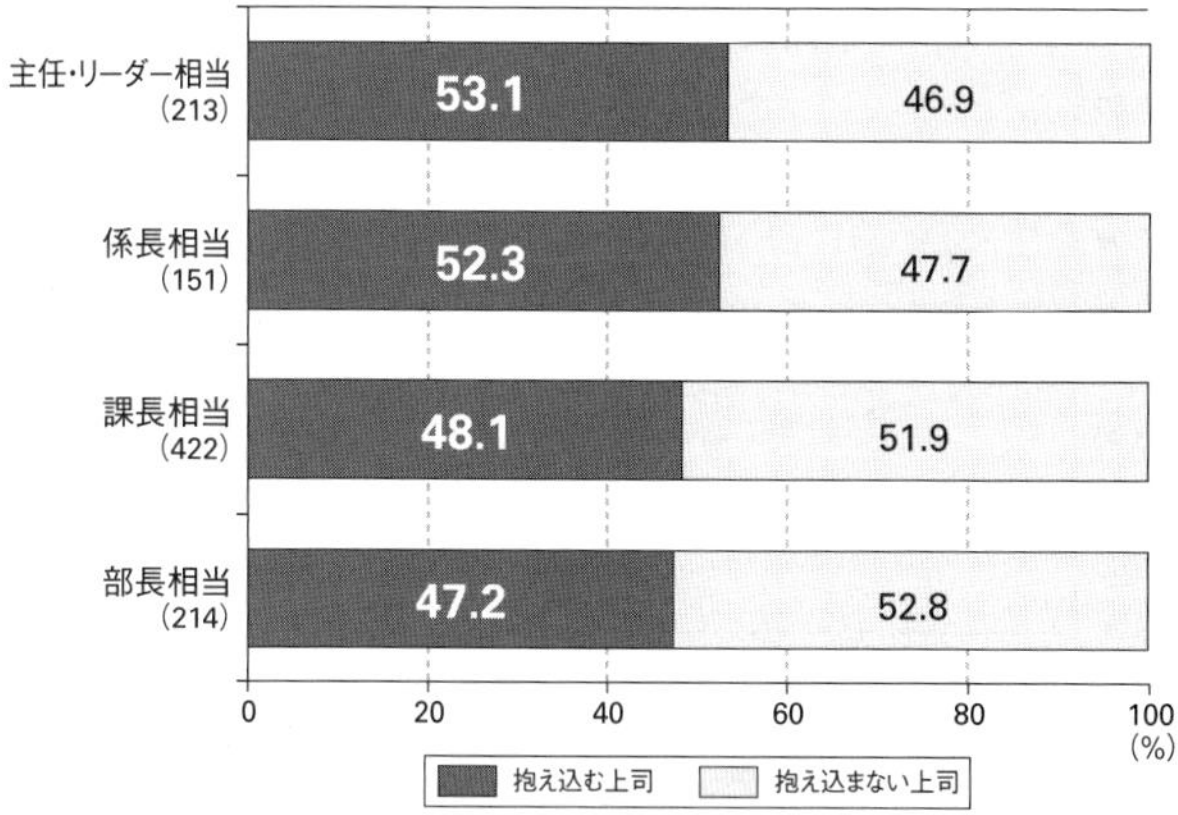

出所：「パーソル総合研究所・中原淳　長時間労働に関する実態調査」

図表8-9　「抱え込み上司」の仕事観の特徴

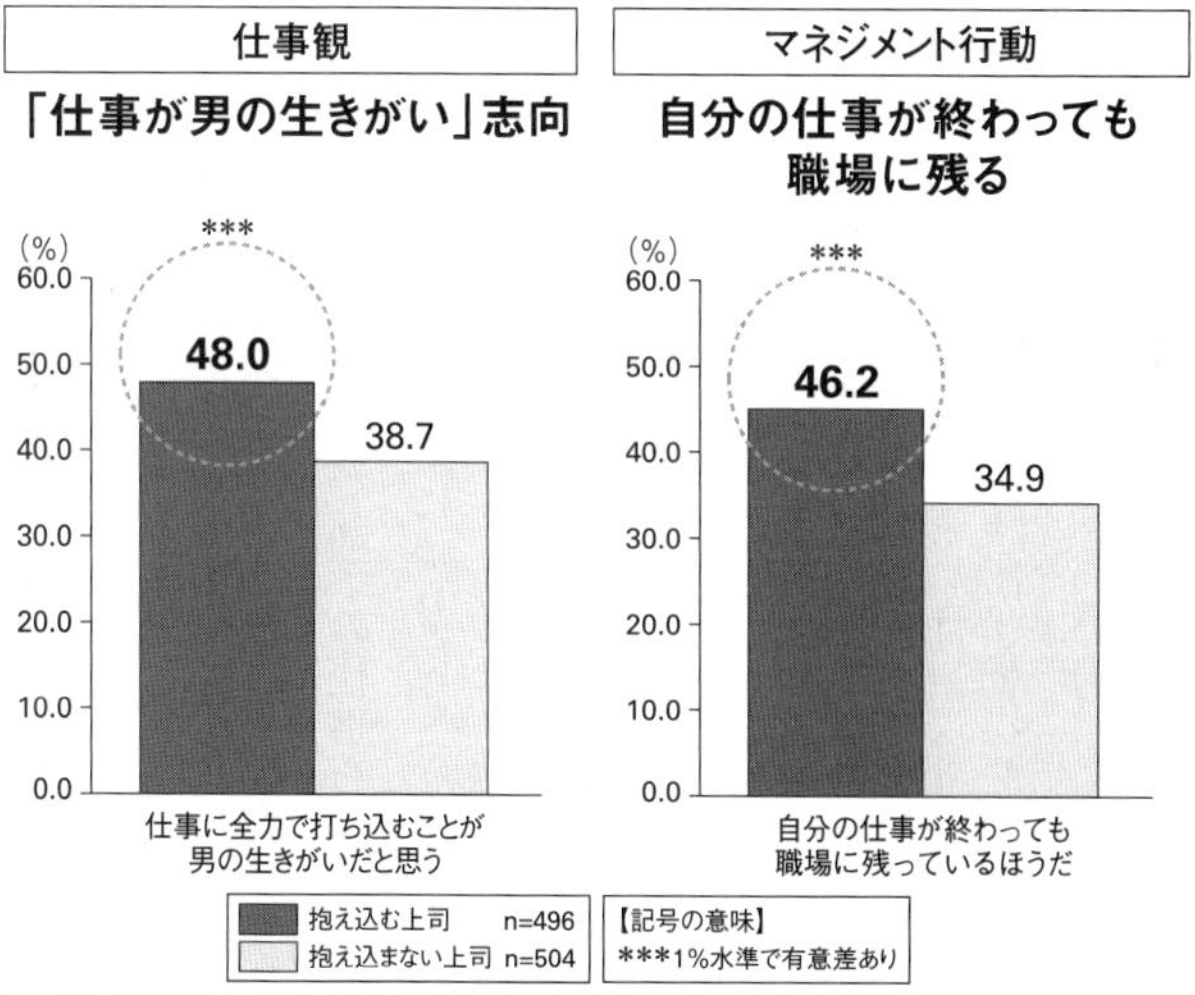

出所：「パーソル総合研究所・中原淳　長時間労働に関する実態調査」

図表 8-10　仕事を抱え込む上司と仕事を抱え込まない上司のパフォーマンス比較

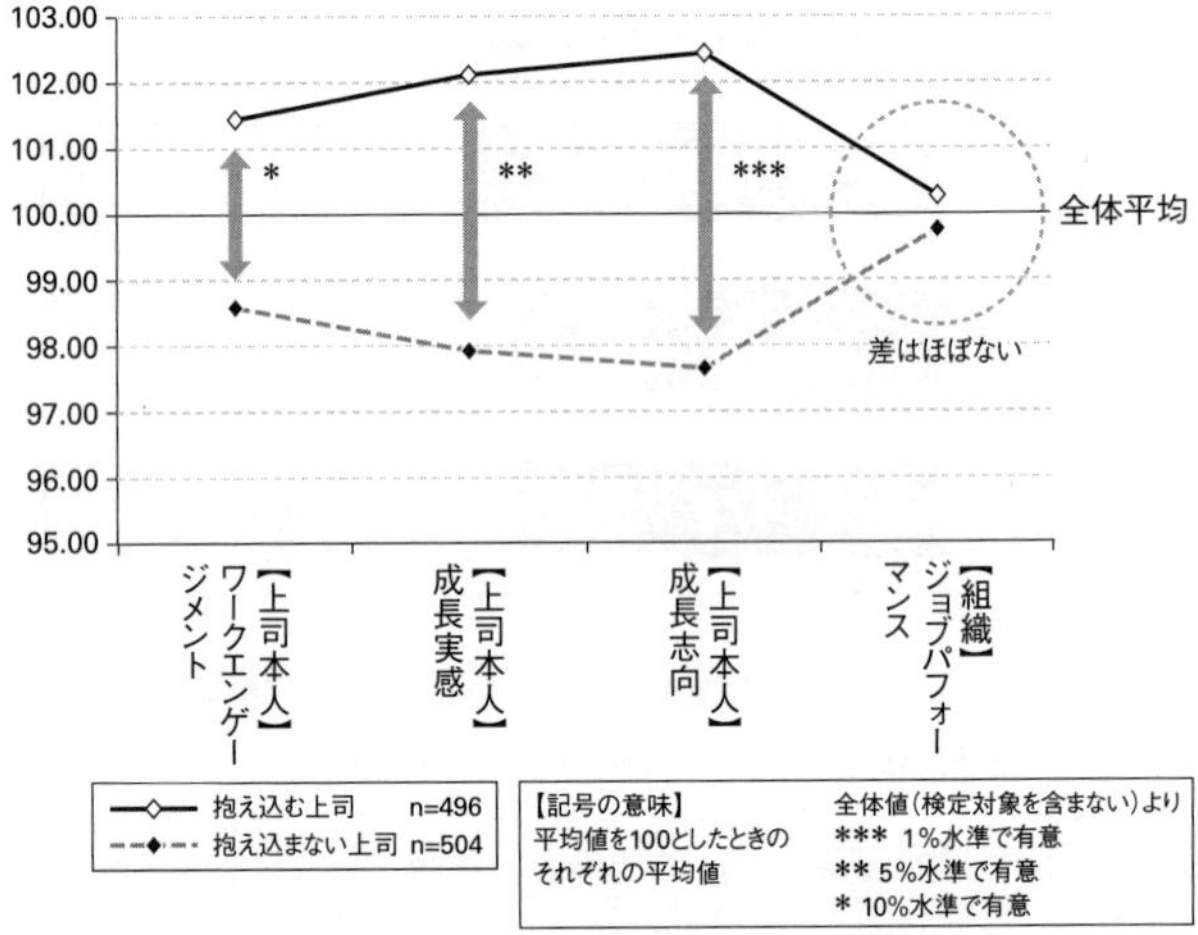

出所：「パーソル総合研究所・中原淳　長時間労働に関する実態調査」

(Getting things done through others)」です。[*37]他者から「仕事を巻き取ってしまう」という行動が、マネジメントの本質とかけ離れていることは一目瞭然です。マネジャーが部下の仕事を巻き取ることで、周囲に帰りにくい空気を「感染」させ、若手の部下には「残業体質」を「遺伝」させてしまうことにもなります。

改めて言うまでもなく「部下育成」はマネジャーの大きな役割です。自身ができる仕事もうまく振り分け、適切な経験を積ませなければなりません。

「マネジメントの3つの力」に加えて、こうした抱え込みをなくし、「自分がいなくても回る組織」を作っていくことが、中長期的な組織運営には極めて重要です。
さて、ここまではマネジメントをどうやって変革できるかを見てきましたが、より組織全体をアップデートしていくための方法、組織開発についても考えてみましょう。

組織ぐるみの改革編①「残業の組織学習」を解除する「3つの透明性」

先に述べたように、長時間労働の慣行は個人よりも、職場や組織といった要因が複雑に絡みあって生まれています。ならば、それを解除するための方法も、職場ぐるみ、組織ぐるみの改革が求められます。

確かに職場におけるマネジャーの影響力は大きいですが、組織に根付いた「残業メカニズム」を解除する役割をすべて負わせるのは、あまりに無責任です。特に、長年染みついた残業の「集中」「感染」という組織の「ヨコの学習」は、マネジャーの力だけでは解除できません。組織的に生み出され、広がっている現象は、組織的に解除していく取り組みを同時に

＊37　Koontz, H. And O'Donnell, C. (1955) Principles of Management : An Analysis of Managerial Functions. McGraw-Hill Book Co., Inc.

行っていくことが必要になります。では、具体的に何を変えればいいのでしょうか。

組織特性や風土に関する調査結果から、組織内のどんな特徴が「集中」「感染」を促進または低減しているかを分析しました。すると、次の3つの「透明性」に関わる組織風土が見えてきました。

①　業務の透明性 ②　コミュニケーションの透明性 ③　時間の透明性

どうやら、これらが「組織」を変えるポイントになりそうです。

①　業務の透明性

残業体質に染まっている組織を変えていく第一のポイントは、「業務に関わる透明性」を高めていくことです。

図表8‐11にあるような項目が「感染」「集中」に影響を与えていました。これらはすべ

図表８-11　業務の透明性が残業に与える影響

業務の透明性			
残業の感染	**感染を「低減」** ・新人にはメンター、教育係がついている ・メンバーが休んだ時、他の誰が対応するかが明確になっている	残業の集中	**集中を「低減」** ・定期的にメンバー間で業務量を調整している ・特定の人だけができることを少なくしている ・メンバーが休んだ時、他の誰が対応するかが明確になっている **集中を「促進」** ・ネットワーク内のフォルダー名や置き場が人によってバラバラ ・職場に「あまり働いていない」と思う人がいる ・他のメンバーが何をしているかを把握できていない

て、職場で「誰が・何を・どんな風に行うか」といった、業務の透明性に関わるものです。つまり、業務の透明性が高い組織では残業の「集中」「感染」が低減されていることを示しています。

　例えば、メンター（教育係）が休んだ時の代わりといった「役割」が明確なことは「感染」を低減させ、特定の人に依存する仕事が少なくメンバー間の業務量調整が可能なことは「集中」を低減させています。一方、「他のメンバーが何をしているか把握できていない」「ファイルの置き場がバラバラ」「職場に『あまり働いていない』と思う人がいる」といった組織状況は、残業が１人に「集中」する状態を促進しています。

図表8-12　コミュニケーションの透明性が残業に与える影響

コミュニケーションの透明性			
残業の感染	感染を「低減」 ・上の者に対しても言いたいことが言える ・わからないことがあったら、メンバー間で自発的に教え合っている ・上司でも部下でも、分け隔てなく仲が良い ・上司はメンバー全員と毎日会話している ・チームとしてひとつにまとまっている	残業の集中	集中を「低減」 ・上司はメンバー全員と毎日会話している ・上司との1対1の面談が定期的に行われている

②　コミュニケーションの透明性

第二のポイントとして見直していきたいことは、「コミュニケーションの透明性」です。

「感染」を低減させているのは、**図表8-12**にある通り、「わからないことがあったら、メンバー間で自発的に教え合っている」「上司でも部下でも、分け隔てなく仲が良い」といった、コミュニケーションに関わる項目です。また、「集中」を低減させる要素にも、「上司はメンバー全員と毎日会話している」「上司との1対1の面談が定期的に行われている」などが入っています。

逆に、コミュニケーションの透明性が低い組織では、残業が感染しやすいと言えます。「先に帰りにくい」という同調圧力が強くなるため、業務量の偏

図表８-13　時間の透明性が残業に与える影響

時間の透明性			
残業の感染	**感染を「促進」** ・休憩時間を惜しんで作業を進める雰囲気がある ・残業にあたる時間がいつから始まるか意識していない ・始業時間よりも前の出社が奨励されている ・終業間際に社内から即時対応の作業依頼が来ることが多い	残業の集中	**集中を「促進」** ・上司の出社時間が定時よりも早い ・終業間際に社内から即時対応の作業依頼が来ることが多い

りを緩和できません。

③　時間の透明性

組織変革の第三のポイントは、「時間の透明性」を高めることです。

図表８-13を見ると、「休憩時間を惜しんで作業を進める雰囲気がある」「始業時間よりも前の出社が奨励されている」など、働く時間が曖昧な職場では残業の「感染」が促進されていました。

長時間労働が常態化している組織では、いつから残業にあたる時間になるかさえ気にせず、「所定労働時間」という考え自体が形骸化しています。そもそも「所定労働時間」が意識されていない職場は、全体平均で20・5パーセントもあるのです。そのような職場では、上司も定時より早く来ますし、終業間際にも駆け込み仕事が舞い込みます。

休憩時間に関係なく仕事する人も多いようです。

すでに述べたように、日本では36協定によって、実質的に労働時間の規制がかけられていません。法律で制限されない限りは企業側の明確な線引きが必要ですが、それがされない企業も少なくありません。

組織ぐるみの改革編② 重なりあう「マネジメント・トライアングル」

「残業の組織学習」を解除するためには、「業務」「コミュニケーション」「時間」3つの「透明性」がポイントです。図表8-14を見てください。これらは、先ほど「マネジメントの変革編」で紹介した「希望のマネジメントに必要な3つの力」、「ジャッジ」「グリップ」「チーム・アップ」と、きれいに重なります。

「時間の透明性」が高まることは、「やるべき仕事」の中から時間内に「できる仕事」と「できない仕事」を選り分ける「ジャッジ力」と密接に関連します。「時間の透明性」が低く、皆が曖昧な時間意識で働く職場では、マネジャーの明確な判断がないまま仕事が進みます。それでは「無限」に増え続ける業務を止められません。

また、「業務の透明性」は、職場の仕事状況を把握する「グリップ力」に関わります。誰

図表8-14　マネジメントトライアングルと組織の3つの透明性

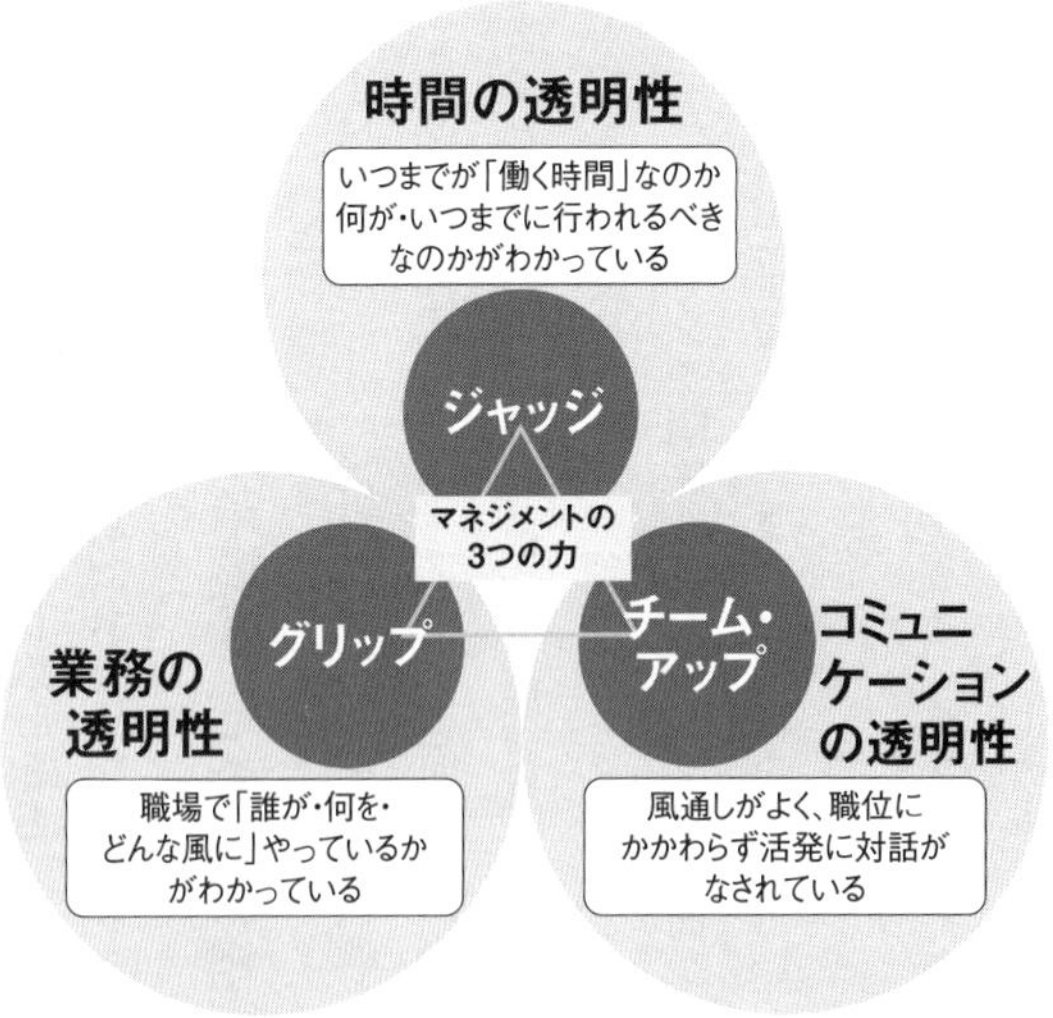

が何をどのように行っているか、職場内の「見晴らし」が良い状態なら、自ずとマネジャーのグリップ力は高まります。個々の役割と進捗状況などを「グリップ」するためには、組織全体で「業務の透明性」を高めていく必要があります。

「コミュニケーションの透明性」はどうでしょうか。これはまさに「チーム・アップ」の問題です。「チーム・アップ」のためには、マネジャーだけでなく、メンバーも含めて誰もがオープンに話をできていることが必要です。

このように、長時間残業をせずにパフォーマンスを高めるための「働き方改革」は、マネジャーに丸投げするのではなく、マネジャーによる「希望のマネジメント」の実現と、組織全体で風土改革に取り組む「組織開発」をセットで行うことが必要です。そうすることで、重なりあう「マネジメントのトライアングル」を実現することができます。

組織ぐるみの改革編③ 「希望の組織開発」の鉄板フレーム

先に述べました通り、「組織開発」とは、組織をうまくワーク（work：うまく動き、成果を出せること）させるための、「ソフト」な面からの働きかけです。例えば「コミュニケーションがうまくとれない」「役割分担が徹底されない」「時間通りに仕事が終わらない」といった、組織が抱える課題に対して、制度やシステムといったハード面ではなく、職場メンバー間のコミュニケーションや関係性といったソフト面から働きかけ、組織を変えていきます。

では、残業を学習してしまった組織を変えていくための「組織開発」は、どのように進めれば良いのでしょうか。

組織開発は各組織の業種や風土、抱えている課題などによってアプローチが大きく異なるため、万能のやり方はありません。しかし、必ず押さえるべきポイントはいくつかあります。ここでは、一般的な組織開発のフレームを紹介します。

どんな手法の組織開発でも、基本的には「見える化」「ガチ対話」「未来づくり」という3ステップがあります。以下では、私と南山大学教授、中村和彦氏の共著である『組織開発の探究』（ダイヤモンド社）をもとにお話しします。[*38]

①「見える化」

組織開発において、まず取り組むべきは「見える化」です。そもそも組織の現状が「見える化」され、十分にわかっていなければ、「何」を変えれば良いかわかりません。イメージできないものは、変えられないのです。

第7講でも述べましたが、「働き方」の変化が目的なら、「ブラックボックス化」されている残業時間も含め、組織のコンディションを「見える化」する必要があります。どんな方法を取るにしても、現状の可視化による課題の抽出は「改革」の第一歩です。

今、人事の世界では「ピープル・アナリティクス」が広まっています。端的に言うと「データとエビデンスに基づく人事施策づくり」です。これまで勘と経験、トップのリーダーシ

＊38　中原淳、中村和彦『組織開発の探究　理論に学び、実践に活かす』ダイヤモンド社、２０１８年

ップなど、ある意味「属人的に」進められてきた「組織づくり」が、統計ツールとデータ整備が進んだことで生まれ変わろうとしています。組織変革を目的に従業員調査をブラッシュアップしたり、マネジャーに向けた360度評価を行ったりする企業も増えてきました。「前例」と「経験談」に縛られてきた人的資源管理の世界にとって、これは歓迎すべき流れでしょう。私のもとにも、この数年、自社のデータを持って人事施策や研修開発のご相談に来られる人事部の方々が、随分多くなりました。

データそれ自体は無味乾燥な単なる事実の集まりですが、同じ数値でも「データの読み方」「データの見え方」は人によって全く異なります。ですので、数値化は数字を見ることよりも、それを「ネタ」にして行われる対話・アイデア出し・想いの共有のほうが重要です。まずは関係者全員が「見える化」された「厳しい現実」をもとに、「変えるべきこと」を共有するのが、組織の改革に欠かせないプロセスです。

② **「ガチ対話」**

データを「見える化」したら、組織開発において次に行うべきは、「関係者が一堂に会して真剣勝負の対話」を行うことです。企業の中には、多くのステークホルダー（利害関係者）

の意図や思惑が渦巻いています。キーマンを交えて向き合う場を設定し、組織課題について「本気で」話し合うこと。これを私は「ガチ対話」と呼んでいます。ここで話さなければならない組織課題は「できれば向き合いたくない、抜き差しならない事態」がほとんどです。そのような課題に腹をくくって向き合い、皆で対話をするのです。

「ガチ対話」では、「お互いの意識や認識のズレ」が表出します。その際には、どちらが正しいかを議論するのではなく、ただお互いの「違い」をあぶり出すようにします。例えば、組織開発の「見える化」のプロセスにおいて、「仕事の割り振りや業務負担」に、チームメンバー間で偏りがあらわれた職場があるとします。仕事は「できる人」に集中する傾向があるので、ある程度は致し方ないところもあるのですが、過剰にその状況が継続すると、「できる人」の健康リスクを高め、さらには「できない人」と「できる人」の能力格差が拡大されていくため、あまり望ましいことではありません。そういう場合には、仕事の分担ややり方を見直したり、やらなくてもいい仕事を選別したりするなど、ステークホルダーが皆で集まり、真剣勝負の対話を繰り返していくことが求められます。

当然、意見はぶつかり合います。ですが、ここで重要なのは、「自分たちの未来は、自分たちが決定できる」という感覚を持つことです。

③　未来づくり

「ガチ対話」により、様々なコンフリクト（考えや利害の衝突）が発生するでしょう。最後は自分たちの組織、チームをどうしていくのか、どうしたいのかを当事者たちが自分事として決めていく「未来づくり」です。

その時に行うのは「対話」ではなく、物事を決めるためのコミュニケーション、すなわち「議論」です。自分たちの「未来」の姿を具体的に描き、それに向けて何を変えるのか、どんな取り組みを行うのか、プランに落とし込んでいきます。皆で対話を重ねた末、合意した内容に関しては「実行」「実践」あるのみです。プランは実行、実践されてこそ成果を生み出します。プランをいったん作りあげたのなら、後はＤＯしてＤＯしてＤＯしてＤＯする他ありません。

以上が、基本的な組織開発のプロセスになります。

例えば、最近、私が関与した長時間労働の是正プロジェクトでは、最初に組織調査を行い、ある組織体の職場ごとにおける長時間労働の実態や健康リスク、コミュニケーションの円滑さを「見える化」しました。

これらのデータを各職場の管理職やキーマンたちに返しながら（サーベイフィードバック）、まずは管理職たちが、この問題をどう考えているのかを対話しました。

その職場では、「確かに自分たちは成果をあげてはいたけれど、このまま『持続不可能な働き方』を継続していては、それも心許《こころもと》ない。実際、中途採用者ばかり増え、女性社員の離職が相次いでいる。経営や成果のためにはこの状態を変えなければならない」という合意がとれました。

管理職やキーマンたちの合意がとれたので、最終的には職場の全員が集まり、「やめる会議」をやりました。普段の業務の中から、止めても差し支えなさそうなものを出していくのが「やめる会議」です。「やらない」というジャッジを、職場全員で行ったわけです。

結果、この職場の長時間労働は大いに是正され、生産性が上がりました。

組織ぐるみの改革編④　組織開発を実際にやる際のコツ

以上が組織開発のアプローチの概要と簡単な事例ですが、ここには様々な実施上のコツがあります。それについても触れたいと思います。

①「現場に武器＝ツールを手渡す」

第一のコツは「現場を変革するための武器を与える」ことです。

組織開発において、「ガチ対話」の末に「未来づくり」ができると、一瞬、課題が解決されたような達成感が生まれます。もちろん、それだけでも変わるところはありますが、当然、課題の解決はまだなされていません。

「ガチ対話」「未来づくり」というプロセスを経て、職場全体で方向性については納得感が得られたとしても、どうやって実行に移すのか、方法を考えるのは難しいものです。そこで、「武器＝ツール」を手渡し、会社側が現場の取り組みを支援することが、組織開発を成功に導く決め手となります。

そもそも「組織開発」は、本業である仕事とは別に、職場の取り組みとして行われるものです。そのため、現場で組織開発に取り組む人たちは、専門知識やスキルを持たない場合がほとんどです。しかし、現場の人たちが主体的に取り組まなければ、組織開発の意味がありません。

そこで、「組織開発」を円滑に進めるための「武器」、つまりツールや仕掛けを会社側が用意しましょう。例えば「組織開発」に関する知識やスキルの教育、マネジャー向けのコーチングやファシリテーション研修、「組織開発」の進め方についてのテキストやワークブックの準備、事例を共有する機会の提供などです。

多くの場合、「組織開発」の企画自体を考えるのは経営者や人事担当者ですが、実行するのは現場の人たちです。現場による取り組みへの支援を地道に行っていくことが、「組織開発」を根付かせる上で欠かせません。きちんとサポートすることで、「余計な仕事が増えた」という現場での「抵抗感」を「これならやれるかも」に変えていくことができます。

②「トップの強いコミットメント」

第二のポイントは「トップやキーマンに強いコミットメントを求める」ことです。

組織開発はある程度中長期的な視野に立った取り組みなので、効果が出てくるまでには、それなりの時間と工数がかかります。そのため、まずは経営陣の強いコミットメント（本気度）がなければ始まりません。「トップによるコミットのない組織開発は間違いなく失敗する」とすら言えます。

現場は仕事に追われているので、経営層による「現場の手を止めてまでも、取り組む必要があるのだ」といった強いメッセージングがない限り、真剣に取り組む気にはなれません。

組織開発のメリットは、売上や利益のような明快な形ですぐに返ってくるものではないため、多くの成功した企業では、トップマネジメントの「直下」に組織開発チームを組成するなどして、中長期的に取り組みを展開しているようです。必要に応じて、外部のコンサルタントが関わるケースもあります。

どのようなチーム編成であれ、「組織が変わることが必要」「改革をやり切る」といったトップからの強いコミットメントは不可欠です。

組織ぐるみの改革編⑤　豊田通商を変えた「いきワク活動」

組織開発のより具体的な事例として、先述した私と中村和彦氏の共著『組織開発の探究』(ダイヤモンド社)で取材した、豊田通商の取り組みを紹介したいと思います。

トヨタグループの総合商社である豊田通商は、トップの強いリーダーシップのもと、2017年より全社員を対象に「いきワク活動」(各職場が、現状に合わせて生産性の高い組織へ自ら考えシフトする活動)という取り組みを始めました。取り組みの主なテーマは「働き方改革」と

「ダイバーシティ（多様性）＆インクルージョン（包摂性）」で、自分たちで現場に即した課題を設定し、解決方法を考え、実行し、「多様な人材がいきいきワクワク働き、生産性高く最大のパフォーマンスを発揮」することを目指します。

この取り組みが全社で導入された背景には、２０１７年に施行された新人事制度の現場への定着という意図もありました。

豊田通商では長年、営業などの仕事を行う「担当職」と社内での事務作業などを行う「業務職」という区分があり、主に女性を中心とした業務職は全体の約25パーセントを占めていました。それが、新人事制度では、個々の能力が最大限に発揮できるように２つの職種を統合することになったのです。

しかし、子育て中の女性なども少なくない旧業務職から「残業は当たり前という働き方をする人が多かった旧担当職のような働き方は難しい」という不安の声がありました。また、そもそも互いに担っていた業務内容についてよく理解しておらず、統合した際の懸念もありました。そこで、これまでの仕事観を刷新し、職場の誰もが「いきいきワクワク」と能力を発揮して働ける職場風土を構築するための取り組みとして、この「いきいきワクワク活動」が位置づけられたのです。

「いきワク活動」では、職場ごと1グループ12名程度が活動の主体となり、1年をかけて「各職場が、現状に合わせて生産性の高い組織へ自ら考えシフトする活動」に取り組むもので、テーマやアプローチは各職場に委《ゆだ》ねられています。

4月、5月と最初の2カ月は、全社向けの社長メッセージの動画配信や階層別の説明会など、活動の概要と意義についての周知徹底が図られました。活動の中心となるグループリーダーに対しては「いきワク活動」の意義や目的、活動を進める上でのポイントなどを理解するための研修や、ファシリテーションスキル（進行役として、健全な議論を促進する能力）を学ぶ研修が実施され、活動がスムーズに始められるような体制づくりが行われました。

7月からは各グループでの活動がスタートしました。活動の中心は、1～2週間に1回、定期的にグループメンバー全員が集まって対話する「いきワク会議」です。まずは、それぞれのグループ内で「いきいきワクワク」働ける、ありたい職場の姿を描きます。その後、ありたい姿と現状のギャップを認識。その際は、現場の課題を把握し、活動前後の変化を認識するためのツールとして「いきワク度チェック」という独自に開発した組織診断も取り入れています。課題を抽出したら、具体的な目標設定を行った後、施策を検討し、実行する流れです。

「いきワク会議」の開催については、人事部が活動の考え方や進め方を詳しく示したワークブックを用意しており、適宜参考にしながら進めることができます。また、ファシリテーションの代行や補助、各グループからの相談への対応、ノウハウ提供などを担う「サポーター」を社内で育成し、グループに派遣する支援体制も整えています。

「いきワク会議」は12月頃まで各職場で定期的に続けられ、施策の実施、進捗確認、改善を行いました。

1月～3月には一旦、各グループの活動をまとめ、事例共有会を実施して活動終了となりました。終了後は活動内容の発表会の場を通して、事例の共有が行われています。

扱われるテーマは「残業を減らすためにどうするか」「やりがいを持って働くためには」といった個人の働き方から、「業務の効率化」「優先順位のつけかた」「担当業務の見直し」「新規顧客獲得のための営業活動について」まで、多岐にわたったそうです。この取り組みは「長時間労働是正」だけを目的としたものではありませんが、職場内の課題について職場メンバー全員で「ガチ対話」する機会を持つことが、残業を学習してしまった組織に起きる「集中」「感染」「麻痺」「遺伝」を解消する上で、大きく貢献したことは確かでしょう。

第8講のまとめ

第8講では、根源的に残業を抑制し、生産性の高い組織に変えていくための中長期的なアプローチとして、「マネジメントの変革」と「組織の改革」を取り上げました。

とりわけ、まず取り組むべきは、上司のマネジメント行動の見直しからだと思います。本書の研究では、第4講で取り上げた残業の「集中」や「感染」に関しても、上司のマネジメント行動を見直すことによって抑制できることがわかりました。具体的には、場当たり的な仕事の割り振りや朝令暮改の指示命令を避けること、仕事の進捗を皆で把握していくマネジメント行動をとることが、残業抑制に奏功すると実証されています。また、言うまでもなく組織ぐるみの見直しも同様に必要です。

次回はいよいよ最終講です。最終講では残業と日本の未来について、私からのメッセージをお伝えしたいと思います。

コラム――残業学よもやま話④

「やりっぱなし従業員調査」はなぜ生まれるのか

昨今では、多くの企業がそれなりの時間とコストをかけて社員満足度調査や従業員調査を実施しています。

しかし、残念ながらこれらの調査結果を適切に分析し、有意義に活用できている企業は極めて少ないのが実情です。筆者（小林）のところにも、さまざまな企業人事の方が「データは得たが使い方がわからない」「やりっぱなしになってしまっている」との悩みが舞いこみます。

従業員の勤務時間を割いて、相応のコストをかけて行う調査が、実際に活用されていないのは、なぜでしょうか。ここでは従業員調査をする際に大切なことを、3つのポイントで整理したいと思います。

ポイント① 組織にとってどの数字が大切か

従業員調査は、組織の質的なコンディションを、組織の構成メンバーの回答から測定するものです。多くの場合、40～60項目ほどの質問をずらりと並べ、「とてもあてはまる」から「全くあてはまらない」まで5段階で聴取する形式となっています。この尺度を、調査用語では「リッカート尺度」と呼びます。回答の数値を見れば、一度の調査で組織の様々なことがわかるようになっているわけですが、答えがすべて「並列」に並んでいるため、解釈が難しくなっています。

この形式の問題点は、数値を見る側にとって「何が大事なのか」がわからないことです。質問項目の中で、あなたの企業にとって最も大切なのは、「満足度」でしょうか。それとも「職場活性度」でしょうか。もし「満足度」なら、それは「職場」満足度でしょうか、それとも「人間関係」満足度でしょうか。それとも全く別の、例えば「仕事へのコミットメント」や「会社へのエンゲージメント」「個人の成長実感」といった項目でしょうか。

多くの企業は、外部のベンダー（開発会社）やコンサルタント企業が持つ、独自にパッケージ化された調査票を用います。多くの質問項目がある場合、どんな組織も「満点」にはなりえません。「満点」であることを目標に数値を見ていても、「目立って低い」「目立って高い」などの特徴に引っ張られるだけです。「何が大事なのか」「どの項目を見るべきなのか」という点をクリアにしないまま、ズラッと並んだ数値の高低だけを見てバラバラな議論をしている例が、残念ながら目につきます。企業として「組織において、何を最も重視するのか」をもとに「どの数字を重視するのか」を決めておかなければ、組織の状況を評価することも、課題を見出すこともできません。

ポイント②　解釈を邪魔する「邪念」に抵抗できるか

アンケート結果の数値は、組織状況を示す宝の山です。回帰分析、因子分析などの多変量解析と呼ばれる統計的テクニックを用いれば、多くのヒントを引き出すことができますが、多くの場合、「時間がない」「やり方をわかる人がいない」といった理由から、十分な分析が行われていません。相関分析やいくつかの分析軸でデータを切ってみる、といった基本的なことすら行われておらず、部署ごとに「ベンチマーク（他組織の平均的な数値など）と比べた回答率（割合）の高低」「昨年との単純比較」が行われている程度です。

ベンチマークや昨年との比較も意味がないわけではありませんが、そうした画一的な分析だけでは、アクションを導き出す際にしばしば、「邪念」が入り込んでいきます。ここで「邪念」と呼んでいるのは、データを素直に受け入れられない様々な思い込み、理由付けのことです。

調査データを見ながら出てくる「邪念」あるあるは、「去年こういう制度を導入した影響だろう」「この部署は新人が多いからね」「最近統合した部署じゃないか」といった、なんとなくのそれらしい「推測」「言い訳」です。「うちの会社は、職場は、仕事は特殊だからこういう数値が出るんだね」という「おらが村特殊論」もしばしば聞かれます。もちろん、データの背景について様々な推測をするのは正しいことです。しかし、それがデータの素直な解釈を邪魔する「邪念」だけで終わっていると、それは「アクションを行わない言い訳」へと簡単に転化します。データを見て生まれた仮説を検証する別角度からの二次分析や、設計のブラッシュアップによって、「邪念」は「実のある推論」になり、組織改善のPDCA(Plan-Do-Check-Act: 計画、実行、確認、改善の4段階を繰り返すサイクル)に組み込まれます。場当たり的な「邪念」発生を防ぐ上でも、十分な工数を確保した分析計画を立て、「邪念の先回り」を行っておくべきです。

ポイント③　データを誰がどう活用するのか

結局、毎年コストと時間をかけて調査を行っているにもかかわらず、その調査結果は多くの企業でほとんど活用されていません。コンサルタントや従業員調査システムの会社から送られてきた報告書を単に「回覧」して終わりのところも少なくないようです。データごと現場マネジャーに「丸投げ」して終わる例も多く見られます。これは、「後からどうにかしよう」とすることが難しい問題です。調査データをどのように活用するのかを「企画段階」からデザインしておくことしかありません。「どの数字を重視するのか」も「どう分析するのか」も当然決めてから調査を始めることになりますし、第8講で述べている組織開発の基本的枠組みは、その際にヒントとなるはずです。

繰り返しになりますが、「数値は数値」でしかありません。しかし、「測定しないものは修正できない」というのもまた真実です。もしも今、自社で行っている社員満足度調査や従業員調査を見直そうとしているのであれば、「調査データをどのように分析し、活用するのか」という原点に立ち戻って、調査の設計全体を見直してみましょう。

（小林祐児）

コラム――残業学よもやま話⑤

会議のムダはどれだけあるのか?

朝から晩まで会議漬けの日本企業

日本の職場の問題点として、しばしば指摘されるのが「会議、打ち合わせの多さ」です。「毎日、会議が多すぎて……」という声は、特にマネジャーからよく聞かれます。確かに、ここ数年で会議が「増えた」と感じているのも上司層ではないでしょうか。午前から夕方までずっと会議で、所定時間が過ぎてからようやく自分の仕事に取りかかる、という風景も目にします。

では、日本企業において会議はどれくらい開かれているのでしょうか? データで見てみることにしましょう。まずは、我々の調査結果から、役職別の年間の社内会議・打ち合わせの時間を推計しました。その結果が**図表コラム5-1**です。

この時間の中に、顧客・クライアントなど社外関係者との打ち合わせは入っていません。

図表コラム5-1　役職別・年間で社内会議・打ち合わせに費やす時間の推計

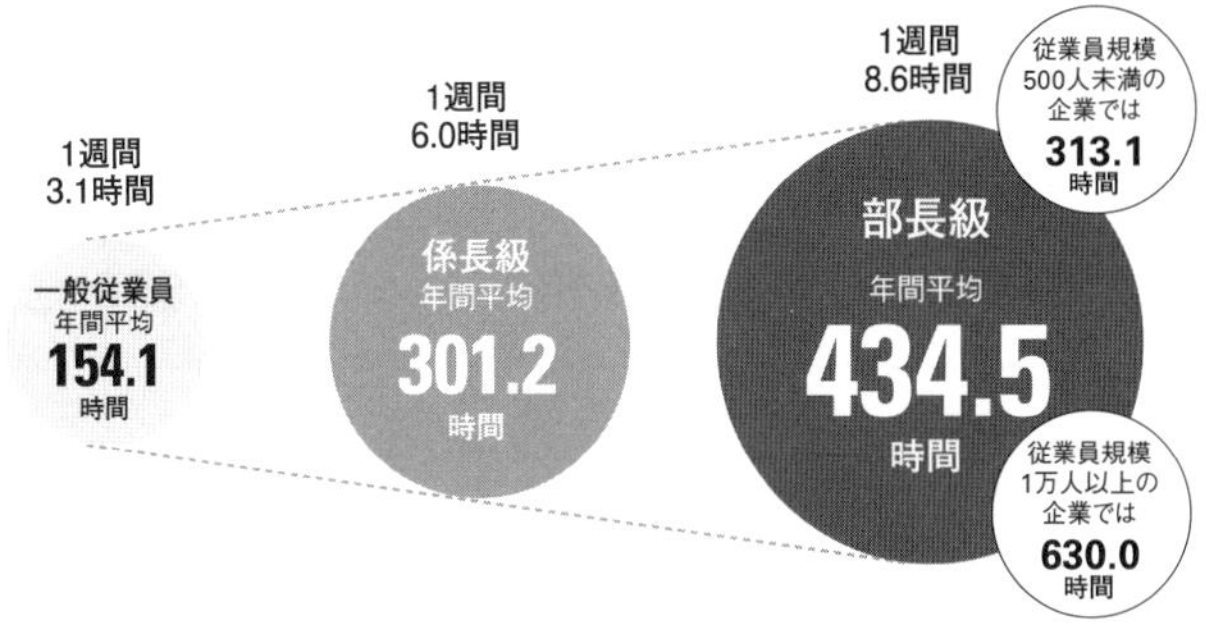

出所:「パーソル総合研究所・中原淳　長時間労働に関する実態調査」

あくまでも自社内の会議になります。一般従業員で週に3時間を超え、係長級で6時間、部長級になると8・6時間にもなりました。これを年間の時間に拡大推計すると、一般従業員で154時間、部長級は434時間を超えます。年間の就業時間全体の17・6パーセントを社内会議に費やしている計算です。従業員規模が多い会社ほど上司の会議時間は飛躍的に延び、1万人を超す大企業になると630時間にも及びます。

みんな会議を「ムダ」だと思っている

さて、かなりの時間を会議に費やしていることが確認できました。次の問題は、これらの会議がどのくらい経営に役立っているか、逆に言えばどれくらい「ムダ」な時間なのかです。実際、一般

図表コラム5-2　ムダな会議に年間でかかっている費用の推計

会社全体の年間会議時間	ムダだと思われている年間の会議時間	ムダ会議に費やしている年間総人件費
例:企業規模 **1,500**人		
41万7600時間	**9万1900**時間	**2億830**万円
例:企業規模 **10,000**人		
235万1000時間	**66万9100**時間	**15億2740**万円

出所：「パーソル総合研究所・中原淳　長時間労働に関する実態調査」

従業員に減らせると感じる会議の割合を聞くと、23・3パーセントもの会議を「ムダ」と感じていました。さらに興味深いのは、係長以上の上司層はさらにムダと感じる会議の割合が多くなり、27・5パーセントと3割に届きそうなくらいです。

　これらの情報をまとめ、わかりやすく「金額」に換算してみました。**図表コラム5-2**をご覧ください。会社全体で「ムダ会議」に費やしている年間総人件費は1500人規模の会社で2億830万円、1万人以上の会社では15億2740万円に上ります。各企業の利益を強く圧迫する額の人件費が、「ムダ」な社内会議に毎年費やされてしまっているのです。

図表コラム５-３　会議のムダを増やす要素

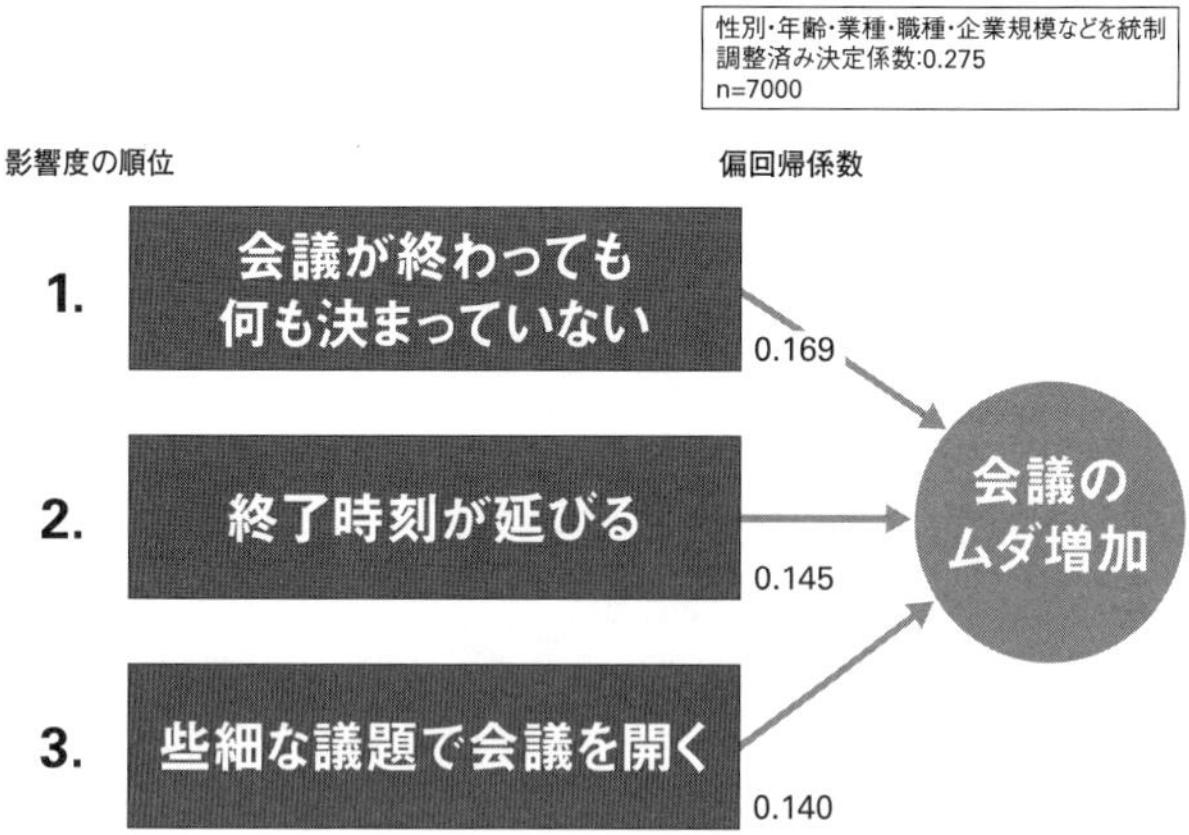

出所：「パーソル総合研究所・中原淳　長時間労働に関する実態調査」

会議は「終わりよければすべてよし」？

さて、こうしたムダはどのように発生しているのでしょうか。「ムダではない＝役に立つ」会議との違いを分析してみました。

図表コラム５-３の通り、最も「会議のムダ」に強く影響していたのは、「会議が終わっても何も決まっていない」「終了時刻が延びる」という状況。逆に、会議のムダを減らしていたのは次ページにある**図表コラム５-４**の通り、「所要時間の制限」「司会者による決定事項の明確化」であり、ともに会議の「終わり方」に関わる項目でした。

世間で「うまくいく会議の裏ワザ」として

図表コラム5-4　会議のムダを減らす要素

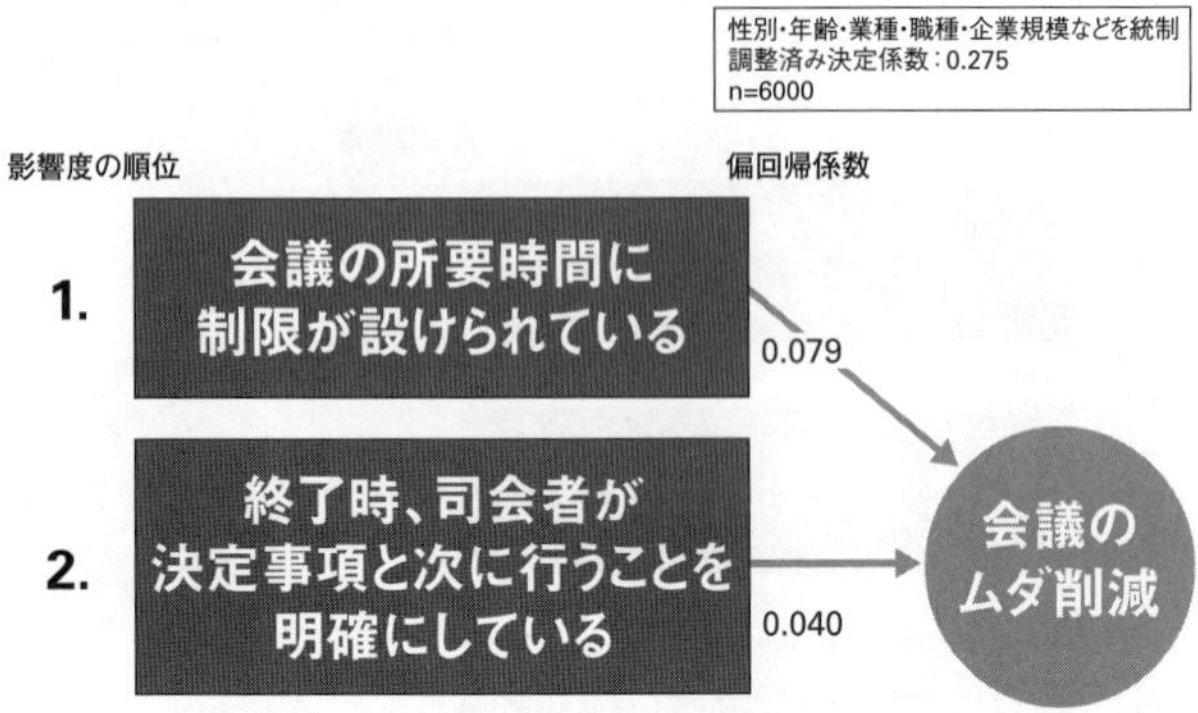

出所：「パーソル総合研究所・中原淳　長時間労働に関する実態調査」

よく言及される、事前準備や目的の明確化などの「始まり方」は、ほとんど関係ありませんでした。「限られた人だけがしゃべる」といった「議論の偏り」も、統計的には影響が見られませんでした。データから見る限り、何よりも「終わらせ方」こそが会議のツボのようです。そして、それをコントロールするプレイヤーとして「司会者」の役割はとても重要です。

テクノロジーの進歩がムダ会議を増やす

ちなみに、他にも興味深い結果が出てきました。影響度は高くないものの、テレビなどによる遠隔会議の普及、そして議事録文化が会議を「ムダ会議」に近づけているようです。これは推論ですが、以前は出張や訪問で外出していれば呼ばれなかった会議が、遠隔会議システムの発展で出席可能になったことと、未だに遠隔会議システムでよく起きる音声トラブルや議論のしにくさが影響している可能性があります。議事録文化についても、確かにどんな会議にも丁寧な議事録がとられる風習はムダを増加させそうです。

日本の職場のシンボルとも言える、「何も決まらないダラダラとした会議」は、とりわけ上司層の負担を大きくしているようです。企業は具体的アクションとして「会議の見直し」に、優先順位を上げて取り組む必要がありそうです。

（小林祐児）

最終講

働くあなたの人生に「希望」を

さて、私たちは第1講で日本における「残業」の歴史と残業文化が根付いた背景を学び、第2講では大規模調査で明らかになった日本の残業の実態を知り、第3講では残業麻痺について、第4講では残業発生の要因となる「集中」「感染」「遺伝」について、第5講では「残業代依存」について考察しました。

第6講では企業の「働き方改革」の効果検証を行い、第7講では残業削減施策を成功させるためのポイントを明らかにし、第8講では根源的に残業を抑制し、生産性の高い組織に変えていくための「マネジメントの変革」や「組織の改革」について学んできました。

「残業学」の講義も、これで最後です。

この最終講では、将来の展望に関わる私からのメッセージをお伝えしたいと思います。

残業と日本の未来

「残業問題、長時間労働をどうにかしなければならない」ということは、もうずいぶん前から言われ続けてきました。しかし、それはどこか「建前論」に過ぎず、この問題に正面から向き合い、「なぜ長時間労働になるのか」「残業を減らすにはどうすればいいのか」を腰を据えて明らかにする動きは、ほとんどなかったように思います。

そんな難問に挑み、格闘した結果、生まれたのが本書です。

日本の「長時間労働問題」は、いよいよ危機的な状況にあります。このままだと、私たちの未来はどうなるでしょうか。

今後数十年にわたって、急激に少子高齢化が進み労働人口が減少することは確実で、女性はもちろんのこと、シニアや外国人も含めた多様な人に最大限に活躍してもらわなければ、日本社会は成り立たない局面が迫っています。いつまでも残業だらけの状況が続けば、「人材不足で廃業に追い込まれる企業」と「働きたいけれど働けず、社会保障に頼らざるをえない人」が増え、景気は悪くなる一方という絶望的な未来が早々に訪れるでしょう。

そこまでいかずとも、今そこにある危機は２０２２年、団塊ジュニア世代が50代に突入する「大介護時代」の到来です。両親の介護が訪れるのは多くの場合、50代からです。それまでの会社員人生で当たり前に残業をしてきて、働き方を変えにくい層に「介護」問題が降りかかってきます。次ページの**図表９－１**にある通り、今回の調査でも、40代の21・２パーセント、50代の30・７パーセントが「今後５年以内に親の介護が必要になると思う」と回答しています。

ここで、大きな問題となるのが「介護離職」です。残業が当たり前の職場では介護との両

図表9-1　介護問題に関する回答結果

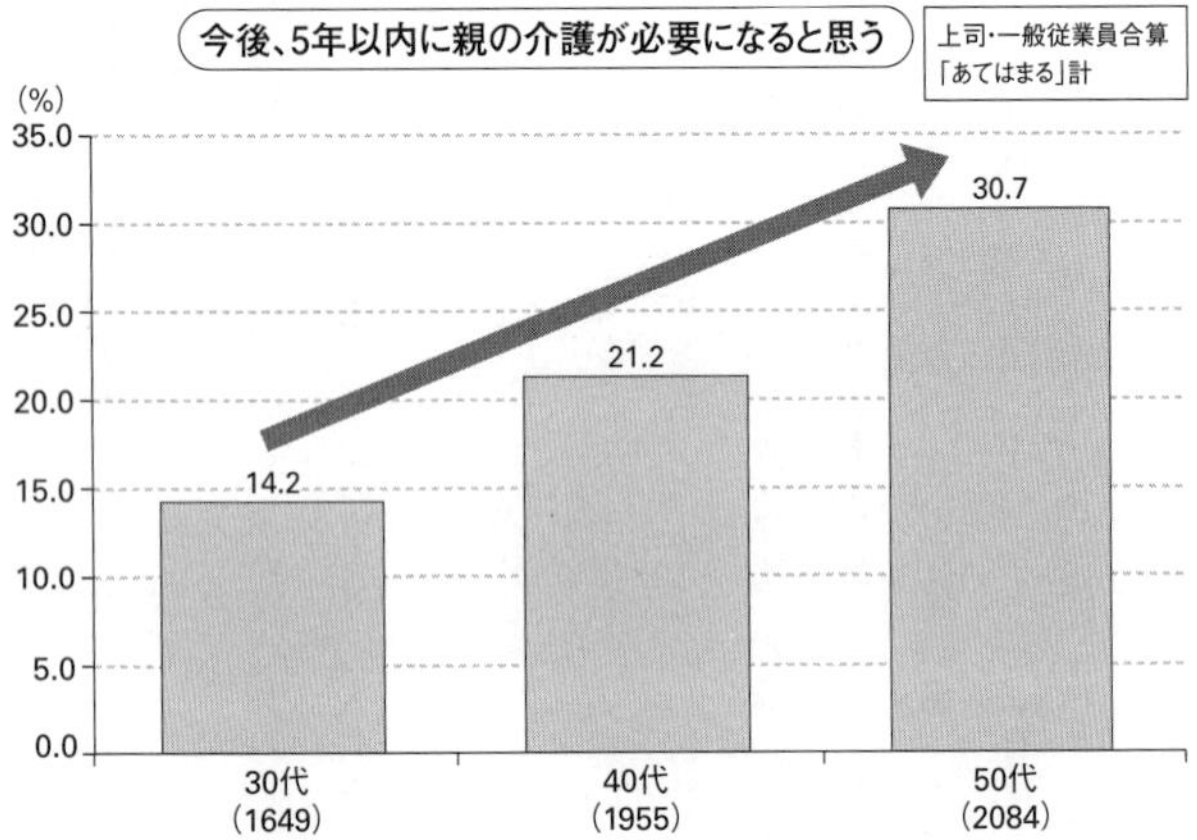

出所：「パーソル総合研究所・中原淳　長時間労働に関する実態調査」

立ができないため、周囲の人からの、あるいは公的な支援が得られなかった人から順に「介護離職」へと追い込まれます。私が教育現場で行った別の調査では、50代の26・4パーセントが介護をしながら働いているというデータもありました。[*39] 75歳の4人に1人が要介護になると言われており、その子ども世代が介護を担うとすると、今後、介護と仕事を両立させなければならない人は確実に増えていきます。

実際、残業の多い職場のほうが「介護離職」へ追い込まれるリスクは高まる傾向にあることが**図表9-2**を見るとわかります。「介護があると、この会社を辞めなくてはいけないと思う」と答える人は、残業がない層

図表9-2　介護離職に関する回答結果

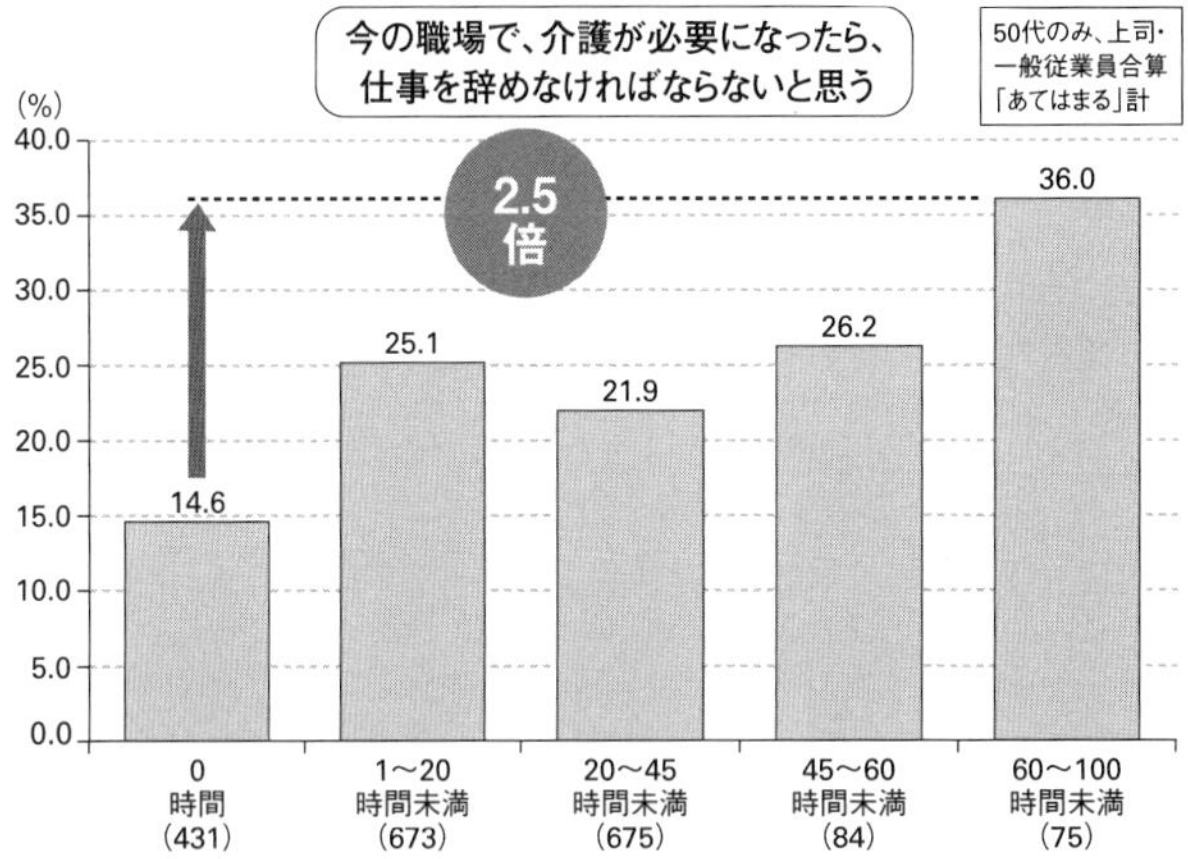

出所：「パーソル総合研究所・中原淳　長時間労働に関する実態調査」

では14・6パーセントですが、月の残業が60～100時間の層では、36パーセントに上り、介護離職のリスクは約2・5倍にもなっています（一般従業員、50歳以上に絞って分析）。また介護だけではなく、「育児離職」も残業時間と正比例するように増えています。このことだけをとっても、「長時間労働」が企業の事業継続にどれほど悪影響を及ぼすかよくわかります。

これまで述べてきたように、働き方に大きな変化が起きている今こそ、我々の働き方を

＊39　横浜市教育委員会×立教大学経営学部中原淳研究室　共同研究のページ
http://www.edu.city.yokohama.jp/tr/ky/k-center/nakahara-lab/

縛りつけている社会通念や古い常識を「アンインストール」し、アップデートしていくことが必要です。

では、何をどのようにアップデートすれば良いのでしょうか。鍵となるのは、私たちの職場で当たり前のように使われている「言葉」です。

「成果」「成長」「会社」、そして「ライフ」……。同じ言葉でも、昭和の高度成長期と平成が終わろうとしている今とでは、定義や意味するものは変わっています。その変化を曖昧にしていることが、職場での活発な「ガチ対話」を阻んでいるように思います。

今こそ私たちは、これらの言葉の定義を明快に、アップデートしなければなりません。

「成果」の定義を変える——「努力＋成果」から「時間あたり成果」へ

まず変えるべきは、「成果」という言葉の定義です。「成果」とは一般には、資源を投入した結果として得られた利益を指します。第3講で述べた通り、日本の多くの職場ではこれまで、同じ「成果」でも「時間をかけて努力した」分が水増しされて評価されがちでした。あからさまにサボっている人は論外ですが、毎晩遅くまでオフィスに残っている人の多くは、「頑張っている人」とみなされてきました。

はっきり申し上げます。この「成果」の定義は、今の時代にあっていません。

本書で再三にわたって見てきた通り、日本企業の雇用スタイルでは仕事の役割分担が明確でないため、率先して仕事を「増やす」部下が評価されました。しかし、長く職場に残れば「成果」が出る時代は、とうの昔に終わっています。多様でクリエイティブなもの、付加価値の高いサービスを提供することが「成果」とみなされる時代においては、いかに短い時間で価値ある仕事をやって利益をあげられるかを「成果」として定義するべきでしょう。

「成長」の定義を変える――「経験の量」から「経験の質」へ

「成長」という言葉の定義も、見直すべきかもしれません。

残業は当たり前という仕事人生を送ってきた人たちの多くが「長時間労働は個人の成長につながる」という残業成長神話を強く信じています。しかし第3講で述べたように、経験学習のこれまでの研究知見からすると、その神話の根拠はかなり怪しいものです。

確かに、経験学習理論を紐解けば、「背伸び（ストレッチ）の経験」は人を大きく成長させます。しかし、それは決して「時間のストレッチ」ではありません。

長時間労働という「背伸び」は、内省や振り返り、仕事以外のインプットの機会を奪い、より良い学び、成長の機会を失わせます。「やる気のある個人」にとっても、同じ組織に埋没し、残業に「麻痺」して視野を狭めてしまうような働き方は、この先の長い仕事人生に耐えうるだけの幅を持つ知恵とスキルと経験を身につけるチャンスを、逸《いっ》し続けていることになります。

もちろん、「経験の量」には、「経験の幅」「知見の幅」が含まれることも多いでしょう。しかし、「量」をこなせば「質」がついてくるという仮定は捨て去るべきです。

終電まで残業した。連続で何日も出勤した。全然寝てない……。

そんなことを競い合ってもたらされる「成長」を礼賛《らいさん》する風潮は終わりにしませんか？　はっきり申し上げます。この「成長」の定義は、今の時代にあっていません。

ライフネット生命の創業者であり、現在、立命館アジア太平洋大学の学長をつとめられている出口治明《でぐちはるあき》さんは、働き方改革に様々な提言をされていますが、その考えはとてもシンプルです。良いアイデアは「人、本、旅から生まれる」とおっしゃっています。「成果」の定義が変わっている以上、仕事以外の時間に余力を残し、様々な場所へ出かけて多くの人と出会い、多くの本から学んだことが結果的に良いパフォーマンスにつながっていく、そんな成長のあり方が、次の時代にはふさわしいはずです。

「会社」の定義を変える――「ムラ」から「チーム」へ

これまで日本の会社員にとって、「就職」は実質的に「就社」でした。新卒一括採用という形で会社に組み込まれ、仕事内容も配属先も自分に決定権はなく、辞めさせられないかわりに望まぬ転勤や異動も拒否することは許されず、競争を強いられながら、身も心も会社に預けて定年まで勤め上げるものでした。家族的な経営を行う日本企業はしばしば、村落共同体＝「ムラ」にたとえられます。「ムラ」で大事なのは、仲間同士「同じ釜の飯を食う」こと。つまり、同じ時間と空間を過ごすことによってもたらされる「あ・うんの呼吸」や「コミュニケーション・コストの低下」に重きが置かれます。

この「ムラ」的な感覚が同調圧力による残業の「感染」を生み出し、残業できない人の「同じ時空間を共有できなくて申し訳ない」という気持ちにつながっています。

しかし今、同じ時空間を共有する「ムラ」は、失われつつあります。社員が一カ所に集まる職場＝「ビル」は、日本の会社員にとって人々が寄り添って住む集落のようなものでした。ところが、フリーアドレスや在宅勤務、テレワーク、さらには会社に属さないフリーランスなど、時空間を共有しない多様な働き方がますます広まっています。自社だけでなく他社や大学、地方自治体、社会起業家など組織をまたいだ協働により革新を探る「オープン・イノベーション」の流れも生まれつつあります。

もはや、同じ時空間にいる人間しか「仲間」として認めないような「会社」のあり方は、変えなければなりません。

はっきり申し上げます。この「会社」の定義（イメージ）は、今の時代にあっていません。一昔前とは比べ物にならないくらいＩＴが高度に発達し、コミュニケーションの技術的障壁は格段に下がっています。それにもかかわらず、同じ時空間をともに過ごすことが、組織の暗黙の「前提」になり続けています。必要なのは「会社」の定義を、同じ時空間を共有する「ムラ」から、同じ目的に向かって進む多様な人が集まる「チーム」へと変換する発想ではないでしょうか。

「ライフ」の定義を変える——「仕事との対立」から「仕事との共栄」へ

最後に変えるべきは、「人生＝ライフ」の定義です。

ここ十数年の間に一気に広まった言葉の一つに、「ワーク・ライフ・バランス」があります。

この言葉が広がる中で、私にとって大きな違和感だったのが、「ワーク」は「仕事」、「ライフ」は「非仕事」となっていることでした。本書の冒頭、オリエンテーションで引用したように、日本のビジネスパーソンに「何に希望を感じますか」と聞いたところ、55パーセントもの人の答えが「仕事」だった一方、「家族」と答えた人は36パーセントでした。[*40]「ワーク・ライフ・バランス」などと言いながら長時間労働が前提のこの国では、多くの人が実質的には「ライフ＝仕事」に近い感覚でしょう。「仕事」に対してこんな風に捉えている日本の現状は、グローバルに見るとかなり特異なものです。

「急に5時に帰れるようになっても、やることがない」「早く帰っても家に居場所がない」。働き方改革で残業が一律禁止になった企業の人から、こんな声を耳にするようになりました。2017年には、新橋あたりで家に帰らず街をうろつくサラリーマンを揶揄《やゆ》した「フラリーマン（フラフラするサラリーマン）」という言葉すら生まれました。今回の調査でも、「仕事以外に特に趣味や打ち込めることはない」という設問に、年代を問わず3割以上の人が「当ては

＊40　東大社研、玄田有史、宇野重規『希望学［1］　希望を語る　社会科学の新たな地平へ』東京大学出版会、2009年

まる」と答えています。

もしも日本の働く人たちにとって仕事が「希望」なのであれば、私は「ライフ=仕事を含めた自分の人生」と捉え直しても良いのではないかと考えます。

「人生100年時代」が現実のものになり、多くの人が80歳くらいまで何らかの形で働き続けるような世の中になるとしたら、もはや「仕事」は一生付きまとう「人生の一部」となるでしょう。そんな時代に「ワーク」と「ライフ」を、「仕事」と「非仕事」の二項対立で考えるのはおかしなことです。

はっきり申し上げます。ライフの定義を変えましょう。ライフとは、仕事と対立するものではありません。ライフとは、「仕事とうまくつきあいながら、自分の長い人生を全うすること」です。

この「残業学」で向き合ってきた「長時間労働是正」という問題のゴールは、「仕事に希望が持てるようになる」ことであり、ひいては、働く人たちが「希望の持てる人生」を送れるようになることです。

「よき働き方」は、「ライフ」を精神的にも経済的にも支えます。

働きながら、子育てもして、家族との時間を過ごす。

趣味を楽しみ、時には学び直したり旅をしたりもする。

介護をしたり、自分が病気になったり、大切な人との別れがあったりもする。

仕事に希望が持てるような働き方が可能になれば、「ワーク」は人それぞれ「ライフ」の中の適切な場所に位置づけられるはずです。

そうなれば、「ワーク・ライフ・バランス」は「ワーク」と「ライフ」が「足を引っ張り合う」状態から、仕事を含めた「人生すべて」へと回帰していくのではないでしょうか。

平成が終わる今こそがチャンス

大げさかもしれませんが、これまで本書で議論したことは、突き詰めると「成果」「成長」「仕事」「ライフ」の定義を変えていくことだと思います。別の言い方をするならば、これらの言葉に込められた古いニュアンスをアンインストールし、アップデートすることが求められています。そのくらい、「長時間残業」は日本の企業社会に、働く人々の中に、長きにわたって根付いてしまっており、様々な意識・制度・習慣の「前提」となっています。それを「変えよう」というのですから、話がそう簡単なはずはありません。

ですが、30年続いた「平成」が終わろうとしている今こそ、バブルが崩壊しても様々なシステムをズルズルと変えずにいた「ツケ」が限界にきている今こそ、「変わるチャンス」です。

そのチャンスの旗振り役となっているのが「働き方改革」ですが、この「改革」という言葉に潜む「一時的」で「特別」なニュアンスは、もはや「ミス・リーディング」です。長時間労働の是正は、決して「喉元過ぎれば」という「一過性の」課題ではありません。

日本の現状は、「文句を言っていればどうにかなる」「放って置いたら誰かがやってくれる」段階をとっくに過ぎています。必要なのは、企業の働き手が今よりも半歩踏み出して行う、一つ一つの具体的アクションです。

読者の皆さんには、ぜひ本書を片手に、「仕事」が働く人の「希望」となるような職場づくりに挑戦していただけたらと思います。

「残業学」を学んだあなたへ

「残業学」の講義は今回が最終回です。

日本企業における「残業」について、その歴史から現状、残業の起こる原因、残業を減らすための施策まで、質問を交えながら見てきましたが、皆さんいかがでしたでしょうか。

この講義に、単位取得のための「期末テスト」はありません。「実習＝現場での実践」こそが、この講義で学びが得られたことの証になります。

あなたが残業ばかりしているなら、今の働き方が未来にきちんとつながっているか、振り返るところからともに始めませんか。

あなたがマネジャーであれば、仕事を巻き取っていないか、「ジャッジ」「グリップ」「チーム・アップ」はできているかをチェックするところから、確かな一歩を踏みだしてみませんか。

あなたが企業・人事の方であれば、真の意味での「残業対策」ができているか、勇気を出して組織を「見える化」するところから始めてみませんか？

それらが本講義の最終課題です。その時、ここまでの10回の講義の内容が少しでも役に立てば、筆者としてこれほど嬉しいことはありません。

私は大学の教室で、講義の最終回にはいつも、出会った学生・大学院生にこういう一言を申し上げています。

教室を出たら、「事」をなすのみ

言うまでもなく「事」とは、それぞれの「現場での実践」です。皆さんがそれぞれの現場で「事」をなすことを通して、日本企業の様々な現場に「希望」が生まれることを願いつつ、本講義を終えます。

おわりに

小林　祐児（パーソル総合研究所主任研究員）

これほど豊かになったのに、人はなぜこれほど働いているのだろうか。

これが、「希望の残業学」プロジェクトを進めるにあたって、私がずっと心の片隅に置き続けた「謎」でした。とりわけこの日本で生きていると、この「謎」は、毎日の暮らしの中でひしひしと感じられます。人類の長い歴史の中でかつてないほどに科学技術が発展し、生活水準が向上してもなお、皆が日々延々と働き続けるというのは、どういうことなのでしょうか。

この「謎」は、ドイツの社会学者マックス・ヴェーバーによって、一つの思考実験のような形で別の角度から示されています。ここで簡単に言い換えつつ紹介すると、次のようなことです。

ある畑を耕した時、1エーカーあたり「6000円」の報酬を得られていたとします。それがある時から増額し、1エーカーあたり「8000円」を得られるようになりました。この時、畑を耕していた農民には2つの選択肢が現れます。

① **少ない時間でこれまでと同じだけ稼げるのだから、「働く時間を減らす」**
② **このチャンスを利用して、「もっと働いてお金を稼ぐ」**

これらは、今見ると2つともそれぞれ「合理的」に見えます。ですが、伝統的社会で多く選ばれてきたのは「働く時間を減らす」ことでした。人は、報酬が上がったとしても一定水準の暮らしで満足し、できるだけ労働時間を減らすほうを選んできました。ゆえに、賃金は敢えて低い水準に留めたほうが経営効率は良かったのです。

しかし、徐々に後者の「もっと働く」を選ぶ人が増えてきた。だからこそ、資本主義経済はそれまでの段階を越え飛躍的に発展してきたのだと、ヴェーバーは説きました。まとまった資金の投資と、そのための貯蓄。経済を発展させるために必要なこうした習慣を導いた資本主義の「精神」が、このある意味で「究極の選択」に端的に示されています。

残業の背景には、人類の歴史が経てきたこうした「分かれ道」がありました。つまり、冒頭の「謎」の考え方は、逆だったということです。人は、「長く働き続けるほうを選んできたからこそ、豊かになった」のです。必要量を超えた労働は経済の発展を支えてきましたし、だからこそ、我々は今の暮らしを享受できています。

しかし、本書が個人、企業双方の立場から何度も示してきたことは、この「働き続けること」がもはや直接的に「豊かさ」を導かなくなった、ということです。長時間労働、残業習慣は、すでに多くの点で日本の経済の「足かせ」になっています。

残業という現象は、物理現象ではありません。組織の現象であり、人の現象です。長時間労働をよりミクロな視点で見ていくと、そこには働き手それぞれの想いがあります。

「この仕事は、自分がやるしかない」
「家にいても暇なだけだから」
「毎日かったるい」
「もう限界かもしれない」

日々、残業に向かい合うそれぞれの想いがありながら、その「全体」が、想いの単純な総和を「超え」、うねりのような姿で現れてくるのが、この問題の根深さであり、研究対象としての奥深さでもあります。個人はそのうねりの高波の中で、時に制御できないところまで連れて行かれ、人生ごと翻弄されていきます。

個人の想いを超えたその全体像を、できるだけヴィヴィッドに描き出そうとする中で、中原先生との協働作業は実に楽しく、知的興奮に満ちたものでした。毎週のように研究室に集まり、大量のデータと生声をひっくり返す侃々諤々《かんかんがくがく》の議論を重ねるごとに、また一つ、鮮やかな色で輪郭を縁取られた「全体」がそこにはありました。その鮮度を保ったまま、こうして書籍の形にできる喜びを噛みしめるとともに、中原先生はもちろん、「希望の残業学」に伴走してくれているすべての方に、今改めて感謝の気持ちでいっぱいです。本当にありがとうございました。

改めてその全体像を眺めてみても、本書の内容は、すぐに色あせていくようなものでもない気がしています。このことは、「残念ながら」というべきかもしれません。「働き方改革」という言葉を聞かない日のない昨今ですが、長時間労働はすでに数百年の間、この世界に影を落とし続けてきました。産業社会化が進むに伴って、ほとんどの国が経験してきた、そして少なからぬ国が克服しつつある世界共通の問題です。この重みを受け止めることなく、この潮流をただの「流行り言葉」とし、「他人事」として看過していくのならば、その先の未来は暗いように思います。

いつの日か長時間労働が姿を消し、「働く」ということにもっと多くの「希望」が感じとれるような時代が来ること。「残業問題、昔はそんなものもあったね」と、本書が読者の棚の奥にしまわれる日が来ること。その時、「人はなぜ働くのか」という冒頭の謎は、ようやく解けていくような気がしています。

［参考］実施調査概要

第1回調査 2017年 9月末実施	全国の従業員数10人以上の企業に勤める無期雇用社員（正社員）、20～59歳 ■上司　1000サンプル　主任クラス以上～事業部長相当まで ■従業員　5000サンプル 調査方法：インターネットを用いた定量調査	n=6000s
第2回調査 2018年 3月末実施	同上	n=6000s
【引用時の表記】 『パーソル総合研究所・中原淳（2017 - 2018）　長時間労働に関する実態調査』		n=12000s

◆その他、主に参照した独自データ

パーソル総合研究所「働く1万人の成長実態調査2017」	全国15～69歳の有職者　10000サンプル 性別・年代・雇用形態は国勢調査の分布に合わせて抽出 調査方法：インターネットを用いた定量調査	n=10000s

［参考］職種分類一覧

業務内容・職務特性回答データ・有効サンプル数により、下記のように分類
これ以外の職種については「その他」に分類し、職種別分析はとりあげなかった

分類別サンプル数		職種別サンプル数	
2082	ホワイトカラー系職種	財務・会計・経理	343
		総務・人事×人事・教育	398
		法務	34
		資材・購買	69
		営業推進・営業企画	43
		営業	410
		事務・アシスタント	785
1064	現場系職種	生産技術・生産管理・品質管理	297
		製造（組立・加工）	401
		配送・倉庫管理・物流	96
		ドライバー	156
		建築・土木系・技術職種	114
374	企画・クリエイティブ系職種	広報・宣伝	24
		企画・マーケティング	59
		Webクリエイティブ（Webデザイナー、プランナー）	17
		その他クリエイティブ系（デザイナー、各種クリエイターなど）	48
		服飾系専門職種（デザイナー、パタンナーなど）	4
		理美容専門職種（理美容師・スタイリスト・ネイリスト）	7
		商品開発・研究	161
		コンサルタント	8
		経営企画	46
411	販売・サービス・接客系職種	受付・秘書	47
		販売・サービス系職種（店舗内・事業所内）	268
		顧客サービス・サポート	96
343	IT系技術職種	IT系技術職種	343
355	医療福祉系職種	医療系営業（MR、医療機器など）	23
		医療系専門職種	135
		福祉系専門職（介護福祉士・ヘルパーなど）	197

構成／井上佐保子
図版作成／デザイン・プレイス・デマンド
イラストレーション／ヤギワタル
デザイン（カバー・帯）／橋本千鶴

中原淳（なかはらじゅん）

立教大学経営学部教授。同大学ビジネス・リーダーシップ・プログラム（BLP）主査、リーダーシップ研究所 副所長。1975年北海道生まれ。「大人の学びを科学する」をテーマに、企業・組織における人材開発・リーダーシップ開発について研究。

パーソル総合研究所

（ぱーそるそうごうけんきゅうじょ）

パーソルグループの総合研究機関。2017年、中原淳とともに「希望の残業学」プロジェクトを立ち上げた。

残業学《ざんぎょうがく》　明日《あす》からどう働《はたら》くか、どう働《はたら》いてもらうのか？

2018年12月20日初版1刷発行
2019年3月30日　　6刷発行

著　者 ── 中原淳＋パーソル総合研究所

発行者 ── 田邉浩司

装　幀 ── アラン・チャン

印刷所 ── 近代美術

製本所 ── 榎本製本

発行所 ── 株式会社光文社
東京都文京区音羽1-16-6（〒112-8011）
https://www.kobunsha.com/

電　話 ── 編集部03（5395）8289　書籍販売部03（5395）8116
業務部03（5395）8125

メール ── sinsyo@kobunsha.com

R ＜日本複製権センター委託出版物＞

本書の無断複写複製（コピー）は著作権法上での例外を除き禁じられています。本書をコピーされる場合は、そのつど事前に、日本複製権センター（☎03-3401-2382、e-mail : jrrc_info@jrrc.or.jp）の許諾を得てください。

本書の電子化は私的使用に限り、著作権法上認められています。ただし代行業者等の第三者による電子データ化及び電子書籍化は、いかなる場合も認められておりません。

落丁本・乱丁本は業務部へご連絡くだされば、お取替えいたします。

© Jun Nakahara, Persol Research And Consulting Co., Ltd.

2018 Printed in Japan　ISBN 978-4-334-04386-5

光文社新書

979
残念な英語
間違うのは日本人だけじゃない
デイビッド・セイン
他の非英語圏の人たちも、実はネイティブだってミスをする。人気講師が世界中の「残念例」を紹介。言葉は手段、外国語だから間違って当然という姿勢で、どんどん話して身につけよう！
978-4-334-04385-8

980
残業学
明日からどう働くか、どう働いてもらうのか？
中原淳＋パーソル総合研究所
一体なぜ、日本人は長時間労働をしているのか？　歴史、習慣、システム、働く人の思い――二万人を超える調査データを分析し、あらゆる角度から徹底的に残業の実態を解明。
978-4-334-04386-5

981
認知症の人の心の中はどうなっているのか？
佐藤眞一
日常会話によって認知症の人の心を知り、会話を増やすためのツール「CANDy」とは。認知症の人の孤独、プライド、喜び、苦しみ――最新の研究成果に基づくその心の読み解き方。
978-4-334-04387-2

982
恋愛制度、束縛の2500年史
古代ギリシャ・ローマから現代日本まで
鈴木隆美
西欧の恋愛制度が確立していく歴史を追うとともに、それが日本に輸入され、いかにガラパゴス化したのかを、気鋭のプルースト研究者が軽妙な筆致で綴る。
978-4-334-04388-9

983
ぶれない軸をつくる東洋思想の力
田口佳史　枝廣淳子
西洋中心主義の限界を乗り越え、愉快な人生を過ごす方法とは？　東洋思想の第一人者と環境ジャーナリストがタッグを組んだ、人生一〇〇年時代の新しい生き方の教科書。
978-4-334-04389-6